ONE TO ONE

Bilingual Dictionary

English-Somali Somali-English Dictionary

Compiled by
Ali Mohamud Omer

ibs BOOKS (UK)

First Edition: 2011

ISBN : 978-1-905863-94-5

Published by
ibs BOOKS (UK)
55, Warren Street, London W1T 5NW (UK)
e-mail: indbooks@aol.com; starbooksuk@aol.com
www.starbooksuk.com

Printed in India at
Star Print-O-Bind, New Delhi-110020

About this Dictionary

Developments in science and technology today have narrowed down distances between countries, and have made the world a small place. A person living thousands of miles away can learn and understand the culture and lifestyle of another country with ease and without travelling to that country. Languages play an important role as facilitators of communication in this respect.

To promote such an understanding, ***ibs BOOKS (UK)*** *has planned to bring out a series of bilingual dictionaries in which important English words have been translated into other languages, with Roman transliteration in case of languages that have different scripts. This is a humble attempt to bring people of the world closer through the medium of language, thus making communication easy and convenient.*

These dictionaries have been compiled and edited by teachers and scholars of relative languages.

ONE TO ONE

Bilingual Dictionaries in this Series

English-Arabic/Arabic-English	Rania-al-Qass
English-Bengali/Bengali-English	Amit Majumdar
English-Cantonese/Cantonese-English	Nisa Yang
English-Dari/Dari-English	Amir Khan
English-Farsi/Farsi-English	Maryam Zamankhani
English-Gujarati/Gujarati-English	Sujata Basaria
English-Hindi/Hindi-English	Sudhakar Chaturvedi
English-Hungarian/Hungarian-English	Lucy Mallows
English-Lithuanian/Lithuanian-English	Regina Kazakeviciute
English-Nepali/Nepali-English	Anil Mandal
English-Punjabi/Punjabi-English	Teja Singh Chatwal
English-Pashto/Pashto-English	Amir Khan
English-Polish/Polish-English	Magdalena Herok
English-Romanian/Romanian-English	Georgeta Laura Dutulescu
English-Somali/Somali-English	Ali Mohamud Omer
English-Tamil/Tamil-English	Sandhya Mahadevan
English-Turkish/Turkish-English	Nagme Yazgin
English-Urdu/Urdu-English	S.A Rahman

More languages in print

ibs BOOKS (UK)
London W1T 5NW (UK)

ENGLISH-SOMALI

A

A, a *ey* xarafka koowaad ee alifbeetada Ingiriisiga
aback *adj.* gadaale
abacus *n* tiro-koobe
abash *v* yax-yaxid
abate *v* joojin
abattoir *n* ama xero dhiig
abbess *n* naagta
abbreviate *v* soo gaabi
abdicate *v* casilid
abduct *v* afduub
aberration *n* marin habow
abeyance *n* hakin
abhor *v* karaahiyaysi
abhorrent *adj* karaahiyo
abide *u* dul-qaadasho
ability *n* karti ama awood qof wax ku qaban karo
abject *adj.* xaalad xun oo niyad jab leh
abjure *v* abjured
ablaze *adj.* holac ama dab meel qabsaday
able *adj.* awoodi kara
ablution *n* is daahirin
abnormal *adj.* wax aan caadi ahayn
abnormality *n* silloon
aboard *adv* sida diyaarad ama markab
abode *n* hoyga qof ku noolyahay
abolish *v* joojin
abolition *n* mam-nuucis
A-bomb *n* qumbula-durriyo
abortion *n* la soo xaaqo
abortive *adj.* lugu guul daraystay
about *prep* ku saabsan
above *prep* ka koreeya
above all *adj* kaba sii daran
aboveboard *adj* si cad
abrasion *n* xoqnaan
abreast *adj.* dad ama wax is dhinac socda
abridge *v* soo-koobid
abroad *adv* qurbe
abrupt *adj.* wax kadis kuugu dhaca, lama filaan
abscess *n* kasoobax
abscond *v* wax si qarsoodi ah loola baxsado
absence *n maqnaansho*
absent *adj.* maqan
absent-minded *adj.* maqane jooge
absolute *adj.* dhammaystiran
absolutely *adv* xaqiiqa ahaan
absolution *n* cafis
absorb *v* dhuuqid ama nuugid
absorbency *n* nuugitaan
absorbent *adj* sida isbuunyada
abstain *v* ka caagid
abstinence *n* ka caagganaan
abstract *adj.* wax aan la taaban karin
abstracted *adj* ka gooni ah
abstraction *n* go'aan
absurd *adj.* aan macquul ahayn
abundance *n* qaraq
abundant *adj.* harqis
abuse *v* caayid ama aflagaadayn
abusive *adj* af-xumo
abut *v* ku dheggan
abysmal *adj* aad u xun
abyss *n* booraan
academic *adj* dugsiyeed
academically *adv* tacliin ahaan
academy *n* dugsi tacliin sare oo loogu tala galay waxbarasho gaar ah
accelerate *v* sheelarayn
accelerator *n* sheelare

accent *n* af-guri
accept *v* la ogolaado ama la yeelo
acceptance *n* aqbalaad ama ogolaansho
access *n* meel jid loo maro
accessible *adj* wax la gaari karo
accession *n* ku soo biirid ama wax isku darsamay
accident *n* shil
accident prone *adj* shil u nugul
accidental *adj* lama filaan ah
accidentally *adv* kado ah
acclaim *v* si fiican loo ammaanay; loo faaniyey
acclamation *n* bogaadin
acclimate *v* la-qabsi
accommodate *v* diyaafadin
accommodation *n* degaan
accompany *v* u wehel yeelid ama raacid
accomplice *n* qof danbiile gacan siiya
accomplishment *n* xirfad gaar ah
accord *n* heshiis ama mucaahado
according to *prep* marka loo eego ama loo fiiriyo
accordion *n* qalab muustiko
account *n* xisaabinta lacagta
account for *phr* ka dhigan
accountancy *n* shaqada xisaabiye-nimada
accountant *n* xisaabiye
accounting *n* xisaabaad-hayn
accretion *n* badasho
accrue *v* ka dhashay
accumulate *v* isku ururay ama isku tagay
accumulator *n* uruuriye
accuracy *n* saxnaan
accursed *adj* karaahiyo
accusation *n* dacwo
accuse *v* dacwayn ama eedayn
accustom *v* caadaysi
ace *n* yeeke
acerbity *n* kharaar
achieve *v* lib ku dhammayn
achievement *n* gaaritaan lib
achromatic *adj* wax aan midab lahayn
acid *n* aashito
acknowledge *v* qirid ama caddayn
acknowledgement *n* mahad celin
acne *n* finan
acquaint *v* isbarasho
acquaintance *n* macriifo
acquire *v* wax aad heshid ama lugu siiyo
acquirement *n* hanasho
acquisition *n* wax aad hanatid ama wax aad gacanta ku dhigtid
acquit *v* beri ka ah
acquittal *n* dambi ku waayid
acre *n* hektar
acrobat *n* bootinta iwm
acrobatic *adj* bootinta sare iwm
across *prep* ka gudbid
act *v* wax qabasho ama wax falid
action *n* wax qabad ama dhaqaaq
activate *v* dhaqaajin ama kicin
active *adj* firfircoon ama wax qabad leh
activism *n* dadaalsiyaasadeed
activity *n* wax-qabad
actor *n* ninka jilaaga ah
actress *n* naagta filimada ama riwaayadaha jisha
actual *adj* xaqiiq ah
actually *adv* run ahaantii, xaqiiqdii
actuate *v* dhaqaajin ama wadid
acupuncture *n* daawayn laysku

daaweeyo irbado jirka lugu mudo
adage *n* oraah horey dad u yiri
adamant *adj* go'aan aan ka noqod lahayn
adapt *v* la qabsasho ama u barasho
adaptation *n* la qabsaho
add *v* xisaab isku darid ama isugeyn
adder *n* isku dare
addict *n* sida sigaarka oo kale
addiction *n* sida mukhaadaraadka
addictive *adj* qabatin leh
addition *n* isugeynta xisaabta, isku-dar
additional *adj* wax siyaada ama dheeraad ah
addle *v* jahawareerin
address *n* ciwaan
adenoidal *adj* sanqada la xiriira
adept *adj* ku fiican
adequate *adj* ku filan
adhere *v* isku xirid laba shay ama isku dhaiin
adherent *n* raaciye
adhesive *adj* xabagta
adjacent *adj* ku xiga
adjacent angle *n* xagal daris
adjective *n* sifo
adjourn *v* hakin
adjudicate *v* xukumida
adjust *v* isku hagaajin ama isku toosin
adjustable *adj* wax laysku hagaajin karo ama laysku toosin karo
adjustment *n* isku-hagaajin
administer *v* maamulid
administration *n* maamul
administrative *adj* hawlaha maamulka la xiriira
administrator *n* maamule
admiral *n* taliyaha sare ee ciidamada badda
admiration *n* qushuuc
admire *v* u bogid
admirer *n* u boge
admissible *adj* la yeeli karo
admission *n* ogolaansho
admit *v* qirid
admixture *n* isku dar
admonish *v* u digid
adolescent *n* xilliga u dhaxeeya 13-16 sano
adopt *v* la qabatimo
adoration *n* qof ama wax jacayl
adorn *v* dib u habayn
adrenal *adj* kalyaha u dhaw
adroit *adj* ku fiican
adulate *v* ka badbadin
adulation *n* faanin xad dhaaf ah
adult *adj* qof weyn
adulterate *v* barxid
adultery *n* sino
advance *n* horusocod
advantage *n* qof awood yaridiis ka faa'iidaysi
advantageous *adj* faa'iido leh
adventitious *adj* ama si kadis ah
adventure *n* tacabur
adverb *n* fal-gargaare ama fal-kaab
adverbial *adj* fal-gargaare
adversary *n* lid ku ah
adverse *adj* go'aan
adversity *n* duruuf qalafsan
advert *v* xayaysiin
advertise *v* xayaysiin
advice *n* talo
advisable *adj* kuu fiican
advise *v* la talin
advised *adj* laga fiirsaday
advisement *n* tixgelin weyn

adviser *n* la taliye
advocate *n* qofka taageera ama diffaca qadiyad
adze *v* yaambo
aerate *v* aaryayn
aerobics *n* jimicsi
aerodrome *n* meel saldhig iyo dayactir diyaaradeed ah
aeroplane *n* dayuurad
aesthetic *adj* bilicsan ama qurux la wiriira
afar *adv* ka fog
affair *n* arrin
affect *v* iska yeelyeel
affection *n* u roonaan
affidavit *n* dhaar qoraal ah in waxaasi run yihiin
affiliate *v* ku-xirmid
affiliated *adj* ku xiran
affinity *n* wax ama qof aad ka heshid ama ku soo jita
affirm *v* xaqiijin
affirmative *adj* ku raacid
afflict *v* jirro saamaysay
affluent *adj* nolol heer sare ah
afford *v* awoodi kara
afforest *v* dhirayn
affray *n* is-qabqabsi
affright *v* bajin
affront *n* cambaarayn
afire *adj* gubanaya
aflame *adj* ololaya
afloat *adv* sabbaynaya
afoot *adj* lugaynaya
aforesaid *adj* horey loo yiri
afoul of *prep* khilaafsan
afraid *adj* baqanaya
afresh *adv* dib u samayn
Africa *n* Afrika
after *prep* ka dib
after-care *n* baanasho
aftereffect *n* wax-yeello dambe
afternoon *n* galabnimo
again *adv* mar kale
against *prep* ku tiirsan
agape *adj* ballaqan
age *n* da'
ageing *adj* gaboobaya
agency *n* wakaalad ama wakiil
agenda *n* waxyaabaha la qabanayo
agent *n* qof shirkad ama dowlad wakiil u ah
agglomerate *v* uruurin
aggravate *v* xaalad xumayd uga sii darid
aggregate *n* isku dar, wadar
aggression *n* dagaal gardaro ah bilaabid
aggressive *adj* gardaran ama dagaal badan
aghast *adj* murugo naxdin leh
agitate *v* kicin ama baraarujin shacuurta dadweynaha
ago *adv* waqti tagey
agonize *v* wax aad ku wareersan tahay
agree *v* ku raacid
agreeable *adj* wax fiican
agreement *n* heshiis mucahado
agress *n* bixitaan
agriculture *n* beer ama cilmiga beeraha
ahead *adv* horey
aid *n* gargaar
aide *n* kaaliye
AIDS *n* cudur dilaa
ail *v* jirrasho
ailment *n* jirro fudud ama xanuun sahlan

aim *v* ujeeddo
aimless *adj* ujeeddo la'aan
air *n* hawo
air force *n* ciidamada cirka
air terminal *n* dhismo ama meel dadka
airborne *adj* hawada sare heehaabaya ama bidaya
air-condition *n* qaboojiye
aircraft *n* dayuurad
airline *n* shirkad iska leh diyaaradaha dadka qaada
airplane *n* diyaarad
airport *n* garoon dayuuradeed, gagi dayuuradeed, ama madaar
airy *adj* hawo neecaw badan leh
akin *adj* isku qoys ah
alarm clock *n* saacadda dadka hurdada ka toosisa
album *n* buug masawirada lugu aruuriyo
albumen *n* unugyo cad oo ku jira xabka ukunta
alcohol *n* aalkolo,
alcoholic *n* aalkoliste
alert *adj* digtoon
alien *n* laaji
alike *adj* isu eg
alive *adj* nool, nolol leh
all *adj* kulli
Allah *n* magaca llaah
allegation *n* eed
allegory *n* af-maldahid
allergic *adj* alarjiyo leh
allergy *n* xasaasiyad
alley *n* surin
alliance *n* isbahaysi
alligator *n* bahal weyn oo Maraykanka laga helo oo xamaaratada lugu tiriyo
allocate *v* u qoondayn
allot *v* qayb
allotment *n* qayb u helid
allow *v* u ogolaansho ama u fasixid
all-round *adj* xirfado badan yaqaan
ally *v* is bahaysi
almighty *adj* awood oo dhan leh
almond *n* miro bahda loowska ah
almost *adv* ku dhawaad
alms *sadaqo*
alone *adv* keli ama keli ahaansho
alongside *prep* dhinaca isku haya
aloud *adv* hadal ku dhawaaqid
alphabet *n* alifbeeto sida
already *adv* mar hore
also *adv* isla markaasna
alter *v* badelid ama isbadelid
altercation *n* isku qaylin
alternate *adj* talantaali
alternator *n* diinomo
although *conj* inkastoo
altitude *n* sare ama sarreeya marka badda laga cabbiro
altogether *adv* wadajir
aluminium *n* jaandi
always *adv* had iyo jeer; mar kasta
amalgamate *v* amal-gamates
amalgamation *n* isu-tag ama isku-darsamid
amaze *v* la yaabid
amazement *n* amakaag
ambassador *n* danjire
ambience *n* bay'ada aad ku nooshahay
ambiguity *adj* macna badan leh
ambition *n* hammad
ambitious *adj* hammad badan
ambulance *n* baaburka, aanbalaas
ambush *v* gaadid

amend *v* dib u saxid ama dib u hagaajin
amendment *n* sixid ama hagaajin
amicable *adj* si saaxiibtinimo leh
amid *prep* bartamaha
ammonia *n* amooniya
ammunition *n* rasaas ama saanad
amnesty *n* cafis guud
amount *n* tiro ama caddad
ample *adj* wax kugu filan iyo waliba dheeraad
amplification *n* faahfaahin ama fududayn
amplify *v* siyaadin ama xoojin
amuse *v* madadaalin
amusement *n* madadaalo ama maaweelo
anaemia *n* dhiig yaraan
anaesthesia *n* qof in la suuxiyo
analgesia *n* dareen la'aan
analogy *n* isu ekaan, is shabihid
analyse *v* imtixaanid
analysis *n* baaritaan ama kala dhig-dhigid
analyst *n* qofka wax baara ama u kuur gala
anarchy *n* fawdo
ancestor *n* awoowayaasha qof ku abtirsado
ancestry *n* qof abtirsiinyihiis
ancient *adj* qadiim ah
and *conj* iyo
anecdotal *adj* dhacdo ama sheeko faah faahsan
anemia *n* eeg
anesthetize *n* eeg
angel *n* maalaa'ig ama malag
anger *v* ka cadhaysiin
angle *n* xagal
angora *n* ariga
angry *adj* caroonaya
anguish *n* xanuun aad u daran
angular *adj* xaglo leh
animal *n* xayawaan
animate *v* xiisa gelin
animation *n* filin kartuun leh ama jinijini leh
ankle *n* canqow
annex *v* la wareegid
annihilate *n* baabi'in,xasuuqid ama tirtirid
anniversary *n* sannad-guuro
announcement *n* daah ka qaadid
annoyance *n* xanaaq ama cadho
annual *adj* sanadle ama wax sannad kasta mar dhaca
annum *adv* sanadkiiba ama sannad walba
anonymous *adj* magic la'
another *pron* mid labaad
answer *v* jawaabid
answerable *adj* laga jawaabi karo
ant *n* jinac
antagonism *n* cadaawad
antagonist *n* cadow
antelope *n* cawl
antemeridian *adj* subaxeed
anthem *n* hees
anthology *n* diiwaan ama buug lugu aruuriyo gabayo
antibiotic *n* daawo kiniini
anticipate *v* rajayn
anti-clockwise *adv* gurrac
antifreeze *n* baraf-diid
antiperspirant *n* dhidid-dhowr
antipode *adj* alaab qadiim ah oo aan saas suuqa looga helin
antique *n* alaab qadiim ah
anti-Semitism *n* yuhuud nacayb
antiseptic *n* jeermis-reeb

anti-social *adj* bulsho-diid
anxious *adj* ka walaacsan
any *pron* walba
anybody *pron* qof walba
anyhow *adv* si kasta
anyone *pron* qof kasta
anything *pron* wax kasta
anyway *adv* si kasta
anywhere *adv* meel walba
apace *n* ciyoow
apart *adv* kala durugsan
apartment *n* guri dabakh ah
ape *n* goriila
aperture *n* dalool
apex *n* fiinta
aphorism *n* oraah
aphrodisiac *adj* kacsiabuure
apolitical *adj* qofka aan siyaasadda jeclayn
apologetic *adj* cududaar leh
apology *n* raalli gelin samayn
apparel *n* labbis
appeal *n* rafcaan
appear *v* muuqasho
appearance *n* muuqaal
appease *v* xanaaq ka bi'in
appendicitis *n* qabsin-xannuun
appendix *n* qabsin
appetite *n* rabitaanka cunada
appetizer *n* cunno-fure
applaud *v* u sacabin
apple *n* tufaax
applicable *adj* loo isticmaali karo
applicant *n* codsade
application *n* arji
apply *v* arji u qorasho codsi u gudbin
appoint *v* jago u magacaabid
appointment *n* cahdi
appraise *v* qiimayn ama fikrad ka bixin
appreciate *v* u bogid
appreciation *n* mahadnaq
apprehend *v* qabasho xirid
apprentice *n* xirfad shaqo barte
apprenticeship *n* xirfad shaqo barasho
apprise *v* ogeysiin
approach *v* ku soo dhawaansho
approachable *adj* qof fur-furan ama bulshay ah
appropriate *adj* ku haboon
approval *n* ogolaansho
approximately *adv* qiyaastii
apricot *n* mishmish
April *n* Abriil
apron *n* dufan-dhowr
apropos *adj* la xirira
aqua *n* biyo
aquarium *n* qafis biyo ku jiraan
Arabian *adj* Carbeed
arbiter *n* dhex-dhexaadiye
arbitrate *v* kala saarid
arbitration *n* gar qaadid ama beshiisiin
arbitrator *n* dhex-dhexaadiye
arcade *n* aargo
archaeology *n* barasha qadiimiga
archer *adj* gabooye
archery *n* habdhood
architect *n* arkitakt
archive *n* xusuus-dhawr
arena *n* seere
arguable *adj* muran ka taagan yahay
argue *v* murmid ama doodid
argument *n* muran
aridity *n* oomane
aright *adv* sax ah
arise *v* soo baxay
arithmetic *n* sisaab fallo

arm *n* gacan ama wax gacan shabbaha
armament *n* hub ama qalab ciidan
armchair *n* kursi raaxa
armed forces *n* ciidamada qalabka sida
armor *n* gaashaan
armour *n* gaashaan ama qalab
arm-rest *n* gacan-nasiye
army *n* jaysh
aromatic *adj* udgoon badan
arose *v* eeg
around *adv* wareegsan
arrange *v* habayn
arrangement *n* qorshe samayn
arrears *n* dayn lugugu leeyahay ama baaqi
arrest *v* xirid ama xabsi dhigid
arrestee *n* maxbuus
arrival *n* imaansho ama soo caga dhigasho
arrive *v* in aad timaadid
arrogance *n* qab-weyn
arrogant *adj* cawaandi
arrow *n* leeb ama falaadh
art *n* farshaxan
artery *n* halbawle
arthritic *adj* xanuunka kala-goysyada
arthritis *n* xusulada
article *n* maqaal
articulate *adj* qof hadal qeexan
artificial *adj* aan dabiici ahayn
artillery *n* madaafiic
artisan *n* farsama-yaqaan
artist *n* qofka wax sawira ama naqshadeeya
artiste *n* fannaan
artistic *adj* fan ama farshaxan
artistry *n* xirfadda farshaxanka
ascend *v* fuulid ama kor u kicid
ascending *adj* kor u kacaya
ascent *n* fuulitaan
ascertain *v* xaqiijin ama hubin
ascribe *v* u nisbayn
ash *n* dambas
ashamed *adj* ka sheexid ama ka xishood
ashore *adj* xeebta
ask *v* waydiin ama su'aalid
asleep *adj* hurda
asperity *n* xanaaq badni
aspire *v* gool qof doonayo inuu gaaro
aspirin *n* aasbiriin
ass *n* dameer
assailant *n* qofka shirqool ku dila qof kale
assassin *n* qaatil
assassination *n* shirqool u dhigid
assault *n* weerar kadis ah oo xoog leh
assemblage *n* isu-tag
assemble *v* isku ururid ama isu tagid
assembly *n* kulan weyn ama isku ururid
assert *v* caddayn ama carrabka ku adkayn
assertion *n* caddayn
assess *v* qiimeyn
assessment *n* qiimeyn qof
asset *n* raasumaal
asshole *n* futo
assign *v* qof hawl gaar ah lugu qaybiyo
assignation *n* kulan qarsoodi ah
assignee *n* la-wareege
assist *v* caawin ama gargaarid
assistant *adj* kaaliye ama caawiye
association *n* urur hal ujeeddo wada leh

assort *v* kala-soocid
assorted *adj* kala nooc-nooc ah
assortment *n* kalasooc
assume *v* u qaadasho ama u fakarid
assumption *n* malayn
assurance *n* ballanqaad
asthma *n* cudurka neefta ama naqaska
asthmatic *adj* qof neef qaba
astonish *v* aad u yaabid
astonishment *n* yaab
astray *adv* marin habaabsan
astrologer *n* faaliye ama qof wax-sheega
astrology *n* cilmi falaga
astronomical *adv* fara badan
astronomy *n* cilmiga xiddigiska ama meerayaasha sare
asylum *n* magan-galyo siyaasadeed
atavism *n* asal u-noqosho
ate *v* waa cunay
athirst *adj* oomman
athletic *adj* boodada
atlas *n* buug maab ku sawiran yahay
atom *n* atam
atom bomb *n* atom bombs
atrocity *n* waxashnimo
attach *v* ku xidhnaan
attache *n* ku-qaybsane-safaaradeed
attachment *n* xirir ama saaxiibtinimo weyn
attack *v* weerarid
attainable *n* wax la gaari karo
attempt *v* isku dayid ama tijaabin
attend *v* ka qaybgalid
attention *n* digtooni
attest *v* la xaqiijiyo ama la caddeeyo
attire *n* dhar
attitude *n* siyaabaha qof u dhaqmo ama wax u arko
attorney *n* qareen
attract *v* wax soo jiidasho leh
attractive *adj* wax ku soo-jiidanaya
auction *v* xaraashid
auctioneer *n* qofka wax xaraashaya
audible *adj* la maqli karo
audience *n* dhagayste ama daawade
audio *adj* maqal la xiriira
audit *v* xisaab hubin
auditorium *n* meesha ay dhagaystayaashu fariistaan
auditory *adj* ee maqal
aunt *n* eeddo ama habaryar
auqanaut *n* bad maquure
ausiliary *n* caawiye
auspices *n* hoggaamin ama maamulid
authentic *adj* shay ama qoraal asal ah
author *n* qoraa
authoritative *adj* awood xukun leh
authority *n* awood ama xukun
authorize *v* amar ku bixin
auto *n* baabuur (gaari)
autobiography *n* qof taariikh nololeedkiis uu asagu qoro
autocracy *n* kali-talin
autograph *n* qof caan ah saxiixiis
autography *n* qoraal-gacmeed
automatic *n* qalab qof oo kale ah
automobile *n* gari
autonomy *n* is-maamul
autumn *n* xilliga ama fasalka dayrta
avenge *v* ka-aar gudasho
average *n* isku celcelin
aversion *n* necbaansho ama
avert *v* indho ka jeedin
aviation *n* cilmiga duuliyanimada
aviator *n* bayloot

avoid *v* ka hor-tag ama ka fogaansho in wax dhacaan
avoidable *adj* laga hor-tegi karo
avoidance *n* ka hor-tag
await *v* la sugo
awake *v* hurdada oo laga tooso
awaken *v* hurdo ka toosid
award *n* abaal-marin
aware *adj* aqoonsanaan
away *adj* ka fog
awful *adj* wax aad u xun, aad u liita
awhile *adv* wakhti yar ku siman
awkward *adj* sirgaxan
axe *n* faas ama gudin
axis *n* xarriiq dhexda marta

B

babbler *n* sir bixiye
babe *n* cunug yar
back off *v* dib uga noqosho
back talk *n* af-celin
back-breaking *adj* shaqo dhabar-bah leh
backdate *v* taariikda oo dib loo dhigo
backstroke *n* jeega-jeegayn
backwoods *n* cidla' ciirsila
bail *n* baaldi
bailout *v* lacag ku damiinasho
balding *adj* bidaar leh
balk *v* diidmo
bandy-legged *adj* qof dalba leh
bank *n* bangi
bank account *n* koontada xisaabta bangiga
bank statement *n* warbixinta koontada bangiga
bankrupt *v* musalifid
banquet *n* casuumad
banter *n* kaftan
baptize *v* in qof diinta masiixiga
bar *n* makhaayad
bar code *n* qiimo sheeg
barb *n* silig xayir
barbarian *n* cawaanimo
barber *n* timo-jare
bard *n* gabyaa
bare *adj* maran
bargain *n* baayactan
barge *n* jibaaxid
bark *v* cida eeyga
barley *n* heed
barometer *n* qalab lugu cabbiro cimilada
barrack *n* xero askareed
barrel *n* fuusto
barren *adj* dhirta aan midhaha bixin
barricade *v* dariq xirid
barrier *n* derbi aan laga gudbi karin
barrow *n* gaari-gacan
bartender *n* qofka baarka ka adeega
base *n* sal ama aasaas
baseball *n* kubadda usha
basement *n* dhismaha ama guryaha qaybta dhulka ka hoosaysa
bash *v* aad xoog ugu dhacdid
bashful *adj* aad u xishood badan
basic *adj* gundhig
basically *adv* asal ahaan
basil *n* reexaan
basin *n* cuntada
basket *n* dambiil
basketball *n* kubbadda kolayga
bass *adj* cod aan xabeeb lahayn
bassoon *n* turumbo cod gaaban
bastard *n* ilmo garac ah
bat *n* ul

batch *n* dafcad
bath *n* qubays siiba mayrasho biyo la dhex galo
bathe *v* dabaalasho
bathing suit *n* dhar-dabaal
bathrobe *n* dharka qubeyska
bathroom *n* musqul
battalion *n* urur ciidamo ah
batter *n* bur
battery *n* batari
battle *v* loolan
battlefield *n* goobta dagaalka
battleship *n* markab dagaal oo weyn
batty *adj* qof yara waalan
bawl *v* qaylin
bay *n* gacan
bayonet *n* soor
bazaar *n* bacadle
be *v* ahaan
beach *n* xeeb
beacon *n* minnaarad
bead *n* kuul
beam *n* tiir dhexaad
bean *n* digir
bear[1] *n* madaxkuti
bear[2] *v* meel ka qaadid oo meel kale geyn
bear out *v* qof warkiis taageerid
bear with *n* dulqaad yeelasho
bearable *adj* loo adkaysan karo
beard *n* gar
beast *n* dugaad
beat *v* garaacid
beatific *adj* farxad leh
beatify *v* u bishaarayn
beautician *n* qofka dadka qurxiya
beautiful *adj* qurxoon
beauty *n* qurux
because *conj* maxaa yeelay
beck *n* yeeris
become *v* noqdo
bed *n* sariir
bedbug *n* dhiqle
bedpan *n* tuunji
bedraggled *adj* muuqaal foolxun leh
bedridden *adj* maliil ah
bedroom *n* qol jiif
bedspread *n* turaaxad
bed-wetting *n* isku kaadin
bee *n* shinni
beef *n* hilib lo'aad
beefy *adj* murqo weyn
beehive *n* gaagur
beeline *n* si toos ah ugu cararid
been *v* ahaa
beer *n* biir
beet *n* geed khudradeed
beetle *n* doorshaan
beetle *n* soo foocsan
befall *v* wax kugu dhaca
befit *v* ku habboon
before *prep* kahor
beforehand *adv* ka hor
befoul *v* wasakhayn
befriend *v* la saaxiibid
befuddle *v* maskax ka wareerin
beg *v* baryid
began *v* bilaabid
beget *v* dahalid
beggar *n* tuugsade
begin *v* bilaabid
beginner *n* biloow ah
begrudge *v* xaasidid
beguile *v* ku khiyaamid
behalf *n* matalid
behave *n* hab dhaqan
behaviour *n* dabeecad
behead *v* qudhgooyo
behind *prep* gadaal
behindhand *adv* la dib dhicid

behold *v* fiirin
being *n* jira
belated *adj* habsan ah
belch *n* daaco
belie *v* fikrad khalad ah ka bixin
belief *n* rumaysnaan
believable *adj* la rumaysan karo
believe *v* rumayn
belittle *v* yarayn
belittlement *n* yaraysi; yasid
bell *n* gambaleel
bellboy *n* huteel-caawiye
bellicose *adj* dagaal jecel
belligerent *adj* seef la bood
bellow *v* ciyidda dibiga
bellows *n* buufimo
belly *n* calool
bellyache *v* calool xumaan
bellyful *n* aad u badan
belong *v* leh
belongings *n* waxyaabaha qof leeyahay (hanti)
beloved *n* maxbuub
below *adj* ka hooseeya
belt *n* suun
bemuse *v* amakaagid
bench *n* qaalliga ama kursigiisa
bend *v* qalloocin
beneath *prep* hoos yaal (xaga hoose)
benedict *n* xaasle
benediction *n* duco
benefaction *n* tabarruc
benefactor *n* tabarruce
betroth *v* ballanqaad guur; siin
better *adj* ka fiican
between *prep* dhexdooda
beverage *n* cabbitaan
beware *v* taxadarid
bewilder *v* dhakafaarid
bewilderment *n* dhakafaa
bewitch *v* sixrid
beyond *prep* ka shisheeya
bibliophile *n* buug la deris
bicentenary *n* laba-boqlaad
bicycle *n* baaskiil
bid *v* qiime lagu tartamo
biennial *adj* laba-sannadle
bier *n* miis-naxash
big *adj* wayn
bigamy *n* laba guursi
bigot *n* islaweyn
bike *n* baaskiil
bilateral *adj* laba-geesood
bilge *n* qashin
bill *n* qaansheeg
billet *n* xero askareed
billy *n* kirli ama dhari
billy goat *n* orgi
bind *v* xirid
binder *n* gal
binocular *n* xoqad
binomial *n* lammaane
biographer *n* qoraa
biography *qof taariikh-nololeedkiis*
bipartite *adj* laba geesood
bird *n* shimbir
birth *n* dhalasho
birth control *n* dhalmo-yarayn
birthday *n* sannad-guuro
biscuit *v* labo u kala goyn
bisexual *adj* labeeb
bison *n* lo' gisida Maraykanka
bit *n* in yar
bitch *n* eeyad
bite *v* qaniinid
bitter *adj* kharaar
bitumen *n* laami
bizarre *adj* wax yaab leh
black *n* madoow

black market *n* suuq-madoow
blackboard *n* sabuurad
blackmail *v* hanjabaad
blackout *n* mugdi
blacksmith *n* tumaal
bladder *n* kaadi-hays
blade *n* gudinta
blame *v* eedayn
bland *adj* aan dhib lahayn
blank *adj* bannaan
blanket *n* buste
blast *n* dabayl
blatant *adj* qayaxan
blaze *n* holac
bleach *v* caddayn
bleak *adj* aan wanaag soo wadin
bleat *v* cida idaha
bleed *v* dhiig bixid
blend *v* isku-qasid
bless *v* karaamee
blind *adj* indha la'
blinders *n* warafiid
blindfold *n* indhasaab
blink *v* il-jabin
blinkers *n* fareejo
bliss *n* farxad-sare
blister *n* biyo-gelid
blizzard *n* dabayl baraf wadata
bloated *adj* fuursan
blob *n* ku dhabooqid
blockade *v* cunaqabatayn
blockage *n* guf
blockhead *n* qofka axmaqa ah
blood *n* dhiig
blood pressure *n* cadaadiska dhiigga ee qofka
bloodless *adj* aan dhiig lahayn
bloody *adj* dhiig leh
bloom *n* ubax
blossom *n* ubaxa geedka miraha dhala
blotch *n* bar
blouse *n* shaati fitaax ah oo haweenku xirtaan
blow *v* afuufid
blow out *v* banjarid
blow up *v* qarxin
blubber *v* cabaadid
blue *n* buluug
blue movie *n* filin anshaxa u xun
blueprint *n* qorshaha koowaad
bluff *v* falaxgoodin
blunder *n* hamagsi
blunt *adj* afla
blurt *v* afku kaa xado
blush *v* wajiga oo guduuta
boa *n* jibiso
board *n* alwaax
boarding pass *n* diyaarad-fuul
boardroom *n* qolka shirarka
boast *n* faan
boastful *adj* faan badan
boat *n* doon
bob *v* saaltayn
bodily *adv* jir ahaan
body *n* jirka
body building *n* jirdhis
body odor *n* shiirka qofka
bodyguard *n* waardiye
bogus *adj* been ah
boil *v* karkarin
bold *adj* geesi ah
bole *n* jirrid
bolster *n* barkin dheer
bolt *n* bool
bolt *v* hal mar boodid
bomb *n* bam
bombard *v* dukhayn
bomber *n* duqayso
bombshell *n* bam qarxa

bona fide *adj* daacad ah
bondage *n* addoonimo
bone *n* laf
bonus *n* gunno
boob *infl* naasaha dumarka
book *n* kitaab
book case *n* armaajada buugta
booking *n* boos-celis samaysasho
bookkeeping *n* xisaab hayn
boom *n* ganacsiga
boost *v.* hanboorrin
boot *n* buud
booth *n* fadhiga baararka
booze *v* khamro cabbid
boozer *n* khamri yacab
border *n* xudduud
bore *v* ku caajisid
bored *adj* caajisan
born *v* dhalasho
borrow *v* daymasho
borrower *n* dayn-qabe deynsane
bosom *n* laabta ama gaadada
boss *n* madax
bother *v* arbushid
bottle *n* dhalo
bottom *n* gunta
boulevard *n* waddo weyn
bounce *v* dib usoo booda
bound *adj* u socda
boundary *n* soohdin
boundless *adj* aan xad lahayn
bountiful *adj* deeqsinnimo
bounty *n* deeqsinimo
bouquet *n* xirmo ubax ah, oo si qurxoon la isugu xirxiro
bourgeois *n* maalqabeenka dhexe
bow *v* madax fooror in
bowel *n* mindhicirka
bowl *n* baaquli
bowling *n* boojo
box *n* sanduuq
boxer *n* feer yahan
boxing *n* feertamid
boy *n* wiil
boycott *v* qaadacaad
boyhood *n* wiilnimo
bra *n* rajabeeto
bracelet *n* jiin
bracket *n* qooys
brain *n* maskax
brainless *adj* aan caqli lahayn
brainwash *v* maan-guuris
brake *n* bareeg
branch *n* laan
brandish *v* baacin
brassiere *n* rajabeeto
brat *n* cunug
bravado *n* indha-adayg
brave *adj* geesi
bravery *n* geesinimo
breach *v* jabin
bread *n* rooti
break *v* kala-jebin
break down *v* jajabin
breakfast *n* quraac
bronze *n* naxaas
broom *n* xaaqin
broomstick *n* usha xaaqinka
broth *n* maraq
brothel *n* walaal
brotherhood *n* walaaltinimo
brother-in-law *n* seddi
brought *v* keenay
brow *n* sunniyaha
brown *n* bunni
browse *v* daalacasho
browser *n* daalacde
bruise *n* jug
bruit *v* war-sheegid
brush *n* burush

brush-off *v* iska dhaga tirid
brutal *adj* axmaq
brutality *n* waxshinimo
brute *adj* xayawaan
bubble *n* xumbo
bublegum *n* xanjo buufsanta
buck n *doolar*
bucket *n* baaldi
buckle *n* birta suunka laga xiro
buckle down *v* gunti xirasho
buddy *n* saaxiib
budge *v* nuuxin
budget *n* miisaaniyad
buffalo *n* lo' gisi
buffet *n* iskaa u dharag
buffoon *n* qof dadka ka qosliya
bug *n* kutaan
build *v* dhisid
building *n* dhismo
built-in *adj* ku samaysan
bulb *n* guluub
bulge *n* foocsanaan
bulk *n* wax-badan
bulky *adj* weyn
bull *n* dibe
bulldozer *n* cagafta afka
bullet *n* rasaas
bulletin *n* akhbaar
bullet-proof *adj* aan xabbadu karin
bully *v* booc-boocsi
bum *n* darbi-jiif
bumble *v* nac-nacleyn
bump *v* ku garaacid
bump off *v* dilid
bumper *n* caagga
bumpkin *n* reer-baaddiye
bun *n* rooti
bunch *n* xirmo (guntin)
bundle *n* guntin
bungalow *n* bangalo
bungle *n* khaldid
bunk *n* eeg
bunk bed *n* laba sariir oo is dulsaaran
bunker *n* dhufays
buoyant *adj* sabbaynaya
burden *n* culaab
bureau *n* xafiis shirkadeed
bureaucrat *n* sarkaal maamul ka tirsan
burglar *n* tuug guryaha jabsada
burgle *v* u dhicid
burial *n* aas
burlesque *n* qoraal
burly *adj* sida xooggan
burn *v* gubid
burning *adj* gubanaya
burnish *v* dhalaalin ama caddayn
burst *v* qarxid
bury *v* aasid
bus *n* bas
bush *n* duur
business *n* ganacsi
businessman *n* ganacsade
bust *v* jabin
bustard *n* jugley
bustle *v* is-mashquulin
busy *adj* mashquul
but *conj* laakiin
butcher *n* kawaanle
butler *n* madaxa
butt *v* hardamid
butter *n* buuro
butterfly *n* balanbaalis
buttock *n* barida
button *n* badhan
buy *v* iibsi
buyer *n* gate
buzz *n* guux yar
bye-bye *inter* jaaw

C

cadence *n* cod
cadet *n* layli sarkaal
cadge *v* tuugid
cagey *adj* feejigan
cahoots *n* xulufo
caiman *n* yaxaas
calaboose *n* xabsi
calamitous *adj* masiibo
calash *n* gaari faras
calcine *v* bukhaarin
calendar month *n* bil
caliber *n* heerka
caliphate *n* khulaafo
call for *v* dalbasho
call in *v* codsasho
call off *v* baajin
call on *v* booqasho
call out *v* u yeerasho
call up *v* teleefoonin
callous *adj* naxariis-daran
callus *n* sida burada
calumny *n* masabbid
calyx *n* ama kala bixin
cambol *n* dur-duro
camouflage *v* qarin
camphor *n* daawo samaynta iwm
campus *n* dhulka dhisme jaamacadeed ama kulleej
can *v* daasad
canal *n* kanaal
canard *n* kutiri-kuteen
cancel *v* tirtirid
cancellation *n* tirtiris
cancer *n* kansar
candelabrum *n* shumac-haye
candid *adj* daacad ah
candidate *n* musharrax
candidature *n* musharraxnimo
candle *n* shumac
candor *n* run u handal
candy *n* macmacaan
canister *n* koonbo
cannabis *n* xashiishad
canned *adj* qaṣacadaysan
cannibal *n* dadcun
cannibalism *n* dadcunimo
cannibalize *v* dadqalid
cannon *n* madfac
canny *adj* caqli-badan
canoe *n* huuri
canon *n* caqiido
canopy *n* dahaar
cant *n* janjeer
can't *v* aan karin
cantaloupe *n* batiikh
canteen *n* buraash
canter *n* hardaf
canvas *n* darbaal
canvass *v* u ololayn
canyon *n* waadi
cap *n* koofiyad
capability *n* awood
capable *adj* awoodi kara
capacious *adj* waasac ah
capacitate *v* awood siin
capacity *n* qaad
caper *n* bood-boodid
capital *n* magaalo-madax
capital punishment *n* ciqaab dil ah
capitalist *n* raasammaali
capitalize *v* xaraf wayn ku qorid
capitulate *v* is-dhiibid
capped *adj* daboolan
capricious *adj* is-beddeli og
capricorn *n* calaamad burji
capsule *n* kaabsal

captain *n* saddex xiddigle
caption *n* macneeye
captious *adj* cilladeeye
captivate *v* soo-jiidasho
captive *adj* la qabte
captivity *n* xirnaansho
capture *v* qabsasho
car *n* gaari
car fare *n* nooli
carafe *n* garaafo
caramel *n* nanac
carat *n* kaarat
caravan *n* geeddi
carbohydrate *n* kaarboheydareyt
carbolic acid *n* aashito jeermiska dile ah
carbon *n* curiyaha kaarboon
carbon paper *n* kaarta-kaboon
carbuncle *n* kasoobax weyn
carburetor *n* carburettor
carcass *n* raq
card *n* kaar
cardamom *n* hayl
cardiac *adj* ee wadnaha
cardinal numbers *n* tirada caadiga ah
care *n* daryeel
care for *v* daryeelid
career *n* xirfad
care-free *adj* welwel lahayn
careful *adj* feejigan
careless *adj* taxadar la'aan
caress *v* shummin
caretaker *n* waardiye
cargo *n* rar
caricature *n* kaartuun
carnage *n* warjeef
carnival *n* meherijaan
carol *n* qasiido
carousel *n* warwareeg
car-park *n* meel baabuurta
carpenter *n* nijaar
carpentry *n* nijaarad
carpet *n* roog (sajaayad)
carriage *n* gaarifaras afar shaag leh
carrier *n* kuuli
carrier bag *n* kiish
carrion *n* bakhti
carrot *n* daba-case
carry *v* qaadid
carry forward *v* horay u rarid
carry off *v* ku guuleysi
carry on *v* faraxsanaan
carry out *v* fulin
cart *n* gaari-gacan
cartilage *n* carjaw
carton *n* kartoon
cartoon *n* kaartuun
cartridge *n* qasharka-rasaasta
carve *v* qorid
carver *n* qori-qore
carving *n* farsamada wax qorista
cascade *n* biyo-dhac
case *n* kiish
cash *n* lacag caddaan ah
cashier *n* lacag-haye
casing *n* dahaar
casino *n* kaasiino
cask *n* barmiil
casket *n* shandad-yar
cassette *n* cajal
cast *v* tuurid
cast aside *v* iska xoorid
cast out *v* eryid
caste *n* kuf
castigate *v* ciqaabid
castle *n* qalcad
cast-off *n* dhar dhammaaday
castor *n* kuraasta iwm
castor oil *n* olyada

castrate *v* koron ka dhigid
castration *n* koronnimo
casual *adj* iska-caadi ah
casualty *n* khasaaro dhimasho
cat *n* yaanyuur
cataclysm *n* masiibo
catalog *n* daliil-haye
catapult *n* waraf
cataract *n* biyo-dhac
catarrh *n* sanboor
catastrophe *adj* massiibo kadiis ah
catch *v* qabasho
catching *adj* gudbinaya
catch-word *n* halkudheg
categorically *adv* aslanba
category *n* dabaqad
cater *v* aqoolid
caterpillar *n* dirindiir
catholic *adj* ballaaran
cattle *n* lo'
cauliflower *n* khudaar dhexda
cause *n* sabab
causeway *n* buundo
caustic *adj* aad u xun
caution *n* taxadar la'aan
cautionary *adj* digniin ah
cautious *adj* feejigan
cavalier *adj* maskax-gaabnimo
cavalry *n* fardooley
cave *n* god
cave in *v* hoos u dumid
caveat *n* digniin
cavern *n* bohol
cavity *n* duleel
cease *v* joojin
cease fire *n* xabbad joojin
ceiling *n* safiito
celebrate *v* dabbaaldegid
celebration *n* dabbaaldegid
celebrity *n* caan
celery *n* seeleri
celestial *adj* ee samada
celibate *adj* doob ahaansho
cell *n* qol-yar oo ciqaabeed
cell phone *n* taleefonka gacanta
cellular *adj* unugyo
Celsius *n* sentigreydh
cement *n* shamiito
cemetery *n* qabuuro
censor *n* faaf-reebe
censorship *n* faaf-reebe
census *n* tira-koob
centenary *n* sannad-guuro boqlaad
center *n* dhexda
centimeter *n* sentimitir
centipede *n* hanqaraarac
central *adj* dhexda
centre *n* bartanka
ceramic *n* dhoobo ka samaysan
cereal *n* dhir mirood
cerebral *n* ee maskaxda
ceremonial *n* ee xaflad
ceremony *n* xaflad
certain *adj* hubaal
certainly *adv* xaqiiqdii
certainty *n* hubanti
certificate *n* shahaado
certification *n* shahaado qaadasho
certify *v* qirid
certitude *n* hubaal
cessation *n* joojin
chain *n* silsilad
chair *n* kursi
chairman *n* guddoomiye
chairmanship *n* shirguddoomiyenimo
chairwoman *n* shirguddoomiso
chalk *n* jeeso
chalk up *v* dhibco ku rayn
chalkboard *n* sabuurad

challenge *n* carayn
chamber *n* qol
chamber of commerce *n* rugta ganacsiga
champ *v* gardadam-sasho
champagne *n* khamri xoor badan leh
champion *n* hor-yaal
championship *n* horyaalnimo
chance *n* fursad
chancellor *n* madax sare
chandler *n* qofka gada shumaca la shito
change *v* beddelaad
changeable *adj* la baddeli karo
channel *n* kanaal
chaos *n* nidaam darro
chaotic *adj* nidaam daran
chapped *adj* basaasan
chapter *n* cutub
chapel *n* kaniisad yar
character *n* dabeecad
characteristic *n* sifo
charcoal *n* dhuxul
charge *v* eedayn
charisma *n* burji
charismatic *adj* karaamaysan
charitable *adj* asxaan badan
charity *n* sadaqo
charm *n* soo jiidasho
charming *adj* soo jiidasha leh
chart *n* khariidad
chary *adj* feejigan
chase *v* eryasho
chassis *n* caqaayad
chaste *adj* dhawrsan
chastity *n* dhawrsanaan
chat *v* sheekaysasho
chatter *v* daldalan
chauffeur *n* darawal
chauvinism *n* waddaniyad
chauvinist *adj* islaweyne
cheap *adj* raqiis (jaban)
cheat *v* qishid
check *n* baaris
check in *v* isa-soo xaadirin
check list *n* liis warbixineed
check out *v* tagid
checkpoint *n* koon-taroolka
cheek *n* dhaban
cheekbone *n* lafta dhabanka
cheeky *adj* edeb-daran
cheer *v* dhirri-gelin
cheer up *v* farxad gelin
cheerful *adj* faraxsan
cheerless *adj* murugo leh
cheers *inter.* shifo
cheese *n* burcad
cheeseburger *n* rooti hilib iyo farmaajo la dhex-geliyo
cheesecake *n* keeg-burcadeed
cheetah *n* haramcad
chemical *n* kiimiko
chemist *n* kiimiko yaqaan
chemistry *n* cilmiga kiimikada
cheque *n* jeeg
cherish *v* xannaanayn
cherry *n* mitro guduudan
chess *n* shax-miiseed
chest *n* xabadka
chew *v* calalin
chew out *v* canaanasho
chewing gum *n* xanjo
chick *n* digaag dhal ah
chicken *n* digaag
chicken pox *n* bus-bus
chide *v* xaar-xaarin
chief *n* hoggaamiye
chiefly *adv* ugu badnaan
child *n* cunug

childbirth *n* carruur dhalid
childhood *n* carruurnimo
childish *adj* ee carruureed
chili *n* bas-bass
chill *v* qaboow
chilly *adj* dhaxan
chimney *n* shoolad
chimpanzee *n* daanyeer
chin *n* garka
Chinese *n* Shiinays
chip *n* jab
chirography *n* farshaxanka
chit-chat *n* sheekaysi
chivalry *n* naxariis
chloroform *n* daawo dareere
chocolate *n* shukulaato
choice *n* doorasho
choke *v* ku saxasho
cholera *n* daacuun-calooleed
choose *v* doorasho
choose oo fal tagay ah
chop *v* kidfid
chopper *n* faas
choreography *n* isku-duwidda
chorus *n* koox hoobolo ah
Christ *n* nebi Ciise
Christian *n* Masiixi
Christianity *n* dinta Kristaanka
Christmas *n* ciidda Masiixiga
chromatic *adj* midabaysan
chronic *adj* xanuun ama
chronicle *n* qoraal taxane-
taariikheed
chub *n* kalluun
chubby *adj* pucbuc ah
chuck *v* tuurid
chuck out *v* cayrin
chuckle *v* hoos u qoslid
chum *n* saaxiib
chummy *adj* fur-furan
chump *n* nacas
chunk *n* waslad
chunky *adj* kuusan
church *n* kaniisad
chute *n* kanaal hoos u janjeera
chutney *n* shidni
cigarette *n* sigaar
cinema *n* shaneemo
cinnamon *n* qorfe
cipher *n* eber
circle *n* goobo
circuit *n* wareeg
circuitous *adj* wareegay sanaya
circular *adj* wareeg ah
circulate *v* wareejin
circulation *n* wareeg
circumcise *v* gudid
circumference *n* wareegga
goobada
circumspect *adj* feejigan
circumstance *n* xaalad (duruuf)
circus *n* gole-ciyaareed
citation *n* xigasho
cite *v* sheegid (xusid)
citizen *n* muwaadin
citizenship *n* muwaadinnimo
city *n* magaalo-madax
civics *n* dilmiga bulshada
civil *adj* ee shacabka
civil code *n* xeerka madaniga
civil rights *n* xuquuqda dadweynaha
civil war *n* dagaal sokeeye
civilian *adj* shacab ah
civilization *n* ilbaxnimo
civilize *v* il-bixid
clad *adj* dhar xiran
claim *v* ku dacwoodid
claimant *n* qofka dacwoonaya
clamp *n* xajiye
clamp down *v* adkayn

clank *v* ka dhawaajin
clap *v* sacabin
clapper *n* carrabka gambaleelka
clapping *n* sacabis
clap-trap *n* macna-darro
clarification *n* caddayn
clarify *v* qeexid
clarinet *n* qalab muusig
clarity *n* bayaan ahaansho
class *n* fasal
classic *adj* heer sare ah
classification *n* kala-saarid
classified *adj* kala-soocan
classify *v* kala-soocid
classroom *n* fasal
clause *n* jumlo gaaban
clay *n* dhoobo
clean *n* nadiif
cleaner *n* nadiifiye
cleanliness *n* nadiif ahaansho
cleanse *v* nadiifin
clear *n* saafi
clear away *v* bannayn
clearance *n* bannayn
clear-cut *adj* qeexan
clearly *n* si cad
cleavage *n* jeexdin
cleave *v* kala goyn
cleaver *n* mindi weyn
clemency *n* naxariis
clement *n* roon
clench *v* xajin
clergy *n* wadaad kiristaan
clergyman *n* wadaad kiristaan
clerical *n* garraaninimo
clerk *n* garraaninimo
clever *adj* xariif
cleverness *n* xariiftinimo
click *n* dhawaq gaaban
client *n* macmiil
clientele *n* macaamiil
climate *n* cimilada
climax *n* meesha ugu sarraysa
climb *v* fuulid
climb down *v* soo degid
clinch *v* hishiis gaarid
cling *v* ku dhagid
clinging *adj* ku dhagan
clinic *n* bukaan socod eegto
clinical *adj* la xiriira bukaan eegidda
clipping *n* jarniin
cloak *n* jaakad gacma-go'an ah
cloakroom *n* qol jaakadaha looga tagto
clock *n* saacad weyn
clod *n* dhoobo
close *v* xirid
close down *v* joojin (xirid)
close in *v* isku xeerid
close up *v* xirid
closed *adj* xiran
closet *n* armaajo
closure *n* xiritaan
clot *n* xinjir
cloth *n* maro
clothes *n* dhar (labbis)
cloud *n* daruur
cloud-burst *n* roob karar ah
cloudy *adj* daruuro leh
clout *v* dharbaaxid
clove *n* dhaga-yare
club *n* urur
clue *n* tilmaan-yar
clumsy *adj* sirgaxan
cluster *n* urursan
clutch *v* xajin
clutter *n* isku-dhex daadsanaan
coach *n* gaari
coagulate *v* adkaansho
coal *n* dhuxul

coalition *n* isbahaysi
coarse *n* gawtiyo leh
coast *n* xeeb
coaster *n* seesar
coat *n* jaakad (koodh)
cobbler *n* kabatole
cobra *n* mas sumaysan
cobweb *n* xuub-caaro
cocaine *n* kookeyn
cock *n* diiq
cock-eyed *adj* gurracan
cockpit *n* shirka
cockroach *n* baranbaro
cocktail *n* milan khamro ah
cocky *adj* is-cajabiyey
cocoa *n* kakaaw
coconut *n* qumbe
coddle *v* koolkoolin
code *n* baaq sir ah
coerce *v* jajuubid
coercion *n* asaag
coexist *v* wada-jirid
coffee *n* bun
coffin *n* naxash
cogent *adj* lugu qanci karo
cogitate *v* ka fakarid
cognac *n* nooc khamri ah oo culus
cognition *n* garasho ama fahan
cognizance *n* garasho ama ogaal
coherent *adj* isku-xiran
cohesion *n* isku-xirnaan
coiffure *n* koofeer
coin *n* eray-abuur
coinage *n* dhawaan-dhalad
coincide *v* hal-marwada dhicid
coincidence *n* isku-aadmid kadis ah
coke *n* kooka-koola
colander *n* miire
cold *n* qabow
cold war *n* dagaal qabow
cold-blooded *adj* dhiig-qabow
cold-hearted *adj* naxariis daran
collaborate *v* wada-shaqayn
collaboration *n* wada-shaqayn
collapse *v* dumid
collapsible *adj* burburaya
collar *n* kulleeti
collarbone *n* kalxan
collate *v* isku-duwid
colleague *n* jaalle
collect *v* ururin
collection *n* ururis
collective *adj* urursan
collector *n* uruuriye
college *n* kulliyad
collide *v* isku-dhicid
collision *n* isku-dhicis
colloquial *n* af guri
collusion *n* mu'aamaro
colon *n* malawad
colonel *n* gaashaanle sare
colonial *n* gumeysiga
colonialism *n* gumeysi (mustacmar)
colonization *n* isticmaar
colonize *v* gumaysasho
colony *n* gumeysi
color *n* midab
colored *adj* midab leh
colorful *adj* midabaysan
colorless *adj* aan midab lahayn
colossal *adj* xajmi weyn
colossus *n* aad u weyn
colt *n* darmaan
columnist *n* maqaal-qore
coma *n* miyir-beel
comb *n* shanlo
combat *n* dagaal
combination *n* isku-dar
combine *v* isku-darid
combustion *n* gubasho

come *v* kaalay
come across *v* la kulmid
come back *v* soo-laabasho
come in *v* imaansho
come up *v* soo bixid
comedian *n* shactiroole
comedy *n* majaajillo
comestible *n* la cuniraashin
comfort *n* raaxo
comfortable *adj* raaxo leh
comic *adj* shactiro ah
comic book *n* buug shactiro
comics *n* qaybta shactirada
coming *n* imaanaya
command *n* amar
commandament *n* xukun
commander *n* abbaanduule
commanding *n* xukuma
commando *n* kumaandoos
commemorate *v* xusid
commemoration *n* siyaaro
commence *v* billabid
commencement *n* biloow
commend *v* ammaanid
commendable *adj* ammaan mudan
comment *n* faallo
commentary *n* faallo
commentator *n* war tabiye
commerce *n* ganacsi
commercial *adj* ganacsi
commission *n* lacag faa'iido wadaag ah
commissioner *n* wakiil hay'adeed
commit *v* samayn
commitment *n* ballanqaad
committee *n* guddi
commode *n* kursi-musquleed
commodity *n* badeeco
commonwealth *n* bar-waaqosooranka
commotion *n* sawaxan
communal *adj* la wadaago
commune *n* bulsho wada-nool
communicable *adj* gudbi kara
communicate *v* sheegid (xusid)
communication *n* is-gaarsiin
communications *n* is-gaarsiin
communique *n* war-rasmi ah
communism *n* shuuciyad
communist *n* shuuci
community *n* jaaliyad
commute *v* ka dabcin
commuter *n* qofka
compact *adj* is-haysta
compact disk *n* jiiro-digsi
companion *n* wehel (rafiiq)
companionship *n* rafiiq-nimo
company *n* shirkad
comparable *adj* u dhigma
compare *v* isu-qiyaasid
comparison *n* is barbar dhigis
compass *n* kambas
compassion *n* naxariis
compassionate *adj* naxariis-badan
compatriot *n* isku-waddan ah
compel *v* khasbid
compensate *v* magsiin
compensation *n* mag
compete *v* bara-tamid
competence *n* awood-xirfadeed
competent *adj* karti iyo awood
competition *n* tartan
competitor *n* tartame
compile *v* isu-ururin
complementary *adj* kammilaya
complex *adj* isku xir-xiran
complexion *n* midabka qofka
compliance *n* addeecis
compliant *adj* addeecsan
complicate *v* murgin

complication *n* dhib-badnaan
compliment *n* bogaadin
complimentary *adj* faanin
compliments *n* bogaadin
comply *v* addeecid
component *n* midkood
compose *v* ka koobid
composed *adj* degan
composer *n* muusig
composition *n* curis
composure *n* degenaan
compound *n* isku-dhis
comprehend *v* fahmid
comprehensible *adj* la fahmi karo
comprehensive *adj* idil
compress *v* cadaadin
compression *n* cadaadis
comprise *v* ka koobmid
compromise *n* xal dhex-dhexaad
compulsion *n* khasab
compulsive *adj* dirqi kugu ah
compulsory *adj* khasab ah
compute *v* xisaabin
computer *n* kumbuyuutar
comrade *n* saaxiib
concatenation *n* isku-xig
concave *adj* golxo leh: xoodan
conceal *v* qarin
concealment *n* qaris
concede *v* qirid
conceit *n* is-cajabin
conceive *v* ka fakarid
concentrate *v* xoog-saarid
concentrated *adj* adag
concentration *n* xoog-saaris
concept *n* fikradda guud
conception *n* fikradda guud
concern *v* khusayn
concert *n* riwaayad
conciliation *n* maslaxo
conciliatory *n* maslaxo
concise *adj* qeexan
conclude *v* gaba-gabayn
conclusion *n* gabagabo
conclusive *adj* lugu qanci karo
concoct *v* isku dardarid
concoction *n* iskudar
concord *n* heshiis
concrete *adj* waaqici
concur *v* waafiqid
concurrent *adj* waafaqsan
condemn *v* cambaarayn
condensation *n* uumi-biyood
condense *v* yarayn (gaabin)
condition *n* xaalad
conditional *adj* shardiile
condolence *n* tacsi
condom *n* kondam
condone *v* saamixid
conduce *v* keenid
conduct *n* akhlaaq
conductive *adj* wax taraya
conductor *n* kaari
coney *n* bakayle
confection *n* macmacaan sare
confederate *v* isku-darsamid
confederation *n* midow
confer *v* wada-tashi
conference *n* shir
confession *n* qirasho
confessional *n* qolka-qiraalka
confidant *n* qofka xogta lagu qarsado
confide *v* sir ku qarsasho
confidence *n* kalsooni
confident *adj* kal-sooni qaba
confidential *adj* qarsoodi ah
confine *v* xaddidid
confirm *v* xaqiijin
confirmation *n* sugitaan (hubin)

confiscate *v* kala wareegid
confiscation *n* kala wareegis
conflict *n* khilaaf
conform *v* waafiqid
conformity *n* waafaqsanaan
confront *v* wajihid
confrontation *n* iska-horimaad
confuse *v* jahawareerid
confusion *n* jahawareer
congeal *v* adkaan
congenial *adj* ku dhashay
congest *v* cabburid
congestion *n* buux-badni
congratulate *v* u tahniyadayn
congratulation *n* tahniyad
congregate *v* isku-ururid
congress *n* kulan
conjecture *n* malaawaal
conjoin *v* is-kuxir
conjuction *n* xiriiriye
conjucture *n* xaalado ama dhacdooyin xiriira
conjugate *v* isku xir-xiran
conjure *v* sixir samayn
connect *v* ku xirid
connection *n* isku-xir
connive *v* qarsoodi ulashaqayn
connoisseur *n* khabiir
connote *v* tusinaya
conquer *v* qabsasho
conquest *n* furasho
consanguinity *n* xigaalo
conscience *n* damiir
conscious *adj* miyir leh
consciousness *adj* miyir-qaba
conscript *v* askari ku qasbid
conscription *n* qafaal askareed
consecutive *adj* isku-xiga
consensus *n* fikradda guud
consent *v* ogolaansho siin
consequence *n* natiijo
conservation *n* daryeel
conservative *adj* dhawrsan
conservatory *n* qol-quraaradeed
conserve *v* dhawrid
consider *v* ka fakarid
considerable *adj* badan
consideration *n* ahmiyad-siin
consign *v* dirid
consignment *n* diris
consist *v* ka kooban
consistency *n* joogtayn
consolation *n* tacsi
console *v* u tacsiyayn
consolidate *v* adkayn
consolidation *n* isu-tag
consonance *n* is-waafaqsanaan
consonant *n* shibbane
consort *n* naagta boqorka
consortium *n* urur
conspicuous *adj* muuqda
conspiracy *n* shirqool
conspirator *n* shirqool-dhige
constable *n* boolis
constancy *n* joogto ahaansho
constant *n* joogto ah
consternation *n* argagax
constipation *n* calool-fadhi
constituetn *n* cod-bixiye
constitute *v* kasamaymid
constitution *n* dastuur
constitutional *adj* dastuuri ah
constrain *v* ku khasbid
constraint *n* khasab
constrict *v* yarayn
construct *v* dhisid
construction *n* dhismo
constructive *adj* waxtar leh
consul *n* qunsul
consulate *n* qunsuliyad

consult *v* la tashi
consultant *n* la taliye
consume *v* isticmaalid
consumer *n* macmiil
consummate *adj* ebyan
consumption *n* isticmaal
contact *v* la xiririd
contagious *adj* lays qaadsiin karo
contain *v* ka koobma
container *n* weel
contemplate *v* ka baaraan-degid
contemplation *n* ka baaraan-dag
contemporary *adj* casri ah
contempt *n* xaqiraad
contemptuous *adj* ihaano ah
contender *n* tartame
content *adj* qanacsan
contention *n* qanacsanaan
contentious *adj* dood badan
contents *n* ka kooban
contest *n* loollan
contestant *n* loollame
continent *n* qaarad
continental *adj* qaaradeed
contingency *n* dhici-kara
continual *adj* socda
continuance *n* socodsiin
continuation *n* socodsiin
continue *v* socda
continuity *n* xiriira
continuous *adj* xiriir ah
contraband *n* koontrabaan
contract *n* heshiis
contraction *n* heshiis
contractor *n* qandaraasle
contradict *v* siburin
contradiction *n* is-burin
contradictory *adj* is-burinaya
contrary *adj* liddi ku ah
contrast *n* is-barbar dhigis
contravene *v* ka horimaansho
contravention *n* sharci-darro
contribute *v* ku tabarrucid
contribution *n* tabarruc
contrive *v* gaarid
control *v* xukumid
controller *n* hanti-dhawr
controversy *n* khilaaf
contusion *n* dakhar
convene *v* isugu yeerid
convenience *n* habboonaan
convenient *adj* ku habboon
convention *n* shir-weyne
conventional *adj* dhaqanka ku dhagan
converge *v* kulansiin
conversation *n* sheekaysi
converse *v* la sheekaysi
conversion *n* baddalaad
convert *v* ka baddalid
convertible *adj* la baddali karo
convey *v* gaarsiin
conveyance *n* gaadiid
convict *v* dembi ku xukumid
conviction *n* dembi xukumis
convince *v* qancin
convivial *adj* bulshay ah
convocation *n* kulan ama shir rasmi ah
convolution *n* laalaab
convulse *v* ka gariirin
cook *v* karin
cooker *n* kariye
cookery *n* cilmiga cunto karinta
cookie *n* buskud
cool *adj* qaboow-yar
cool down *n* is-dejin
cooler *n* qaboojiye
cooperate *v* wada-shaqayn
cooperation *n* shirkad

cooperative *n* iskaashato
coordinate *v* isku-duwi
coordination *n* isuduwis
coordinator *n* isu-duwe
cop *n* boolis
cope *v* dabbirid
copy *v* guurin
copybook *n* dafter
copywriter *n* iidhehqore
cord *n* xarig
cordial *adj* soo dhawayn leh
cordially *adv* si kal iyo laab ah
coriander *n* dhircunto
corn *n* galley
corner *n* gees
cornet *n* qalab muusiko
cornflakes *n* cunto badanaa
coronation *n* caleemasaar
coronet *n* taaj
corporal *n* laba-alifle
corporate *adj* isu-tag
corporation *n* shirkad
corpse *n* meyd
corpulent *adj* cayillan
correct *adj* sax
correction *n* saxis
correlate *v* isku-xiran
correlation *n* isku-xirnaansho
correspond *v* u dhigma
correspondence *n* isu-ekaan
corresponding *adj* u dhigma
corridor *n* wadiiqo
corroborate *v* ayidid
corrosion *n* dhammaansho
corrupt *v* musuq samayn
corruption *n* musuq-maasuq
cosmic *adj* caalamka
cosmos *n* caalamka
cost *v* ku qiimayn
costly *adj* qaali ah
costume *n* dhar
costume jewellery *n* bulukaati
cot *n* sariirta carruurta
cottage *n* cariish
cotton *n* suuf
couch *n* fadhi
couchette *n* sariir dhuuban
cough *n* qufac
council *n* gole
counsel *n* talo
counsellor *n* la-taliye
count *v* tirin
countable *adj* la tirin karo
counter *n* miiska dukaanka
counteract *v* ka hortagid
counter-attack *n* weerar-celin
counterfeit *adj* been-abuur
countermand *v* amar-burin
counterpart *n* baddal u ah
countless *adj* xad-dhaaf
country *n* dal
countryman *n* reer-baaddiye
county *n* degmo
coup *n* af-genbi
couple *n* labo
coupon *n* kuuboon
courage *n* geesinimo
courageous *adj* geesinimo
courier *n* dhanbaal-qaade
course *n* kooras
court *n* maxkamad
courteous *adj* edboon
courtesy *n* edeb
courtyard *n* deyr
cousin *n* ina-adeer
cover *n* dahaar
covert *adj* qarsoon
covet *n* damac
cow *n* sac
coward *n* fulay

cowboy *n* lo'ley
cox *n* doon-wade
coyote *n* uubato yar
cozy *n* dabool
crabby *adj* dabci-xun
crack *v* dillaacin
cradle *n* sariirta carruurta
craft *n* xirfad
craftsman *n* xirfadle
crafty *adj* xeelad badan
cram *v* cabbayn
crane *n* wiish
cranium *n* laf-madax
crank *n* wareejiye
cranky *adj* camal xun
crap *n* macno darro
crash *v* duqayn
crate *n* takhdad
crave *v* jamasho
craven *adj* fulaynimo
crayon *n* qalin midab leh
craze *adj* waalan
crazy *adj* waalan
creak *ka jiiqsiin*
creaky *adj* jiiq-jiiq leh
cream *n* labeen
crease *n* laabato
creation *n* abuuris
creator *n* eebbe
creature *n* noole
credence *n* aamminaad
credentials *n* shahaadooyin
credibility *n* aamminaad
credible *adj* caqli gal
credit *n* deyn
creditable *adj* ammaan mudan
creditor *n* deynle
creed *n* caqiido
creep *v* guur-guurasho
creeper *n* geed-saar
cremate *v* meyd gubid
cremation *n* meyd gubis
crematorium *n* rugta meydka lugu gubo
crept *n* guur-guurtay
crescent *n* bil
crest *n* fiinta
crew *n* koox wada-shaqaysa
crib *n* xoolka carruurta
cricket *n* kirikidh
crime *n* dambi
criminal *n* dambiile
cringe *v* ka waabasho
crinkle *v* duuduubmid
cripple *n* curyaan
crisis *n* wakhti shiddo
crisp *adj* xorshosho
crispy *adj* xorshosho ah
critic *n* dhalliil-raadiye
critical *adj* dhalliil raadis badan
criticism *n* cambaarayn
criticize *v* cambaarayn
critique *n* cambaarayn
croak *v* niiqlayn
crochet *n* daabac
crockery *n* alaabada cuntada
crocodile *n* yaxaas
crocus *n* sacfaraan
crone *n* cajuusad
crook *n* khaa'in
croon *v* ku luuqayn
crop *n* dalag
cross *n* isku-tallaab
crossbreed *n* isku tallaalis
cross-check *v* hab kale ku hubin
crossfire *n* tacshiirad
crossing *n* gudbis
crotch *n* gosha
crow *n* tuke
crowd *n* dad badan

crowded *adj* dad ka buuxo
crown *n* taaj
crucial *adj* ugu muhiimsan
crucifix *n* saliib
crucify *v* dal-dalid
crude *adj* ceeriin
cruel *adj* naxariis daran
cruelty *n* naxariis darro
cruise *n* safar tamashle ah u bixid
cruiser *n* markabka safarada dalxiiska
crumble *v* ja-jabin burburin
crumple *v* buus-buusmid
crunch *v* ruugid
crusader *n* qaddiyad u-halgame
crush *v* duqayn
crusty *n* qolof adag leh
cry *v* ooyid
cry baby *n* oohin-carruureed
cub *n* caga-baruur
cube *n* lix-geesle
cubicle *n* qoolad-yar
cuckoo *n* guuguule
cucumber *n* qajaar
cuddle *v* hab-siin
cuddly *adj* la jeclaysto
cudgel *n* garruun
cue *n* baaq
cuisine *n* cunto-karinta
cullender *n* miire
culmination *n* fiinta
culprit *n* mujrim
cult *n* firqo diineed
cultivate *v* carro-rogid
cultivation *n* carro-rogid
culture *n* dhaqan
cumbersome *adj* culus
cumulative *adj* isku-ururay
cunning *n* xeelad-badni
cup *n* koob
cupboard *n* armaajo
cupidity *n* damac-badni
curative *n* daawo leh
curb *n* qarka
curd *n* walax burqo ah
curdle *v* burqo-noqosho
cure *n* daawo
curfew *n* bandow
curio *n* macduun
curiosity *n* cajiib
curlew *n* shimber badeed
curly *adj* gal-galoolan
currant *n* geed bixiya midho la cunikaro
currency *n* lacag-dal
current[1] *adj* xilliga la joogo
current[2] *n* danabka korontada
curriculum *n* manhaj
curry *n* dhirta
curry powder *n* budo-suugo
curse *n* dhib
cursor *n* tilmaame
curt *adj* af-gaabni
curtail *v* soo gaabin
curtain *n* daah
curve *n* qallooc
custard *n* labaniyad
custody *n* hayn
custom *n* caado
customary *adj* caado ah
customer *n* macmiil
customs *n* canshuur-bixinta
cut *n* gooyn
cut down *v* gooyn
cute *adj* qurxoon
cutlass *n* seef
cutlery *n* midiyaha iyo qalabka kale ee wax lugu cuno
cutlet *n* waslad
cutter *n* doon-yar oo dheeraysa

cut-throat *adj* gawricis
cycle *n* wareeg
cyclist *n* bushkuleettile
cyclone *n* leexo
cylinder *n* dhululubo
cymbal *n* shanbal
cynical *adj* ka aaminbaxsan

D

dab *v* dusha ka mar-marin
dabble *v* sayrin
daffy *adj* axmaqnimo
damages *n* qaan-siin
damarcation *n* xadayn
damnation *n* nacalad-qabid
dank *adj* qaboow oo engegan
dappled *adj* gaashiyo leh
daunting *adj* dhib-badan
dauntless *adj* baqdin-la'aan
dawn on *v* ogaansho
day dream *n* riyo-maalmeed
de luxe *adj* nooc sare
deabetes *n* kaadi-sonkorow
dead end *n* xaalad iwm
deafen *v* dhaga-beel
dean *n* hormuud jaamacadeed
dear *adj* qaali ah
death rate *n* tirada dhimashada
debit *v* lacag ka bixin
decapitate *v* unuun gooyn
December *n* Diseembar
deciduous *adj* xilliga dayrta
decimalize *v* dhibic-tobanle gelin
deck out *v* sharraxid
declared *adj* shaaca laga qaaday
decorous *adj* edboon
decrepit *adj* duqnimo
decry *v* wax ka sheegid
dedicated *adj* u huray
deductible *adj* ka go'l kara
deepen *v* hoos u dheerayn
deface *v* qaab ka baddalid
default *n* fulin la'aan
defeat *v* jabin
defect *n* cillad
defection *n* baxsasho
defective *adj* cillaysan
defector *n* baxsade
defend *v* difaacid
defendant *n* eedaysane
defense *n* difaac
defensive *adj* difaaceed
defer *v* dib u-dhigid
deference *n* qaddarin
deferential *adj* qaddarin leh
defiance *n* diidmo-cad
defiant *adj* madax-adag
deficiency *n* yaraan
deficient *adj* ku yaraansho (ku yar)
defile *v* wasakhayn
define *v* qeexid
definite *adj* qeexan
definition *n* qeexitaan
deflate *v* aaryo ama naqas-bixin
deflect *v* leexasho
deformity *n* qaab-xumo
defraud *v* khatalid
defray *v* ka bixin
defrost *v* baraf ka qaadid
deft *adj* xirfad badan
defunct *adj* talaf ah
defuse *v* qarxisada ka saarid
defy *v* is hortaag
degenerate *v* hoos u dhicid
degradation *n* dullinimo
degrade *v* sharaf-ridid

degree *n* heer
dehydrate *v* engejin
deity *n* kor ahaansho
dejected *adj* murugaysan
dejection *n* murugo
delay *v* dib u dhigid
delectable *adj* dhadhan fiican
delegate *n* ergey
delegation *n* wafdi
delete *v* tir-tirid
delft *n* eeg sawirkan hoose
deliberate *adj* kas
deliberation *n* ka baaraandeg
delicacy *n* xasaasi
delicate *adj* jilicsan
delicious *adj* dhadhan sare leh
delight *v* farxad gelin
delightful *adj* rayrayn leh
delirious *adj* isku-daran
deliver *v* u geyn
deliverance *n* bad-baadin
delivery *n* u-geyn
delude *v* marin-habaabin
deluge *n* daad
delusion *n* khayaal
demand *n* dalab
demanding *adj* hawl badan u baahan
demean *v* sharaf ridis
demeanor *n* hab-dhaqan
demented *adj* waalan
demerit *n* dhicitaan
demise *n* geeri
democracy *n* dimoqraadiyad
democrat *n* qof dimoqraadi ah
demolish *v* dumin
demolition *n* dun-dumin
demon *n* cirfiid
demonic *adj* cirfiid ah
demonstrate *v* qeexid
demonstration *n* mudaharaad
demonstrative *adj* muujinaya
demoralization *n* niyad-jab
demoralize *v* niyad-jebin
demur *v* caaridid
demure *adj* xishood-badan
den *n* qol gaar ah
denial *n* inkiraad
denomination *n* mad-hab
denominator *n* qaybiyaha
denote *v* tusin
denounce *v* cambaarayn
dense *adj* cufan
densely *adv* si cufan
denseness *n* cufnaan
density *n* cuf
dent *n* buusnaan
dental *adj* ilkaha la xiriira
dentist *n* takhtarka ilkaha
denude *v* qaawin
denunciation *n* cambaarayn
deny *v* beenin
deodorant *n* shiir-dhawr
depart *v* bixid
departed *adj* tegay
department *n* qayb
department store *n* dukaan weyn oo laamo badan iska leh
departure *v* dhoofitaan
depend *v* ku xiran
depend on *v* isku-hallayn karo
dependable *adj* laysku hallayn karo
dependence *n* ku tiirsanaan
dependent *adj* ku tiirsane
depict *v* sawirid
depiction *n* sawirnaan
deplete *v* yarayn
deplorable *adj* laga xumaado
deplore *v* aad uga xumaansho
deport *v* masaafurin

deportation *n* masaafuris
depose *v* xukun ka ridid
deposit *n* dabaaji
depositor *n* dhitayste
depot *n* bakhaar
deprave *v* fasahaadid
depravity *n* fasahaadid
depreciate *v* qiima-jabid
depreciation *n* qiimo-dhac
depress *v* niyad-jabin
depressed *adj* niyad-jabsan
depression *n* niyad-jab
deprivation *n* caydnaan
deprive *v* ka qaadid
deprived *adj* silic ku nool
depth *n* qoto-dheer
deputation *n* ergo
deputize *v* wakiil u noqosho
deputy *n* wakiil
derange *v* waalasho
derangement *n* waalli
derby *n* oo badanaa madoow
derelict *adj* dayacan
deride *v* ku jees-jeesid
derision *v* jees-jees
derisory *adj* jees-jees
derivative *adj* kasoo dhanbalmay
derive *v* ka dhanbalmid
derogatory *adj* liidis
derrick *n* ashansoore
dervish *n* darwiish
descend *v* hoos u degid
descend on *v* soo weerarid
descendant *n* waraso
descent *n* dhaaadhac
describe *v* sifayn
description *n* sifo
descriptive *adj* sharraxan
desecrate *v* karaamo tirid
desert *n* lama-degaan
desert *v* ka baxsasho
deserter *n* fakad
deserve *v* u qalmid
desiccate *v* galajin
design *n* naqshad
designate *v* cayimid
designer *n* naqsha-deeye
designing *adj* xeelad badan
desirable *adj* la rabo
desire *n* jamasho
desirous *adj* aad u raba
desist *v* joojin
desk *n* miiska qoraalka
desolate *adj* cidla lugu xooray
despair *v* rajo-dhigid
despatch *n, v* eeg dispatch
desperate *adj* quus ah
desperation *n* rajo-go'
despise *v* xaqirid
despondent *adj* murugaysan
despotism *n* amar-kutaaglayn
destination *n* bar-dhammaadka safarka
destine *v* loogu talo-galay
destiny *n* qadar
destitute *adj* diihaalsan
destitution *n* diihaal
destroy *v* burburin
destroyer *n* baabi'iye
destruction *n* baaba'
detach *v* ka fujin
detached *adj* ka go'naan
detachment *n* ka go'naan
detailed *adj* faahfaahsan
detain *n* hayn
detect *v* ka-helid
detective *n* dembi-baare
detention *n* meel kuhayn
deter *v* ka bajin
deteriorate *v* sii xumaansho

determination *n* go'aan
determine *v* go'aansasho
deterrent *n* bajin
detest *v* karhasho
detonate *v* qarxin
detonation *n* qarax
detour *n* dariiq wareeg ah
detract *v* hoos u-dhicid
devaluate *n* qiimo-dhimid
devaluation *n* qiimo-dhimis
devastate *v* baabi'in
devastation *n* baaba'
develop *v* korid
developer *n* horumariye
development *n* koritaan
deviate *v* weecin
deviation *n* weecsanaan
device *n* aalad, qalab
devil *n* shayddaan
devilish *adj* shayddaan ah
devious *adj* qallooca
devise *v* soo hindisid
devoid *n* ka maran
devote *v* u go'doomid
devotee *n* mukhlis
devotion *n* u go'doomis
devour *v* dhakhso u cunid
dew *n* dhado
dexterity *n* farsamo-badni
diabetic *adj* sonkorow
diagnose *v* la aqoonsado
diagnosis *n* ogaanshaha
diagonal *adj* janjeera
diagram *n* jaantus
dialect *n* lahjad
dialogue *n* wada-hadal
diameter *n* dhex-roor
diamond *n* dheemman
diaper *n* xafaayad
diarrhoea *n* shuban
diary *n* xusuus-qor
dice *n* laadhuu
dictate *v* u yeerin
dictation *n* yeeris
dictator *n* kaligi-taliye
dictatorship *n* kalitashi
die *v* dhimasho
diesel engine *n* matoor-naafto
diet *n* cunto qaadasho nidaamsan
differ *v* ka duwanaan
difference *n* farqi
different *adj* ka duwan
differential *n* kala-duwanaansho
differentiate *v* kala-saarid
difficult *adj* dhib-badan
difficulty *n* dhibaato
diffuse *adj* faafsan
diffusion *n* fidis
dig *v* qodid
digest *v* dheef-shiidid
digestion *n* dheef-shiid
digestive *adj* dheef-mareen
digital *adj* lambaro-leh
dignified *adj* sharaf leh
dignitary *n* madax sare
dignity *n* sharaf
digression *n* mawduuc ka-bixis
dike *n* biyo-xireen
dilapidated *adj* kala-daatay
dilemma *n* tallan
diligence *n* hawl-karnimo
diligent *adj* hawl-kar
dilute *v* barxid
dilution *n* barax
dim *adj* nuxuus ah
diminish *v* yarayn
dine *v* cashayn ama qadayn
diner *n* makhaayad-yar
ding-dong *n* qalalowda
dinghy *n* doon-yar

dingy *n* uskag ah oo bololay
dining room *n* qolka cunto cunidda
dinner *n* casho ama qado
dinosaur *n* xayawaan qiro-weyn
dip *v* dhex-darid
diploma *n* dibloomo
diplomacy *n* dibloomaasiyad
diplomat *n* dibloo-maasi
diplomatic *adj* dibloomaasi
direct *v* tilmaamid
direction *n* jiho
directly *adv* si toos-ah
director *n* agaasime
directory *n* tusiye
dirt *n* wasakh
dirty *adj* wasak hayn
disability *n* itaal-la'aan
disable *v* curyaamin
disadvantage *n* faa'iido-darro
disagree *v* ku khilaafid
disagreement *n* is khilaaf
disallow *v* u diidid
disappear *v* librid
disappearance *n* lumis
disappoint *v* niyad jabin
disappointment *n* ka xumaansho
disapproval *n* caaridis
disapprove *v* caariidid
disarm *v* hub ka dhigid
disarrange *v* kala-daadin
disaster *n* masiibo
disastrous *adj* aad u xun
disband *v* kala diris
disbelief *n* rumayn-la'aan
disc *n* saxan
discard *v* iska-xoorid
discern *v* arkid
discharge *v* ka sii-deyn
disciple *n* xer
disciplinary *adj* anshax la xarriira
discipline *n* anshax
disclaim *v* diidid
disclose *v* kashifid
disclosure *n* kashifaad
discolor *v* qayirid
discomfort *n* raaxo-la'aan
disconcert *v* ka qajilsiin
disconnect *v* ka furid
disconsolate *adj* murugaysan
discontent *n* qanac-la'aan
discontinue *v* joojin wax socda
discord *n* khilaaf
discordant *adj* is-khilaafsan
discotheque *n* kalaab qoobka ciyaar
discount *n* sicir-dhimis
discourage *v* niyad-jebin
discourteous *adj* edeb-daran
discover *v* soo-ogaansho
discovery *n* ikhtiraac
discredit *v* xurmo-ridid
discreet *adj* qof sir-qarin badan
discrepancy *n* farqi
discretion *n* caqli iyo taxadar-badani
discriminate *v* kala-saarid
discussion *n* munaaqasho
disdain *n* liidis
disease *n* cudur
disembark *v* markab ka soo degasho
disenchanted *adj* ka niyad-go'ay
disengage *v* ka furid ka saarid
disfigure *v* fool-xumayn
disgrace *n* facshar
disguise *v* qarin
disgust *n* karaahiyo
dish *n* xeero
dish towel *n* tirtire
dish washer *n* alaab-dhaqe
dishearten *n* niyad-jab
dishevel *v* isku dhex-yaacid

dishonest *adj* aan daacad ahayn
dishonesty *n* khaa'inimo
dishonorable *adj* sharaf-dhac ah
dishonour *n* sharaf-dhac
disiclined *adj* diiddan
disinfect *v* jeermis-tirid
disintegrate *v* kala-daadasho
disintegration *n* kala-daadad
disinterested *adj* aan danaynayn
dislike *v* nebcaansho
dislocate *v* kala-bixid
disloyal *adj* aan daacad-ahayn
dismal *adj* murugaysan
dismantle *v* furfurid
dismay *n* muraara-dillaac
dismember *v* xubin-xubin u jar-jarid
dismiss *v* shaqo ka eryid
dismissal *n* ruqsayn
disobedience *n* amar-diido
disobedient *adj* dhaga-adag
disobey *v* ka amar-diidid
disorganize *v* is-dhex daadin
disorient *v* jaah-wareerin
disown *v* dayrin
disparagement *n* xaqiraad
disparity *n* farqi
dispassionate *adj* degan oo macquul ah
dispatch *v* dirid
dispel *v* kala-firdhin
dispensable *adj* laga-maarmo
dispensary *n* farmashiye
dispense *v* bixin
dispenser *n* mashiin wax diyaarsan bixiya
disperse *v* kala-eryid
displace *v* bara-kicin
displacement *n* bara-kac
display *v* soo-bandhigid
displease *v* ka caraysin
disposal *n* xooris
dispose *v* dejin
disposition *n* dabeecad
dispossess *v* hanti ka qaadid
disproportionate *adj* aan le'ekayn
disprove *v* beenayn
dispute *n* muran
disqualify *v* u qalmi waayid
disquiet *n* arbushaad
disreputable *adj* aan xurmo lahayn
disrespect *n* xurmo-darro
disrupt *v* carqaladayn
disruptive *adj* curyaaminaya
dissatisfaction *n* qanac la'aan
dissatisfy *v* qancin-laan
dissect *v* lafa-gurid
dissection *n* lafa-guris
disseminate *v* faafin
dissemination *n* baahis
dissension *n* khilaaf
dissent *n* khilaaf
disservice *n* fal-xun
dissident *n* mucaarad
dissimilar *adj* kala-duwan
dissipate *v* firdhin
dissociate *v* ka go'id
dissolute *adj* akhlaaq-xun
dissolution *n* kala-go
dissolve *v* milid
dissuade *v* ka waanin
distance *n* fogaan
distant *adj* fog
distaste *n* nebcaan
distend *v* bararid
distension *n* barar
distinct *adj* ka duwan
distinction *n* kala-duwanaansho
distinguish *v* kala-garasho
distort *v* murgacasho
distract *v* ka-jeedin

distraction *n* maaweelo
distress *n* saxariir
distressing *adj* saxariir leh
distribute *v* u qaybin
distribution *n* qaybin
distributor *n* qaybiye
district *n* degmo
distrust *v* aaminid la'aan
disturb *v* labid, qasid
disturbance *n* arbushaad
ditch *v* ka-takhalusid
dither *v* laba-labayn
dive *n* quus
diver *n* quuse
diverge *v* ka bayrid
divergent *adj* ka leexsan
diverse *adj* kala-duwan
diversify *v* kala-jaad ka dhigid
diversion *n* leexad
diversity *n* kala-duwanaan
divert *v* leexin
divest *v* ka qaadid
divide *v* qaybin
dividend *n* saami-faa'iido
divine *adj* ilaahi ah
divinity *n* rabbaani
divisible *adj* qaybsamikara
division *n* qaybin
divorce *n* furniin
divorcee *n* garoob
divulge *v* kashifid
dizziness *n* dammaad
dizzy *adj* dawakhsan
docile *adj* hebed ah
doctor *n* takhtar
doctrine *n* caqiido
document *n* dukumeenti
documentary *adj* dukumantaariyo
doddering *adj* lowlab ah
dodge *v* gabbasho
dodgy *adj* khatar ah
dog *n* ey
dogma *n* caqiido
doily *n* xaashi
dole out *v* sadaqo-bixin
doleful *adj* murugaysan
doll *n* boombalo-yar
dolphin *n* hoonbaro
dolt *n* caaq
dome *n* qubbad
domestic *adj* gudaha
domesticate *v* rabbaayadayn
domicile *n* deegaan
dominance *n* xukun
dominant *adj* qaalib ah
dominate *v* xukumid
domination *n* xukumis
domineer *v* xukumid
dominion *n* xukun
domino *n* dumnad
donate *v* ku tabarrucid
donation *n* tabarruc
donkey *n* dameer
donor *n* deeq-bixye
doodle *v* feegaarid
doom *n* qaddar
doomsday *n* maalinta-qiyaame
door *n* albaab
dope *n* daroogo
dormant *adj* lamad
dorsal *adj* arax
dory *n* isku-daran
dot *n* dhibic
dotage *n* asaasaq
dote *v* kool-koolin
dotted line *n* xarriiq goo-go'an
double *n* laban-laab
double entry *n* laba-qoraal
doubt *v* ka shakiyid
doubtful *adj* shakisan

doubtless *adv* shaki-la'aan
dough *n* cajiin
doughty *adj* geesinimo
douse *v* damin
dove *n* qoolleey
down *adv, n* hoos
down payment *n* debaaji
down to earth *adj* daacad ah oo qalbi-xaaran
downfall *n* hoos-udhac
downgrade *v* darajo ka dhimid
down-hearted *adj* himmad-jabsan
downpour *n* karar
downtown *adj* magaalada hoose
down-trodden *adj* dulman
downy *adj* jilicsan
dowry *n* meher
dowse *v* eeg
doxology *n* digri
doze *v* indha-guduudsi
dozen *adj* lulmaysan
drab *adj* fool-xun
draftsman *n* naqshad-sameeye
drag *v* jiidis
dragon *n* bahal xajmi wayn oo dab neefsada
dragonfly *n* baalkaa-biyood
drain *v* shub-mid
drainage *n* bullaacad-saaris
drake *n* boolon-boolada
drama *n* riwaayad
dramatic *adj* riwaayad la xiriira
dramatist *n* qoraha riwaayaddaha
drape *v* maro ku-daahid
drapery *n* maryo
drapes *n* daah
drastic *adj* daran
draughtsman *n* naqshad-yaqaan
draw *v* sawirid
drawer *n* khaanad
drawing *n* sawiri
drawing room *n* qolka fadhiga
drawl *v* aayar u hadlid
dread *n* cabsi-weyn
dreadful *adj* cabsi-leh
dream *n* riyo
dreamer *n* riyoode
dreamy *adj* riyo-ah
drench *v* qooyn
dress *n* lebbis
dressing *n* labisasho
dressing room *n* qolka dharka lagu beddesho
dressy *adj* labbis-jecel
dribble *v* tifqid
drier *n* qalajiso
drift *n* caariyid
drifter *n* khawaaf
drill *v* qodid
drink *n* cabbitaan
drinker *n* khamri-yacab
drip *v* tifqid
dripping *n* heen
drive *v* wadid
driver *n* darawal
drizzle *n* shuux
droll *adj* qosol leh
drollery *n* maad
drone *n* guux
drool *v* dhareeid
drop *n* dhibic
drops *n* goojo
dropsy *n* uur-weynaad
dross *n* dambas
drought *n* abaar
drown *v* qarqid
drowse *v* lulmood
drowsiness *n* lulmo
drubbing *n* garaac
drug *n* daawo

druggist *n* famashiiste
drugstore *n* farmashiye
drum *n* durbaan
drummer *n* durbaan-garaace
drunk *n* sarkhaan
dry *v* qallajin
dryer *n* qalajiso
dual *adj* labo ah
dub *v* ku naanaysid
dubious *adj* shaki ku jiro
duck *n* boolonboollo
duck out *v* u gooyn
duct *n* tuubbo
due *adj* lugu leeyahay
duel *n* loollan
dues *n* ujro
duffel bag *n* boorso kolay u eg
duffer *n* axmaq
dug *v* eeg
dulcet *adj* cod-macaan
dulcimer *n* qalab muustiko
dull *adj* damiin ah
dumb *adj* aan hadli-karin
dump *n* qashin-qub
dumps *n* murugo
dumpy *adj* kuusan
dunce *n* damiin
duplicate *n* nuqul
duplicator *n* mashiinka
duplicity *n* khayaano
durability *n* cimri-dherer
durable *adj* cimri-dheer
duration *n* muddo
duress *n* argagax
during *prep* muddada
dusk *n* aas madoobaad
dusky *adj* madoow ah
dust *n* boorso kolay u eg
dust-bin *n* weelka-qashinka
duster *n* boor-tirtire
dusty *adj* boor leh
dutiful *adj* masuul ah
duty *n* waajib
duty-free *adj* canshuur dhaaf
dwarf *n* cilin
dwell *v* ku noolaansho
dwelling *n* hooy
dwindle *v* yaraansho
dye *n* renji
dynamic *adj* fir-fircoon
dynamics *n* diinaamiko
dynamo *n* diinimo
dysentery *n* axal-dhiiga

E

each *pron* mid-kasta
each other *adv* midba-midka kale
eager *v* danayn
eagerness *n* rabitaan
eagle *n* gorgor
eagle-eyed *adj* aragti-fiiqan
eaglet *n* gorgor dhal ah
ear *n* dheg
earache *n* dheg-xanuun
eardrops *n* dhago
earlobe *n* cakaw
early *adj* wakhti-hore
earmark *v* suntid
earnest *adj* daacad ah
earnest money *n* carbuun
earring *n* dhego
earth *n* carro
earthenware *n* dhoobo ka samaysan
earthly *adj* suurto-gal ah
earthquake *n* dhul-gariir

ease *n* sahal
easily *adj* sahal
east *n* bari
easterly *adj* dhanka bariga
eastern *adj* bariga
eastward *adj* dhanka bari u jeeda
easy *adj* sahlan
easy chair *n* kursi raaxa-leh
easy-going *adj* degan
eat *v* cunid
eatable *adj* la cuni karo
eater *n* cunaa
eavesdrop *v* dheg-nuugsi
ebb *v* caaryid
ebony *n* nooc alwaax ah
ebullient *adj* furfurnaan
eccentric *adj* cajiib ah
ecclesiaastic *n* baadari
ecclesiastical *adj* kaniisadeed
echo *n* jabaq-celis
eclat *n* guul
eclectic *adj* xul
eclipse *n* hoos-udhac
economic *adj* dhaqaaleed
economical *adj* dhaqaale leh
economically *adv* dhaqaale ahaan
economics *n* cilmiga dhaqaalaha
economist *n* dhaqaale-yaqaan
economize *v* dhaqaalayn
economy *n* dhaqaale
ecstasy *n* jidbo
ecstatic *adj* jid-baysan
eczema *n* cambaar
eddy *n* habaas iwm
Eden *n* beertii bebi Aadan
edge *n* gees
edgewise *adv* darafka
edging *n* daraf
edgy *adj* xanaaq-badan
edible *adj* la cuni karo
edict *adj* amar
edifice *n* sar-weyn
edit *v* filin iwm
edition *n* daabacaad
editor *n* buug
educate *v* waxbarid
education *n* wax-barasho
eerie *adj* baqdin leh
efface *v* tir-tirid
effect *n* natiijo
effective *adj* saamaynaya
effectual *adj* wax-tar leh
effectuate *v* sababid
effeminate *adj* nimow-naag
effervescent *adj* xumbaynaya
efficacious *adj* wax-taraya
efficiency *n* wax-qabad
efficient *adj* wax-qabad fiican leh
effort *n* dadaal
effortless *adj* sahal
effrontery *n* indha-adayg
effuent *n* bullaacad warshadeed
effuse *v* daadasho
egalitarian *adj* sinnaan
egg *n* ukun
ego *n* qab
egocentric *adj* anaani
egoism *n* anaani-nimo
egoist *n* anaani
egotism *n* anaani-nimo
eight *n* siddeed
eighteen *n* siddeed iyo toban
eighteenth *n* siddeed-iyo-tobnaad
eighty *n* siddeetan
either *pron* midkood
eixstence *n* jiritaan
ejaculate *v* qaylin
ejaculation *n* biyo-bax
eject *v* soo-tuurid
ejection *n* tuuritaan

eke *v* kordhin
eke out *v* tashiilid
elaborate *v* sharraxid
elaboration *n* sharraxaad
elapse *v* waqti la dhaafo
elastic *adj* laastiko ah
elate *v* niyad gelin
elation *n* ray-rayn
elbow *n* suxul
elder *adj* ka da' weyn
elderly *adj* duq ah
eldest *adj* curad
elect *v* doorasho
election *n* doorasho
electirfy *v* danabayn
elector *n* doorte
electric *adj* xiiso-badan
electrician *n* koronto-yaqaan
electricity *n* danab
electrocute *v* koronto ku-dilid
electron *n* elektaroon
electronic *adj* elektaroonig ah
elegance *n* xarrago
elegant *adj* qurxoon
element *n* curiye
elemental *adj* dabiici ah
elementary *adj* sahal ah
elementary school *n* dugsiga hoose
elements *n* biloow
elephant *n* maroodi
elephantine *n* maroodi la xariira
elevate *v* sare u-qaadid
elevation *n* sare u-qaadis
elevator *n* wiish
eleven *n* kow-iyo-toban
eleventh *adv* kow-iyo-tobnaad
elf *n* jinni
elicit *v* ka ogaansho
eligibility *n* xaq-u-yeelasho
eligible *adj* xaq u-leh
eliminate *v* suulin
elimination *n* suulitaan
elite *n* maal-qabeenka
elk *n* deer ku nool Ameerika
elm *n* geed hareed
elocution *n* af-tahanimo
elongate *v* dheerayn
elongation *n* dheerayn
elope *v* masaafay-sasho
elopement *n* massafaysi
eloquence *n* af-tahanimo
eloquent *adj* af-tahan ah
else *adv* kale
elsewhere *n* meel-kale
elucidate *v* dhacsiin
elucidation *n* caddayn
elude *v* bax-sasho
emaciate *v* macaluulin gaajo darteed
emanate *v* ka soo-bixid
emancipate *v* xorayn
embankment *n* biyo-cells
embargo *n* cuna-qabatayn dhaqaale
embark *v* markab fuulid
embarrass *v* yax-yaxid
embarrassment *n* waji-gabax
embassy *n* safaarad
embed *v* ku-dhejin
embellish *v* xardhid
ember *n* dhin-bil
embezzle *v* lunsasho
embezzlement *n* lunsi
embitter *v* calool-xumayn
emblem *kn* astaan
embody *v* koobid
embolden *v* dhiirrasho
emboss *v* ku-naqshadayn
embrace *n* hab-siin
embroider *v* daabac ku samayn
embroidery *n* daabac

embroil *v* dhibaato faraha la galid
embryo *n* uur-jiif
embryonic *adj* uur-jiif ah
emergent *adj* soo-shaac-baxay
emetic *n* matajiye
emigrate *v* haajirid
emigration *n* hijro
eminence *n* caan
eminent *adj* caan ah
eminently *adj* aad
emir *n* amiir
emirate *n* imaaraad
emissary *n* ergey
emission *n* bixis
emit *v* siideyn
emolument *n* ujro
emotion *n* qiiro
emotional *adj* qiiraleh
emperor *n* boqor waddamo badan
emphasis *n* xoog-saaris
emphasize *v* xoog-saarid
emphatic *adj* ta'kiidsan
empire *n* imbiraadooriyad
empirical *adj* waaqici ah
employ *v* shaqaalay-siin
employee *n* shaqaale
employer *n* loo-shaqeeye
employment *n* shaqo
empower *v* awood u siin
empty *n* maran
empty-handed *adj* fara-maran
emulate *v* ku dayasho
en route *adv* jidka
enable *v* awood u -siin
enact *v* sharci ka dhigid
enactment *n* sharciyayn
enamel *n* dheeh
enamor *v* jecleysiin
enamored *v* caashaqid
encampment *n* xero
encase *v* dahaarid
enchant *v* farax-gelin
enchanting *adj* farsad-leh
enchantment *n* farxad
encircle *v* hareerayn
enclave *v* dhex-kujir
enclose *v* ku-xirid
enclosure *n* xero
encompass *v* ku-meegaarid
encore *n* ku-celis
encounter *v* la-kulmid
encourage *v* boorrin
encouragement *n* dhiiri-gelin
encroach *v* xaq ka-qaadid
encrust *v* dheehid
encrusted *adj* dheehan
encumber *v* culaysin
encumbrance *n* carqalad
end *n* dhammaad
end up *v* ku-dhammaansho
endanger *v* khatar-gelin
endear *v* jecleysiin
endearment *n* jeclaan
endeavor *v* dadaalid
ending *n* dhammaad
endless *adj* aan dhammaanayn
endorse *v* ayiddi ama ogolaansho
endorsement *n* ayidaad
endow *v* u-hibeyn
endowment *n* deeq
endurance *n* adkasysi
endure *v* u-adkaysi
enemy *n* cadow
energetic *adj* tamar-badan
energy *n* tamar
enervate *v* daciifin
enforce *v* dabbakhid
enforceable *adj* fuli-kara
enfranchise *v* xorayn

engage *v* shaqo-siin
engaged *adj* mashquul ah
engagement *n* isu-doonanaan
engaging *adj* soo-jiidanaya
engine *n* matoor
engineer *n* injineer
English *n* dadka ingiriiska
engrave *v* naq-shadayn
engraving *n* naq-shad
engross *v* mash-quulsiin
engrossed *adj* mash-quulsan
engulf *v* dhulka
enhance *v* sare-u qaadid
enigma *n* xujo
enjoy *v* raaxaysi
enjoyable *adj* raaxa-leh
enjoyment *n* raaxo
enlarge *v* wey-nayn
enlargement *n* wey-neysan
enlighten *v* u-iftimin
enlightened *adj* aqoon-leh
enlist *v* ciidan u-qorid
enlistment *n* askarayn
ennoble *v* derejo sare gaarsiin
enormity *n* waxash-nimo
enormous *adj* aad u-weyn
enormously *adv* si-badan
enough *adv* kaafi-ah
enquire *v* eeg inquire
enquiry *n* eeg inquiry
enrage *v* aad uga-xanaajin
enrapture *v* farxad-gelin
enrich *v* ka-hodmin
enrolment *n* qoritaan
ensemble *n* isku-joog
enshroud *v* daboolid
ensign *n* calan
enslave *v* addoomin
ensue *v* ka-dhalasho
ensure *v* xaqiijin
entail *v* u-baahasho
enter *v* gelid
enter into *v* bilaabid
enterprise *n* shirkad
enterprising *adj* karti-leh
entertain *v* maaweelin
entertainer *n* maaweeliye
enthrall *v* xiisa-gelin
enthrone *v* boqrid
enthusiasm *n* xamaasad
enthusiast *n* xamaasad u-haye
entice *v* qal-qaalin
enticement *n* soo-jiidasho
entire *adj* dhammaan
entirety *n* kulli
entitle *v* cinwaan-siin
entitlement *n* xaq
entity *n* jiritaan
entomb *v* xabaalid
entourage *n* weheli-yayaal
entrails *n* calool-kujirta
entrance *n* illin, irrid
entrant *n* ka qayb-gale
entreat *v* tuugid
entreaty *n* tuugmo
entrench *v* dhufeys
entrepreneur *n* ganacsi-aasaase
entrust *v* ku-aaminid
entry *n* gelid
entwine *v* isku-marid
enumerate *v* liis-garayn
enunciate *v* siiba
envelope *n* bokhshad
enviable *adj* xaasidnimo-leh
environment *n* deegaan
environmental *adj* deegaanka
environmentalist *n* deegaan-dhowre
envisage *v* sawirasho
envision *v* sawirasho

envoy *n* ergey
envy *n* xasad
enzyme *n* falgal-de-dejiye
ephemeral *adj* cimri-gaaban
epicurean *adj* raaxo u-noole
epidemic *n* saf-mar
epidemical *adj* safmar ah
epigram *n* oraah-xikmadeed
epilepsy *n* sarco
epileptic *adj* sarca-qaba
epilogue *n* gunaanad
episode *n* dhacdo
epistle *n* dhanbaal
epithet *n* sifo
epitomize *v* tusaale u noqosho
epoch *n* waa
equable *adj* dhex-dhexaad ah
equal *n* is-le'eg
equality *n* sinnaan
equalize *v* simid
equally *adv* si is-le'eg
equation *n* is-le'eg
equator *n* dhul-bare
equilibrium *n* dheelli-tir
equip *v* qalabayn
equipment *n* qalabayn
equitable *adj* caddaalad ah
equivalent *adj* u-dhigma
equivocate *v* duur-xulid
era *n* waa
eradicate *v* cirib-tirid
eradication *n* cirib-tirid
erase *v* tir-tirid
eraser *n* tir-tire
erect *adj* taagan
erection *n* qotomis
erode *v* carra-guurid
erosion *n* nabaad-guur
erotic *adj* kacsi-leh
err *v* gefid
error *n* khalad
erudite *adj* wax-yaqaan
erudition *n* aqoon
erupt *v* qarxid
eruption *n* qarax
escalator *n* jaranjaro socota
escape *v* bax-sasho
escapee *n* fakad
escarpment *n* fiin fiiqan
escort *n* wehel
esophagus *n* huguri
especial *n* khaas
especially *adj* gaar-ahaan
espionage *n* basaas-nimo
espousal *n* u go doomay
espouse *v* guursasho
esquire *n* darajo reer boqor
essay *n* curis
essence *n* nuxur
essential *adj* aasaasi
establish *v* aasaasid
establishment *n* aasaasid
estate *n* dhul-ballaaran
esteem *n* xurmo
estimate *v* qiyaasid
estimation *n* qiyaas
estrange *v* didin
etch *v* qorid alwaax iwm
eternal *adj* daa'in ah
eternity *n* daa'in
ethic *n* anshaxa-guud
ethical *adj* ee akhlaaqeed
ethnic *adj* jinsiyeed
etiology *n* midab-guurin
etiquette *n* aadaabta iyo dhaqan-wanaagga
eulogize *v* ammaanid
eunuch *n* sogob
euphemistic *adj* hadal-asluubeysan
euphoria *n* ray-rayn

euphoric *adj* faraxsan
evacuate *v* qaxin
evacuation *n* daad-gurayn
evade *v* ka-dhuumasho
evaluate *v* qiimayn
evaporate *v* uumi-bixid
evaporation *n* uumi-bax
evasion *n* cararis
evasive *adj* dhuumanaya
even *adv* xataa
evening *n* fiid
event *n* dhacdo
eventual *adj* dhammaadka
eventually *adv* aakhirkii
ever *adv* abad
evergreen *adj* waligeed-cagaar ah
everlasting *adj* jiraya
every *adj* kasta
everybody *pron* qof-kasta
everyday *n* maalin-kasta
everything *pron* wax-kasta
everywhere *adv* meel-kasta
evict *v* guri ka-saarid
evidence *n* daliil
evident *adj* cad
evil *adj* xun
evoke *v* xusuusin
evolution *n* taddawur
evolve *v* korid
exactly *adj* sax-ah
exaggerate *v* buun-buunin
exaggeration *n* buunbuunis
exalt *v* ammaanid
examination *n* imtixaan
examine *v* imtixaamid
example *n* tusaale
exasperate *v* ka-xanaajiin
excavate *v* qufid faagid
excavation *v* qufis
exceed *v* kabadasho
excel *v* ka-badin
excellence *n* aad u fiicnaansho
Excellency *n* mudane
excellent *adj* aad u-fiican
except *prep* mooyaane
exception *n* ka-reebis
exceptional *adj* ka-duwan
excess *n* xad-dhaaf
exchange *n* is-dhaafsi
exchange rate *n* sicirka-sarrifka
excise *v* gooyn
excite *v* farxad gelins
excitement *n* farax
exclaim *v* la qaylin
exclude *v* ka-reebid
exclusive *adj* gaar u-ah
excommunicate *v* kaniisad ka xaaraan-tinimayn
excretion *n* qashin-saarka jirka
excursion *n* aaryo-qaadasho
excusable *adj* loo-cududaari karo
excuse *n* cududaar
execute *v* dilid
execution *n* dil
executioner *n* xukun dil fuliye
executor *n* fuliye
exempt *adj* laga-cafiyey
exemption *n* ka-reebis
exercise *v* jir-dhisid
exert *v* awood-saarid
exertion *n* dadaal
exhale *v* neefsasho
exhaust *v* daalid
exhaust *n* iskaamiinto
exhaustive *adj* dhammays-tiran
exhibit *v* soo-bandhigid
exhibition *n* ban-dhig
exhibitor *n* soo-bandhige
exhilarate *v* farxid
exhilaration *n* farax

exhortation *n* guubaabo
exile *v* masaafurin
exist *v* jirid
existent *adj* jira
exit *n* illin, irrid
exlusion *n* ka-saaris
exodus *n* dareerid
exonerate *v* dambi-tirid
exorbitant *adj* xad-dhaaf ah
exorcism *n* furdaamis
exotic *adj* qalaad
expand *v* fikin
expandable *adj* fidaya
expansion *n* fidis
expansive *adj* fur-furan
expect *v* rajayn
expectant *adj* rajaynaya
expectation *n* rajo
expediency *n* habboonaansho
expedite *v* de-dejin
expel *v* ka-saarid
expend *v* kharash-garayn
expenditure *n* kharash
experience *n* khibrad
experiment *n* tijaabo
experimental *adj* tijaabo-ah
expert *n* khabiir
expiration *n* dhicitaan
expire *v* dhicid
expiry *n* waqtiga-dhicista
explain *v* sharxid
explanation *n* tafsiir
explanatory *adj* sharxaya
explicit *adj* waadax-ah
explicitly *adj* si-waadax
explode *v* qarxin
exploit *v* ku-dulnoolaan
exploitation *n* isku-dulnoolaan
exploration *n* sahan
exploratory *adj* sahan-ah
explore *v* sahamin
explorer *n* sahamiye
explosion *n* qarax
explosive *adj* qarxaya
export *v* dhoofin
exportation *n* dhoofinta
expose *v* daah ka qaadid
exposition *n* sharxid
express *n* waadax
expression *n* hadal
expulsion *n* cayrin
exquisite *adj* heer-sare ah
extend *v* fidin
extension *n* fidis
extent *n* fidsanaan
exterior *n* guudka
exterminate *v* xasuuqid
extermination *n* xasuuq
external *adj* dibadda
extinct *adj* sal-guuray
extinction *n* sal-guuris
extinguish *v* damin
extinguisher *n* dab-damiye
extirpate *v* cirib-tirid
extortion *n* baad
extra *adj* dheeraad ah
extract *v* ka-saarid
extraction *n* soo-saarid
extraneous *adj* aan la-xiriirin
extraordinary *adj* aan-caadi ahayn
extravagance *n* israaf
extravagant *adj* beer-darayn
extremely *adv* aad
extremist *n* xag-jira
extricate *v* ka-fakasho
extrovert *n* fur-furan
exude *v* siideyn
exult *v* ray-rayn
exultation *n* ray-rayn
eye *n* il

eyeball *n* bu'da isha
eyebrows *n* suniyo
eyeglasses *n* ookiyaale
eyelashes *n* baalasha-isha
eyelid *n* isha-baalkeeda
eyeshadow *n* indha-kuul
eyesight *n* arag
eyewitness *n* goob-joog

F

façade *n* soo-jeedka
face value *n* qiimaha shay joogo
facetious *adj* kaftan ah
facing *n* dahaar
factorize *n* isireyn
factotum *n* madiidin
fad *n* hawo-gaaban
faddy *n* xiisaloow
fagged *adj* dhac-saalsan
failing *n* cillad
fain *adv* raba
faint-hearted *adj* fuley ah
fairly *adv* ilaa-xad
faithless *adj* been
fall behind *v* la dib-dhicid
fall for *v* ku-khatalmid
fall guy *n* qof daciif ah
fall off *v* hoos u-dhicid
fall on *v* ku-dagid
fall out *v* la-dagaalid
fall through *v* fashilmid
fallen *v* oo fal tagay ah
falling-out *n* muran
fall-out *n* shucaaca halista ah
falsetto *n* siiba kolka la heesayo
falsify *v* been-abuurid
famed *adj* caan ah
familiarly *adv* si-furfuran
famished *adj* baahan
faraway *adj* ka-fog
far-flung *adj* baahsan
farming *n* beer-falasho
farmyard *n* xerada-beerta
farrago *n* isku-qas fool-xun
farthest *adv* ugu-fog
fascinating *adj* xiisa-badan
fasten on *v* ku-dhagid
fastidious *adj* wax-sheeg badan
fastoon *v* sharraxid
fated *adj* qaddarnaa
fatherland *n* waddanka aabbe
fatherless *adj* agoon ah
faucet *n* furaha qasabadda
faultlessness *n* ciilad-la'aan
faux pas *n* gef
Fax *n* takis
fearsome *adj* cabsi-leh
feasibility *n* suurto-gal ahaansho
feasible *adj* la-yeeli karo
febrile *adj* qandhaysan
February *n* febraayo
fecklessness *n* dowddarnimo
fecund *adj* bacrin ah
fecundate *v* rimin
fecundity *n* bacrin
fed *v* quudiyey
federal *adj* dawladda dhexe
feeble-minded *adj* caqli-daciif
feelings *n* shucuur
fell *v* ridid
fellatio *n* wasmo afeed
felony *n* jariimad
felt *n* maro qiro-adag
femininity *n* dheddignimo
femur *n* lafta-bowdada
fend off *v* is-difaacid

fennel *n* oo Yurub dhab uga baxa
ferment *v* qamiirid
ferocious *adj* dad-cun
ferocity *n* waxashnimo
ferret *v* baarid
ferret out *v* soo-saarid
ferrous *adj* xadiid ah
ferry *n* halka doonyahaasi ka baxaan
fertile *adj* carrasan ah
fertility *n* bacrin ahaanshaha
fertilize *v* bacramin
fertilizer *n* carro-nafaqeeye
fervent *adj* xamaasad u haya
fervently *adv* si xamaasad leh
fervor *v* hurgumid
festival *n* dabbaaldeg
festive *adj* iid ah
festivity *n* dheelaas
fetal *adj* uur-kujir ah
fetch *v* la-kaalayid
fetching *adj* soo-jiidasho leh
fete *n* meherijaan
fetid *adj* qurmuun
fetish *n* sanam
fetter *n* dabar
fettle *n* caafimaad-qab
fetus *n* uur-kujir
feud *n* dirir
feudal *adj* dhul-goosi ah
fever *n* xummad
feverish *adj* qandhaysan
fex *adj* xoogaa
fey *adj* malgan
fez *n* tarbuush
fiance *n* alkun
fiancee *n* alkun
fiasco *n* fashal
fiat *n* amar-culus
fib *n* been-sahlan
fiber *n* liil
fibula *n* tagoogo
fiction *n* khayaali
fictional *adj* khayaali ah
fictitious *adj* khayaal
fiddle *n* kaman
fidelity *n* aaminimo
fidget *v* kuur-kuursasho
fiduciary *n* ammaano
field *n* beer
field glasses *n* xoqad
fiend *n* ibliis
fiendish *adj* dhib-badan
fierce *adj* horor-ah
fiery *adj* dab ah
fiesta *n* faysto
fife *n* qalab-muusiko
fifteen *n* shan-iyo-toban
fifth *adj* shanaad
fifty *n* kkonton
fig *n* tiin
fight *n* dagaal
fight back *v* is-difaacid
fight on *v* xarbiyid
fighter *n* dagaalame
figment *n* khayaal
figuration *n* qaab hab-dhismeed
figure *n* jirka qofka
figure eight *n* qaab-siddeedle
figure out *v* soo-saarid
filament *n* liilan
filch *infl* gacan-dhaaf
file[1] *n* soofe
file[2] *n* gal
filing cabinet *n* armaajada
filings *n* soofayn
fill *v* buuxin
fill in *v* ku-buuxin
fill out *v* cayilid
fill up *v* buuxin
filling station *n* xarun-shidaal

filly *n* darmaan
film *n* filin
film star *n* xiddig-filin
filth *n* wasakh
filthy *adj* wasakh-ah
filtrate *n* miir
filtration *n* miiris
final *adj* ugu-dambeeya
finance *n* maal
financial *adj* maaliyadeed
financier *n* maal-galiye
find *v* helid
fine *v* ganaax
fine arts *n* fanka quruxda
finger *n* farayn
fingernail *n* ciddi
fingerprint *n* faro
finicky *adj* ash-ash badan
finis *n* dhammaad
finish *v* dhammayn
fire *n* dab
fire alarm *n* qayla-dhaan dab
fire engine *n* baabuurka dab-damiska
fire station *n* xarunta dab-damiska
firearm *n* qori
firecracker *n* rash
firefighter *n* dab-damiye
fireman *n* dab-damiye
fireproof *adj* dab-celis
fireside *n* dab-kulaal
firewood *n* xaabo
firework *n* rash
firm *adj* adag
firmament *n* samada
first *n* koowaad
first aid *n* gar-gaarka deg-degga ah
first class *adj* heerka-koowaad
first floor *n* dabakha koowaad
first name *n* magaca-qofka
first-hand *adj* gacantii-koowaad ah
first-rate *adj* heer-sare
fiscal *adj* la xiriira maaliyadda
fiscal year *n* sannad-xisaabeed
fish *n* kalluun
fisher *n* kalluumayste
fisherman *n* kalluumayste
fishy *adj* kalluun
fission *n* kala-dhanbalis
fit *adj* le'eg, ku-habboon
fitness *n* jir-dhisnaan
five *n* shan
fix *v* ku-xirid, ku-dhuujin
fixed *adj* degsan
fizzle out *v* fashilmid
flabbergast *v* la yaabid
flabby *adj* habacsan
flag *n* calan
flagpole *n* birta-calanka
flake *n* qalbac
flaky *adj* jajabaya
flamboyant *adj* soo-jiidad leh
flame *n* olol
flamingo *n* shimbir badeed
flank *n* dhinac
flannel *n* suuf duf-badan
flap *v* babasho
flare *n* balal
flash *v* walalac-siin
flask *n* tarmuus
flat *adj* siman
flat rate *n* sicir-go'an
flatten *v* xalleefin
flattering *adj* ka-badbadin ah
flatulence *n* daaca-qurun
flaunt *v* is-tustusid
flavoring *n* iidaan
flavour *n* dhadhan
flaw *n* cillad
flawed *adj* cillaysan

flawless *adj* hufan
flea *n* dhuudhi
fleck *n* bar
flection *n* laabato, jalaqley
fledge *v* soo bixid
flee *v* cararid
fleecy *adj* suuf-ah
fleet *n* cutub maraakiib ah
flesh *n* hilib
flesh and blood *n* ehel
fleshy *adj* hilib-ah
flex *n* soo-laabid
flexible *adj* laabmaya
flick *v* dhaqaajin
flicker *v* boodboodid
flight *n* duulitaan
flight attendant *n* adeegaha rakaabka diyaaradda
flimsy *adj* khafiif ah
flinch *v* dib u-faagasho
fling *v* halgaadid
flintlock *n* ammaan
flinty *adj* aan jixinjixin
flip *v* hawada u-tuurid
flip through *v* rog-rogid
flippant *adj* tix-gelin
flipper *n* addin-dabaaleed
flirt *v* xod-xodasho
flit *v* haadid
float *v* sabbayn
floating *adj* sabbaynaya
flock *n* raxan
floe *n* baraf-sabbaynaya
flog *v* karbaashid
flogging *n* garaacis
flood *n* daad
floodlight *n* nal if weyn
floor *n* sagxadda dhulka
flop *v* dhicid
floppy *adj* dabacsan
floral *adj* ubax-leh
florescence *n* ubxin
florescent *adj* ubax leh
florist *n* ubax-gade
floss *n* dun
flounder *v* rafasho
flour *n* bur
flourish *v* bulaalid
flout *v* ku-tumasho
flow *v* qul-qulid
flower *n* ubax
flower pot *n* weelka-ubaxa
flowery *adj* ubax-leh
flu *n* har-gab
fluctuation *n* is-beddel
fluency *n* faseexnimo
fluent *adj* faseex ah
fluff *n* duf
fluffy *adj* duf-leh
fluid *n* dareere
fluke *n* nasiib-badni
flunk *v* ku-dhicid
flunkey *n* adeege
fluorescent *adj* if-bixiye
flush *n* biyo-raacis
fluster *n* jaah-wareer
flute *n* siin-baar
flutter *v* babbasho
flux *n* is-bedbeddal
fly *v* duulid
flying *adj* haadaya
flying saucer *n* saxuunta duusha
fly-over *n* buundo
foal *n* darmaan
foam *n* xoor
fob off *v* ku-dirqin
focal point *n* barta-bartamaha
focus *n* barta-bartamaha
fodder *n* raashinka xoolaha
foe *n* cadow

fog *n* ciiryaamo
foggy *adj* ciiryaama-leh
foist *v* ku-dirqin
fold *v* laa-laabid
folder *n* gal
foliage *n* caleemo
folk *n* dad
folklore *n* caado
folks *n* ehel
follow *v* daba-galid
follow up *v* sii-wadid
follower *n* raaciye
following *adj* ku-xiga
folly *n* waalli
fomentation *n* kacdoon
fondle *v* salaaxid
fondness *n* muxubo
food *n* cunto
fool *n* nacas
foolery *n* dheel-dheel ah
foolish *adj* nacas-nimo
foot *n* cag
football *n* ciyaarta kubbadda cagta
footing *n* aasaas
footpath *n* dhabbe
footprint *n* raad
footsore *n* lugo-xanuun
footstep *n* tallaabo
footwear *n* kabo
forage *v* qaraabasho
foray *n* weerar-kadis ah
forbear *v* kadayn
forbearance *n* dulqaad
forbid *v* mamnuucid
forbidden *adj* mam-nuuc ah
force *n* xoog
forceful *adj* xoog-leh
forces *n* ciidamo
fore *n* hore
fore foot *n* jeenyo
forearm *n* dhudhun
forecast *v* odorosid
forecourt *n* bannaanka
forefather *n* ab
forefinger *n* murugsato
forefront *n* safka-hore
forego *v* iska-deyn
foreground *n* muuqaalka-hore
forehead *n* fool
foreign *adj* ajnabi
foreigner *n* ajnabi
foreleg *n* jeeni
foreman *n* hor-jooge
forename *n* magaca-hore
forenoon *n* barqo
foresee *v* oddorosid
foresight *n* fiira-dheeri
foreskin *n* buuryo
forest *n* duur
forestry *n* dhirta
foretell *v* saadaalin
forever *adv* abad
foreword *n* hordhac
forgery *n* foorjari
forget *v* hilmaamid
forgetful *adj* hilmaan-badan
forgive *v* cafin
forgiveness *n* saamax
fork *n* fargeeto
forked *adj* kala-leexda
forlorn *adj* il-daran
form *n* qaab
formal *adj* rasmi ah
formality *n* rasmi-ahaan
format *n* khiddad
formation *n* samayn
former *adj* hore
formidable *adj* aad u-weyn
formula *n* qaaciido
formulate *v* qeexid

fornication *n* sineysi
forsake *v* ka-haajirid
fort *n* qalcad
forth *adv* hore
forthcoming *adj* soo-socota
forthright *adj* daacad u-hadla
forthwith *adv* hal-mar
fortification *n* galcado
fortify *v* qalcad-dhisid
fortitude *n* adkaysi
fortnight *n* laba-asbuuc
fortress *n* qalcad
fortunate *adj* nasiib-badan
fortunately *adj* nasiib-wanaag
fortune *n* nasiib
fortune-teller *n* faaliso ama faaliye
forty *n* afartan
forum *n* fagaare
forward *adj* xaga-hore
fossil *n* lafo
foster *v* korin
foul *adj* qurun ah
foundation *n* aasaas
founder *n* aasaase
fountain pen *n* qalinka khadda lagu shubo
four *n* after
fourteen *deter* after iyo toban
fourth *deter* afraad
fowl *n* shimbir
fox *n* dawaco
foxy *adj* dawaco u-eg
fracas *n* buuq
fraction *n* jajab
fractionally *adv* in-yar
fractious *adj* dulqaad-yar
fracture *n* tarrar
fragile *adj* jabi-og
fragility *n* jabitaan
fragment *n* jab
fragmentaion *n* jajabnaam
fragmentary *adj* jajab ah
fragrance *n* udug
frail *adj* daciif-ah
frame *n* qaab
framework *n* qaab-dhismeedka
frangible *adj* jabi-og
frank *adj* toos u-hadla
frankly *adv* run-ahaantii
frantic *adj* wal-walsan
fraternal *adj* walaalnimo ah
fraternity *n* walaaltinimo
fraud *n* khayaano
fraudulent *adj* khayaano-ah
fray *v* tifmid
freak out *v* marqaamid
freckle *n* bar kafee ah
free *adj* xor ah
free man *n* xor
free trade *n* ganacsi furan
free will *n* istikhyaar
freebie *n* bilaash
freedom *n* xorriyad
freelance *n* iskiis u-shaqayste
freeze *v* barafoobid
freezing point *n* heerka barafoobidda
freight *n* xammuul
freighter *n* xammuul-qaade
French fries *n* baradho shiilan
frenetic *adj* xamaasaysan
frenzy *n* weyrax
frequent *adj* in-badan dhaca
fresco *n* sawir
fresh *adj* daray-ah
freshen *v* cusbooneysiin
freshly *adv* hadda
fretful *adj* calool-xun
fretwork *n* alwaax-qoris
friction *n* is-lis

Friday *n* jimce
fridge *n* qaboojiye
friend *n* saaxiib
friendly *adj* saaxiibtinimo leh
friendship *n* saaxiibtinimo
fright *n* argagax
frighten *v* argagixin
frightful *adj* argagax-ley
frigid *adj* aad u qaboow
frilly *adj* faraq-leh
fringe *n* shul-shul
frisky *adj* bardoodan-badan
fritter *v* khasaarin
frivolous *adj* dhayal-ah
frock *n* kurdad
frog *n* rah
frogman *n* quuse
frolic *v* bar-doodamid
front *n* hore
frontal *adj* dhanka hore
frontier *n* xudduud
frost *n* dhedo
frosty *adj* aad u-qabow
froth *n* abur
frothy *adj* abur-leh
frown *n* waji-kaduud
fructify *v* ka miro dhalin
frugal *adj* dhaqaala-badan
frugality *n* dhaqaala-badan
fruit *n* miro
fruitful *adj* mira-dhalaya
fruition *n* libin
frustrate *v* caal-waayid
frustration *n* caalwaa
fry *v* shiilid
frying pan *n* birtaawo
fuck *v* taboo
fuddle *v (infl)* jaahwareerid
fuel *n* shidaal
fugitive *n* fakad
fulfil *v* fulin
fulfilment *n* fulin
full *adj* buuxa
full stop *n* joogsi
fullmoon *n* bil-buuxo
fully *adj* si-buuxda
fume *n* uuro
fun *n* waqti-fiican
function *n* hawl gaar-ah
functional *adj* wax-qabanaya
fundamental *n* aasaasi
fundamentalist *n* asal-raac
funeral *n* aaska qof dhintay
fungus *n* boqoshaa
funnel *n* dublad
funny *adj* maad leh
fur *n* dufta
furbish *v* dib-uhabayn
furious *adj* caraysan
furl *v* duuduubid
furnish *v* alaab-dhigid
furniture *n* saabaan
furry *adj* dhogor-leh
further *adv* ka-fog
furtherance *n* hurumarin
furthest *adj* ugu-fog
furtive *adj* qarsoodi-ah
fury *n* umal
fuse *n* fiyuus
fusillade *n* xabbadayn
fusion *n* dhalaalin
fussy *adj* ash-ash badan
fusty *adj* suyuc-badan
futile *adj* macna-daran
futility *n* macno-darro
future *n* mustaqbal
futurity *n* mustaqbal
fuzz *n* waxyaabo

G

gab *v (infl)* sheekayn
gabble *v (infl)* hadal-boobtayn
gag *n* maad
gaga *adj* jidbo-jacayl
gage *v* cabbirid
gaiety *n* ray-rayn
gaily *adv* si farxad-leh
gain *v (infl)* helid
gainful *n* ribix leh
gainsay *v* inkirid
gait *n* hannaan-socod
gala *n* damaashaad
galaxy *n* falag
gale *n* duufaan
gall *n* xammeeti
gall bladder *n* beer-kutaal - xammeeti
gallant *adj* geesi
gallantry *n* geesinimo
gallery *n* rugta bandhiga farshaxanka
galley *n* jikada
gallivant *v (infl)* mushaaxid
gallon *n* galaan
gallop *n* kacdin
galore *adj* aad u-badan
galosh *n* kabo caag ah
galvanize *v* bir ku dahaarid
gambit *n* biloowga hore
gamble *n* khamaar
gamble away *v* lacag iwm
gambler *n* khamarji
game *n* ciyaar
games *n* ciyaaro
gamine *n* wiilo
gammon *n* oo badanaa la solo
gamut *n* marxaladahoo dhan
gang *n* burcad
gang rape *n* kufsi-kooxeed
gangling *adj* suuqan
gangster *n* gaan geystar
ganja *n* xashiish
gantry *n* dhis bira-ah
gap *n* fantax
gape *v* kala-qaadid
gaping *adj* kala-furan
gap-toothed *adj* fanax leh
gar *n* af-dhuub
garage *n* garaash
garb *n* labbis-gaar ah
garbage *n* qashin
garbage can *n* weelka qashin-qubka
garbage truck *n* qashin-xamaal
garden *n* beer
gargantuan *adj* aad u-weyn
gargle *n* luq-luq
garland *n* xirmo wareegsan oo ubax ah
garment *n* dhar
garner *v* isu-soo
garnish *v* qurxin
garret *n* qoolad-yar
garrison *n* xero ciidan
garrotte *v* ceejin
garrulous *adj* daroori
garter *n* laastiko
garter belt *n* nigis-suun
gas *n* walax sida neefta oo kala ah
gas chamber *n* si noole loogu dilo
gas mask *n* af-shareer gaas
gas station *n* rugta baasiinka
gaseous *adj* neef ah
gash *n* dhaawac
gasoline *n* baasiin
gasoline engine *n* matoor-baasiin
gasp *v* neef-tuurid

gastric *adj* ee caloosha
gastritis *n* gaas-tariko
gate *n* ganjeello
gate crasher *n* is-casuume
gateway *n* illin
gather *v* isu-uruurid
gathering *n* kulan
gauche *adj* sirgaxan
gaudy *adj* dhalaal-badan
gaunt *adj* maliil ah
gauntlet *n* gacma-gashi
gauze *n* shaash
gave *v* oo fal tagay ah
gavel *n* dubbe-yar
gawk *v* fiirin doqonima leh
gay *adj* faraxsan
gazelle *n* golcas
gazette *n* jariidad
gazetteer *n* wariye
gear *n* marsho
gear lever *n* marsho
gear stick *n* marsho
gearbox *n* qafiska marshada
gecko *n* qallajis
geese *n* shimbiro
gel *v* adkaansho
gelatinous *adj* jil-jilicsan
gelignite *n* qarax-weyn leh
gem *n* jawharad
gender *n* jinsi
gene *n* hiddo-wade
genealogical *n* ee abtir-siinyo
genealogy *n* abtir-siinyo
general *n* guud
general election *n* doorasho-guud
generality *n* guud-ahaan
generalization *n* guud-ahaansho
generalize *v* guud-ahaan ka-dhigid
generally *adv* sida-guud
generate *v* dhalin
generation *n* jiil
generator *n* danab-dhaliye
generic *n* isku-jinsi
generosity *n* deeqsinimo
generous *adj* deeqsi
genesis *n* asal
genetic *adj* fir-ah
genetics *n* cilmiga fir-gudbinta
genial *adj* cimilo fiican
genitals *n* saxaax
genitive *adj* naxwe-ahaan
genius *n* cabqari
genocide *n* xasuuq
genre *n* laan
genteel *adj* ed-boon
gentle *adj* debac-san
gentleman *n* mudane
gentry *n* dabakhad-sare
genuine *adj* dhab-ah
geographer *n* juquraafi-yaqaan
geography *n* juquraafi
geometry *n* joomatari
germ *n* jeermis
germicide *n* jeermis-dile
germinate *v* magoolid
germination *n* magool
gesticulate *v* gacma ka hadlid
gesture *n* fal muujinaya dareenka qofka
get *v* helid ama u-keenid
get across *v* gudbin
get ahead *v* horumarid
get along *v* is-fahmid
get at *v* gaarid
get away *v* baxsasho
get away with *v* ku bax-sasho
get back *v* soo-laabasho
get by *v* ku-noolaansho
get down *v* dhunjin
get in *v* soo-gelid

get into *v* galid
get off *v* ka-bixid
get on *v* socda
get out *v* bixid ama bax
get out of *v* ka bax-sasho
get over *v* ka-kicid
get through *v* taleefoon ku helid
get together *n* kulan
get up *v* kicid
geyser *n* biyo gantaal ah
ghastly *adj* wax laga naxo
gherkin *n* qajaar-yar
ghost *n* reer-aakhiraad
ghost town *n* magaalo laga guuray
ghostly *adj* jinni u eg
gibber *v* daldalan
gibe *n* cay
giddy *adj* dawakhsan
gift *n* hadiyad
gifted *adj* hibo u-leh
gigantic *adj* xad-dhaaf u weyn
giggle *v* qoslid
gigolo *n* dhillay
gild *v* dahab ku dheehid
gilt *n* shay dhalaalaya
gilt-edged *adj* maalgelin
gimcrack *adj* tayo-daran
gimlet *n* dalooliye
gin *n* jiin
ginger *n* san-jabiil
gingerly *adv* si-taxadar leh
ginormous *adj* cimlaaq
giraffe *n* geri
girl *n* gabar
girlfriend *n* gabar-saaxiib
girlhood *n* gabarnimo
girth *n* dhumucda
gist *n* nuxurka
give *v* siin
give away *v* bixin
give back *v* u-celin
give in *v* is-dhiibid
give off *v* sii-deyn
give out *v* bixin
give up *v* quusasho
given *adj* la-bixiyey
given name *n* magaca qofka
giver *n* bixiye
glacial *adj* baraf la-xiriira
glacier *n* baraf-qulqulaya
glad *adj* faraxsan
gladden *v* faraxad-gelin
gladly *adv* si farxad-leh
glamorous *adj* soo-jiidasha-leh
glance *v* jalleecid
gland *n* qanjir
glandular *adj* ee qan-jirada
glare *v* ku-dhaygagid
glass *n* quraarad
glaucoma *n* arag-beel
glaze *v* muraayad gelin
gleam *n* bir-biriq
glean *v* isu soo-uruurin
glee *n* ray-rayn
gleeful *adj* riyaaqsan
glen *n* tog-dhuuban
glib *adj* af-miinshaar ah
glide *v* sibiibaxasho
glider *n* diyaarad-yar
glimmer *n* kaah
glimpse *v* jalleecid
glint *v* bir-birqid
glitter *v* dhal-dhalaalid
glittering *adj* bir-birqaya
gloat *v* ku-digasho
glob *n* dhibic yar
global *adj* koonka
globe *n* wareegga dhulka
gloom *n* mugdi
gloomy *adj* mugdi ah

glorify *v* muunadayn
glorious *adj* muunadaysan
glory *n* magac
gloss *n* dhalaal kore
glossy *adj* dhalaalaya oo sulub ah
glove *n* gacan-gashi
glow *v* kaahid
glower *v* indho ku-gubid
glucose *n* gulukoos
glue *n* koollo
glum *adj* mad-luun
glut *v* dhereg-dhaafin
glutton *n* dhuuni
gluttony *n* cir-weyni
gnarled *adj* jilfax-ah
gnash *v* ilkaha isku-xoqid
gnaw *v* qan-qaniinid
go *v* tagid
go ahead *v* idan-siin
go back *v* dib u-noqosho
go down *v* hoos u-dhicid
goodness *n* wanaag
goodwill *n* sama-doon
goof *n* khalad doqonimo ah
goon *n* doqon
goop *n* dheg-dheg
goose *n* shimbir
goosefleshn *jiriirico*
gore *v* hardin
gorge *n* waadi
gorgeous *adj* qurux-badan
Gospel *n* Injiil
gossip *v* xamasho
gossip column *n* maqaalka xanta
gourd *n* miro bahda batiwa ah
govern *v* xukumid
government *n* xukuumad
governmental *n* xukuumi
governor *n* barasaab
gown *n* toob, cambuur
grab *v* dafid
grace *n* bilic
gracious *adj* asluub iyo xushmad leh
grade *n* darajo
gradual *adj* tartiib-ah
graduate *v* qalin-jabin
graduation *n* qalin-jabin
graft *n* tallaal
grain *n* badar
grammar *n* naxwe
grammatically *adv* naxwe-ahaan
grand *adj* weyn
grandeur *n* weynaan iyo qurxoonaan
grandfather *n* awoowe
grandmother *n* ayeeyo
grandparent *n* awoowe ama ayeeyo
granite *n* dhagax
granny *n* deeq
granule *n* jariir
grape *n* cinab
graph *n* garaaf
graphically *adv* si-faahfaahsan
grasp *v* taabid
grasping *adj* damaaci
grass *n* caws
grasshopper *n* jirriqaa
grassland *n* caws-leey
grateful *adj* mahad-naq leh
gratification *n* qanac
gratify *v* ka maqsuudin
gratitude *n* mahad-naq leh
gratuitous *adj* bilaash ah
gratuity *n* bakhshiish
grave *n* qabri
gravedigger *n* xabaal-qode
graveyard *n* qabuuro
gravitation *n* soo-jiidad
gravity *n* cuf is-jiidad
gravy *n* maraq

graze *v* daajin
grease *n* dufan
greasy *adj* dufan-leh
great *adj* muhiim-ah
greed *n* damac
greedy *adj* damaaci
green *adj* cagaar
green pepper *n* barbarooni - khudrad
greenery *n* laac
greengrocer *n* khudrad-gade
greet *v* salaamid
greeting *n* salaan
gregarious *adj* bulshay-ah
grenade *n* bumbo
grey *n* bey
grey *adj* eeg gret
griddle *n* bir-taawo
grief *n* tiiraanyo
grievance *n* ciil-qab
grill *n* solay
grille *n* biro ama teed
grim *adj* qabiid-nimo ah
grimace *v* waji-kuduudid
grime *n* wasakh
grind *v* ridqid
grinder *n* ridqe
grip *v* xajin
gripe *n* cabasho
gripping *adj* xisa-leh
gristle *n* carjaw
grit *n* quruurux
groan *n* jibaad
grocer *n* daas-gade
groceries *n* adeegga guriga sida
grocery store *n* daaska baadka
groom *n* caruus
groove *n* jeexdin
grope *v* haab-haabasho
gross *adj* jumlo
gross profit *n* faa'iido guud
grotto *n* qaxaab
grouch *v* calaacalid
ground *n* dhulka
ground breaking *adj* daah-fur
ground floor *n* dabakha-hoose
ground nut *n* lows
grounding *n* aasaas
groundless *adj* aan aasaas lahayn
grounds *n* bannaan
group *n* koox
group therapy *n* daaweyn-kooxeed
grouping *n* kooxayn
grouse *n* shimbir la ugaarto
grove *n* dhir yar-yar
grovel *v* dhulka is-dhigid
grow *v* korid
growl *n* gurxan
grown up *adj* hanaqaad
growth *n* koritaan
grub *n* diir-diir
grudge *n* godob
gruel *n* boorash
gruesome *adj* laga arga-gaxo
grumble *n* gunuunuc
grumpy *adj* xanaaq-dhow
grungy *adj* wasakh-leh
grunt *n* guux
guarantee *n* dammaano
guarantor *n* dammaanad-qaade
guard *v* ilaalin
guardian *n* ilaaliye
guava *n* seytuun
guerrilla *n* jabhad
guess *v* malayn
guesswork *n* malo-awaal
guest *n* marti
guest house *n* guriga-martida
guidance *n* hanuun
guide *n* tilmaame

guide dog *n* eyga dadka haga
guidebook *n* tilmaan-siiye
guidelines *n* xeerdegan
guile *n* khatal
guillotine *n* qoor-gooye
guilt *n* dambi
guilty *adj* dambiile ah
guinea fowl *n* digiiran
guinea hen *n* digiiran dhedig ah
guinea pig *n* bahal-yar
guitar *n* kaban
guitarist *n* kaban garaace
gulch *n* waadi
gulf *n* gacan
gullet *n* hunguri
gullible *adj* la-siri karo
gulp *v* dhunjin
gum *n* cirrid
gun *n* buntukh
gun down *v* xabbadayn
gunfire *n* xabbad
gunman *n* nin qori sita
gunpoint *n* qori kuqabasho
gunpowder *n* baaruud
gurgle *v* qul-qulid
gush *v* bur-qasho
gust *n* xanfar
gusto *n* raaxa-sare
gut *n* xidan
guts *n* xaab
gutter *n* masharaaf
guvnor *n* madax
guy *n* nin
gym *n* jiim
gymnasium *n* jiim
gymnastics *n* jimicsi

H

hacked-off *adj* kacsan
hacking cough *n* hargab riiraxyo leh
hag *n* duq ah
hairbreadth *n* cirbad caaraddeed
halo *n* nuur
hand down *v* uga-tagid
hand in *v* dhiibid
hand on *v* gud-gudbin
hand out *v* bixin
handbill *n* oo gacan lugu gaybiyo
handbrake *n* bareeg-gacmeed
handcuffs *n* jeebbo
handiwork *n* sanco
handplane *n* raando
hands-on *adj* camali
hang around *v* war-wareegid
hang out *v* waqti ku-dhumin
hang up *v* demin
hanker for *v* hiyi-waalasho
hansom *n* tagsi-faras
hanukkah *n* faysto yuhuudeed
hapless *adj* nasiib daran
hard copy *n* xog daabacan
hard line *n* mowqif-adag
hard of hearing *adj* dhaga-culus
hard-and-fast *adj* adag
hardcover *n* jaldi adag
harelip *n* faruur
hark back *v* dib u-xusid
harrowing *adj* tiiraanya-leh
hase *n* carceero
hash *n* isku-qas
hashish *n* xashiish
hassle *n* muran iyo qaylo
haste *n* deg-degsinyo
hasten *v* da-dajin

hat *n* koofiyad
hatch *v* dillaacid
hate *n* nacayb
hateful *adj* karaahiyo ah
hatredn *n* nacayb
haughtiness *n* isla-weyni
haughty *adj* isla-weyni
haul *v* soo-jiidid
haulage *n* siiba rarka berriga
haunch *n* salka ama dabada
haunted *adj* reer-aakhiraad degey
have *v* hay-sasho
have on *v* xirasho
have to do with la-xiriira
haven *n* gabbaad
havoc *n* baaba'
hawk *n* dafo
hay *n* caws
hay fever *n* xasaasiyad
hazard *n* khatar
hazardous *adj* khatar ah
haze *n* carceero
hazel *n* midabka kafeega ah
hazy *adj* carceera-leh
he *pron* isaga
head *n* madax
head start *n* hor-mar
headache *n* madax-xanuun
heading *n* cinwaan
headlight *n* nalka-hore ee baabuurka
headline *n* cinwaan-maqaal
headmaster *n* maamule-dugsi
headquarters *n* xaafiis madaxeed
headrest *n* barkin
headstrong *adj* madax-adag
heady *adj* farax la marqaansan
heal *v* bogsasho
health *n* caafimaad
heap *n* raso
heaped *adj* buuxa
hear *v* maqlid
hearing *n* maqal
hearsay *n* kutiri-kuteen
hearse *n* baabuurka meydka lugu qaado
heart *n* wadne, qalbi
heart attack *n* wadne istaag
heartbreak *n* qalbi-jab
heartburn *n* laab-qarrar
heartfelt *adj* daacadnimo ah
heartily *adv* aad
heartless *adj* naxariis-daran
heat *n* kul
heated *adj* kulul
heater *n* kul-dhaliye
heathen *n* cawaan
heating *n* kul-siin
heave *v* hinjin ama soo-jiidid
heave to *v* istaagid
heaven *n* janno
heavenly *adj* xagga samada ka timid
heavy *adj* culus
heavy-hearted *adj* murugaysan
Hebrew *n* luqadda Yuhuudda
heckle *v* dhabqin
hectic *adj* mashquul-badan
hedge *n* xiddig-dhul
hedge *n* bowd
heed *v* dhug u-yeelasho
heedless *adj* aan ka taxadarin
heel *n* cirib
hefty *adj* weyn oo xoog badan
hegemony *n* xukun ballaarsi
heifer *n* abeer
height *n* joog
heir *n* dhaxle
heir apparent *n* dhaxal sugan
heist *n* dhac - boob
helathy *adj* ladan

helicopter *n* helikobtar
helix *n* moolo
hell *n* cadaab
hellish *adj* aad u-xun
helmet *n* kullad
help *v* caawin
helper *n* miciin
helpful *adj* caawimaad badan
helpless *adj* miciin lahayn
hem *n* dacal
hematuria *n* kaadi-dhiig
hemisphere *n* nus-dhul
hemoglobin *n* unugyada cas ee dhiigga
hen *n* digaagad
hence *adv* sidaas-awgeed
henceforth *adv* hadda ka-dib
henna *n* xinni
her *pron* waxeeda
herald *n* astaan
herb *n* geedo
herbal *adj* dhireed - geedo
herd *n* raxan
herdsman *n* qawsaar
here *adv* halkan
here after *n* aakhiro
heredity *n* hiddo
heresy *n* bidco
heretic *n* bidci
herewith *adv* halkaan lasocda
heritage *n* dhaqan
hermaphrodite *n* labeeb
hernia *n* sheelo
hero *n* halyeey
heroism *n* halyeey-nimo
herpes *n* isnadaamis
herself *pron* laftigeeda
hesitant *adj* laba-labaynaya
hesitate *v* laba-labayn
hesitation *n* laba-laboow
heterogeneous *adj* kala-gadisan
hexagon *n* shaxan lix-geesle ah
heyday *n* beri-samaad
hiccup *n* hingo
hick *n* khashiin
hidden *v* qarsoon
hide *v* qarin
hideous *adj* fool-xun
hiding *n* dhuumad
hierarchy *n* kala-sarrayn
hieroglyphic *adj* farta-sawiran
high *adj* sare
high blood pressure *n* dhiig-kar
high class *adj* heer sare ah
high heels *n* cirib-dheer
high jump *n* boodada sare
high school *n* dugsi-sare
high-grade *adj* heer-sare
highland *n* dhul-sare
high-level *adj* heersare
high-pressure *adj* cadaadis-badan
highrise *n* aad udheer
highway *n* waddo-weyn
hijack *v* af-duubid
hijacker *n* af-duube
hike *n* tub-dheer
hilarious *adj* minqax-badan
hill *n* buur
hillock *n* taag
him *pron* asaga
hinder *v* carqaladayn
hindrance *n* carqalad
hinge *n* faseexad
hint *n* guud-mar
hip *n* misig
hippopotamus *n* jeer
hire *v* shaqaalayn
historian *n* taariikh-yahan
historic *adj* taariikhi ah
history *n* taariikh

hit/hit *v* ku dhufasho
hit-and-run *adj* darawalka
hitch *v* ku-xirid
hitch up *v* kor usoo-dhifasho
hither *adv* halkaan
hive *n* gaagur
hoard *n* dhito
hoarse *adj* xabeebsan
hoary *adj* cirra-leh
hoax *n* been
hobby *n* hiwaayad
hobnob *v* la-saaxiibid
hobo *n* dowdar
hockey *n* xeego
hoe *n* yaanbo
hog *n* doofaar
hoist *v* dallicid
hold *v* qabasho
hold back *v* dib u-hayn
holder *n* hayste
holding *n* hanti
holdover *n* raad
hole *n* dalool
holiday *n* maalin-fasax ah
holiness *n* bara-kaysnaan
hollow *adj* bannaan
holocaust *n* gumaad
holster *n* galka bistooladda
holy *adj* barakaysan
homage *n* qadarin
home *n* guri
homeland *n* waddan
homesick *n* shaqo-guri
homicidal *adj* dad-dilaya
homonym *n* isku-dhehmo
homosexual *n* khaniis ama khaniisad
hone *v* soofayn
honest *adj* daacad ah
honestly *adv* daacaddi
honesty *n* daacadnimo
honey *n* malab
honeybee *n* shini-malab
honeyed *adj* af-macaan
honor *n* sharaf
honorable *adj* sharaf-mudan
hoodwink *v* khatalid
hoof *n* qanjaaful
hook *n* jillaab
hookah *n* gaaya
hooked *adj* qaroofan
hooker *n* sharmuuto
hooligan *n* fallaago
hooliganism *n* fallaaganimo
hoop *n* garan-gar
hoopoe *n* hud-hud
hooray *n* baga
hoover *n* wasakh-qaad
hope *n* rajo
hopeless *adj* raja-xun
horde *n* ciidaanyo
horizon *n* ili-kuwareertay
hormone *n* hoormoon
horn *n* gees
horny *adj* qallafsan
horrendous *adj* cabsi-leh
horrible *adj* naxdin-leh
horrid *adj* aad u-xun
horrify *v* argagixin
horror *n* cabsi
horse *n* faras
hose *n* tuubbo
hospitable *adj* diyaafad-fiican
hospital *n* isbataal
hospitality *n* marti-gelin
hospitalize *v* isbataal-dhigid
host *n* marti-galiye
hostage *n* la-hayste
hostess *n* marti-galiso
hostile *adj* cadaawe

hostility *n* cadaawe-nimo
hot *adj* kulul
hot-blooded *adj* kulul
hotel *n* hudheel
hotelier *n* hudheelle
hothead *n* sal-fudud
hound *n* ey-duur
hour *n* saacad
hourly *adv* saaaddiiba
house *n* guri
household *n* qoys
housekeeper *n* adeegto
housewife *n* guri-joogto
housework *n* shaqada-guriga
hover *v* heehaabid
howl *n* cabaad
hub *n* bartamaha shaagga
huddle *n* xoon-sanaan
huff *n* caro
hug *n* hab
huge *adj* cimlaag
hullabaloo *n* sawaxan
human *n* insaan
human rights *n* xuquuqda aadanaha
humanism *n* insaaniyad
humanitarian *n* in saaninimo
humanity *n* in saaniyad
humankind *n* aadane - dad
humble *adj* aan kibir badnayn
humid *adj* qoyan
humidifier *n* hawo-qooye
humidity *n* qoyaan
humiliate *v* dullayn
humiliation *n* dullinimo
hummingbird *n* shimbir yar
hummock *n* buur-yar
humorist *n* maadlow
humorous *adj* qosol-leh
humour *n* maad
hump *n* kurus
humpback *n* tuur leh
hunch *n* dareenka qofka
hunchback *n* tuurre
hundred *n* boqol
hunger *n* gaajo
hunger strike *n* cunto ka-soomis
hungry *adj* baahan
hunker *v* kada-loobsi
hunt *v* ugaar-sasho
hunter *n* ugaarte
hurdle *n* teed
hurl *v* ganid
hurray *(inter)* baga
hurricane *n* duufaan
hurry *n* deg-deg
hurt *v* dhaawicid
hurtful *adj* wax-yeella leh
husband *n* sey
husbandry *n* xannaano
hush *n* aamus-naan
hush money *n* baad
hush-hush *adj* qarsoodi
husk *n* qub
husky *adj* xabeebsan
hustle *v* hantaa-takhayn
hut *n* buul
hyaena *n* waraabe
hybrid *n* muq-shabeel
hydro *n* quwad-koronto
hydrogen *n* curiye hawo ah
hydrophobia *n* bahalow
hyena *n* dhurwaa
hygiene *n* fayodhawr
hygienic *adj* fayodhawr ah
hymen *n* xuubka bikrada
hyper *adj* kacsan
hyperactive *adj* salfudud
hyphen *n* xarriijin-yar
hypnosis *n* maddiiddo

hypnotize *v* maddiiddayn
hypocrisy *n* munaafaq-nimo
hypocrite *n* munaafaq
hypotenuse *n* shakaal
hypothetical *adj* mala-abaar ah
hysterectomy *n* min ka-saaris
hysteria *n* kac-sanaanta
hysterical *adj* kacdood-san

I

ice *n* baraf
ice cream *n* jallaato
ice cube *n* cad baraf ah
ice hockey *n* xeego-baraf
ice over *v* baraf daboolo
ice pack *n* xirmo baraf ah
ice rink *n* garoon-baraf
icebox *n* qaboojiye
iced tea *n* shaah qaboow
ice-skate *v* baraf ku-dul orod
icing *n* iskujir ka kooban
iconoclast *n* dhaqan weerare
idea *n* fikrad ama ra'yi
ideal *adj* mitaal ah
identical *adj* isku mid
identification *n* aqoonsi
Identification parade *n* dambiile-soosaar
identify *v* aqoonsiin
identikit *n* masawir-abuur eedeysane
identity *n* aqoonsi
ideogram *n* calaamad
ideology *n* ideologies
idiom *n* sarbeeb
idiomatic *adj* aqoon-luqadeed oo sare
idiosyncrasy *n* dhaqan duwan
idiotic *adj* ahbal ah
idle *adj* aan shaqo hayn
idol *n* sanam
idolator *n* sanam caabude
if *conj* haddii
iffy *adj* aan la hubin
igneous *adj* la xarriira dabka
ignite *v* shidid
ignoble *n* khasiis ah
ignominy *n* facshar - sharaf-dhac
ignorant *adj* jaahil
ignore *v* iska dhaga tirid
ilk *n* jaadkaas
ill *adj* jirran
illegal *adj* sharci darro
illegality *n* sharci darro
ill-fated *adj* ayaan daran
illiteracy *n* aqoon darro
illness *n* cudur
illuminate *v* iftiimin ama ilaysin
illusion *n* dhalanteed
illustration *n* masawir
illustrious *adj* qof caan ah
ill-will *n* cadaawo-nacayb
image *n* suurad
imaginable *adj* la sawiran karo
imaginary *adj* male ah
imaginative *adj* hindisaa
imagine *v* sawirasho
imbalance *n* dheelli
imbecile *n* qof qalbi-daciif ah
imbue *v* ka dherjin ama ka buuxin
imitate *v* ku dayasho
imitation *n* iska-yee-yeel
imitative *adj* lugu dayan karo
imitator *n* ku dayde
immaculate *adj* nadiif ah
immature *adj* aan qaan gaar ahayn
immeasurable *adj* aan la cabbiri

karin
immediacy *n* isla-hadda
immediate *adj* isla markiiba
immediately *adv* haddeer
immense *adj* aad u weyn
immensity *n* baaxad weyni
immerse *v* biyo dhex gelid
immersion *n* maquuf
immigrate *v* u haajirid
immigration *n* laanta socdaalka
immodest *adj* xishood darro
immoral *adj* akhlaaq darro
immortal *adj* ma dhinte
immune *adj* tallaal
immune system *n* difaaca jirka ee cudurrada
immunization *n* tallaal
immunize *v* tallaalid
immure *v* xabsiyid
imp *n* ilma sheydaan
impact *n* raad ku reebid
impair *v* daciifin
impaired *adj* dhimman ama doorsan
impart *v* siin ama u gudbin
impartial *adj* eek lahayn
impassable *adj* aan la mari karin
impatience *n* samir la'aan
impeach *v* dacweyn
impeachment *n* dacwo
impecunious *adj* faqiir
impede *v* carqaladayn
impel *v* ku xambaarid
imperative *adj* lagama maarmaan
imperfect *n* naxwe ahaan
imperial *adj* gumeyste ama xukunkiis
imperialism *n* imbiryaaliyad
imperil *v* khatar gelin
imperious *adj* amar-kutaaglayn badan
impertinent *adj* edeb darro
imperturbable *adj* calool-adayg
impetigo *n* qawad
impetuosity *n* seef la-boodnimo
impiety *n* caasinimo
impious *adj* caasi ah
implacable *adj* aan la dajin karin
implant *v* abuurid
implement *v* hirgalin
implementation *n* fulin
implicate *v* maldahid
implication *n* maldahnaan
implicit *adj* maldahan
implore *v* codsasho
imply *v* si dahsoon hadal u sheegid
impolite *adj* edeb daran
impoliteness *n* edab darro
import *v* soo dejin
importance *n* muhiimad
important *adj* muhiim ah
importer *n* soo dejiye
importune *v* tuugid - baryid
impose *v* dulsaar
imposing *adj* muuqaal xajmi iyo xoog leh
impossible *adj* aan suurtagal ahayn
impostor *n* isu ekeeysiiye
impotence *n* ciniinnimo
impotent *adj* awood darro
impound *v* la wareegid
impoverish *v* fakhri ka dhigid
impoverished *adj* sabool
impractical *adj* aan la tijaabin karin
imprecate *v* habaarid
imprecation *n* habaar
impression *n* raad ku reebid
imprint *n* magac madbacad
imprison *v* xabsi gelin
imprisonment *n* xabsi
improper *adj* wax aan habboonayn

improper fraction *n* jajab kala-badan
improve *v* hagaajin
improvement *n* horumar
imprudent *adj* caqli-xun
impudent *adj* ma xishoode
impulse *n* rabitaan deg-deg ah
impulsive *adj* sal-fudud
impunity *n* baqdin-la'aan
impure *adj* aan saafi ahayn
imputation *n* eedayn - danbi-saaris
in *prep* naxwe ahaan
inability *n* awood la'aan
inaccurate *adj* aan sax ahayn
inaction *n* wax-qabad la'aan
inactive *adj* aan shaqaynayn
inactivity *n* shaqo la'aan
inadequate *adj* aan ku filnayn
inadmissible *adj* aan la ogolayn
inadvertent *adj* kamma
inanimate *adj* aan noolayn
inapplicable *adj* aan ku habboonayn
inappropriate *adj* aan munaasib ahayn
inarticulate *adj* afjaxuun
inattentive *adj* aan foojigneyn
inaudible *adj* aan la maqli karin
inaugural *adj* caleema-saar
inaugurate *v* caleema saarid
inborn *adj* daciibci ah
inbred *adj* dhalan
incalculable *adj* aan caddad lahayn
incandescent *adj* kaahaya
incantation *n* meerin
incapable *adj* aan la yeeli karin
incapacitate *v* tabar-darraysiin
incapacity *n* awood-darro
incarcerate *v* xabsi dhigid
incautious *adj* maahsan
incense *n* cuud
inception *n* bilow
inchoate *adj* biloow ~ dhawaan-dhalad
incident *n* dhacdo
incipient *adj* biloow ah
incise *v* ka-goyn
incision *n* saris ~ jeexniin
inclination *n* rabitaan
incline *n* u jan jeera
include *v* ku darid
including *prep* lugu daro
inclusion *n* ku dhex darid
inclusive *adj* kulli
incoherent *adj* hadal aan naxwe lahayn
income *n* dakhli
income tax *n* canshuurta dakhliga
incoming *adj* imaanaya
incompatible *adj* aan wada jiri karin
incompetent *adj* aan karti lahayn
incomplete *adj* qabyo
incomprehensible *adj* aan la fahmi karin
inconceivable *adj* wax aan dhici karin
incongruous *adj* gaddisan
inconsistent *adj* isbed-bedelaya
inconvenience *n* carqaladayn
incorrect *adj* aan sax ahayn
increase *v* kordhid
incredible *adj* aan caqli gal ahayn
incredulous *adj* aamin-baxsan
increment *n* dulsaar
incubate *v* cuq
inculpate *v* dambi ku soo oogid
indebted *adj* u mahad celin
indecency *n* xushmad darro
indecent exposure *n* cawro-qaawin
indeed *adv* runtii
indefinite *adj* aan xad lahayn

indemnity *n* dabaaji
indent *v* guda-gelin durkin
independence *n* xorriyad
index finger *n* murugsato
indicate *v* tusmayn, tilmaamid
indicator *n* tusiye
indict *v* dacweyn
indictment *n* dacwad
indifferent *adj* aan kala jeclayn
indigen *n* u dhalasho
indigence *n* fakhri
indigenous *adj* eeg
indignant *adj* aad u xanaaqsan
indignity *n* sharaf darro
indirect *adj* aan toos ahayn
indiscreet *adj* axmaq ah
indiscretion *n* axmaqnimo
individual *n* shakhsi gaar ah
individualism *n* qofnimo
individualist *n* anaani
indivisible *adj* aan qaybsami karin
indubitable *adj* aan shaki geli karin
induce *v* ku boorrin
induction *n* baris
indulgent *adj* ma-diide
industrial *adj* warshad laxiriira
industrialization *n* warshadayn
industrious *adj* qof hawl-kar ah
industry *n* warshad
inedible *adj* aan la cuni karin
ineffectual *adj* waxma-tare
inequality *n* sinnaan la'aan
inevitably *adv* shaki-la'aan
inexcusable *adj* aan loo cududaari karin
inexpensive *adj* raqiis ah
inexperience *n* aan khibrad lahayn
infamous *adj* aan caan ahayn
infatuated *adj* caashaqsan
infatuation *n* jidbo-jacayl
infected *adj* cudur qaba
infection *n* jeermiska cudurka dhaliya
infer *v* ka fahmid
inferiority *n* ka hooseyn
infiltrate *v* dhexgal
infinite *adj* aan dhammaanayn
infinitesimal *adj* aad iyo aad u yar
infinity *n* dhammaad la'aan
inflame *v* hurin
inflammable *adj* guban og
inflatable *adj* la buufin karo
inflate *v* neefayn
inflation *n* sicir barar
inflexible *adj* aan la qalloocin karin
inflict *v* waxyeellayn
inflow *n* soo-qulqul
influential *adj* qalqaalo badan
influenza *n* hargab ~ ifilo
influx *n* qulqul
inform *v* war-gelin
informal *adj* aan rasmi ahayn
informant *n* warsheeg
information *n* xog
informative *adj* war badan haya
informer *n* basaas
infrastructure *n* kaabayaasha dhaqaale
infrequent *adj* aan badanaa dhicin
infringe *v* ku xadgudbid
infringement *n* xadgudub
infuse *v* gaarsiin
ingenious *adj* xariif ah
ingratitude *n* jasaarnimo
inhabit *v* ku nool
inhabitant *n* dadka meel degen
inhale *v* neef qaadasho
inherent *adj* asal
inherit *v* dhaxlid
inheritance *n* dhexaltooyo

inhibit *v* ka joojin
inhibition *n* is-celin
inhuman *adj* xaasid ah
initial *n* xarafka magac ka bilowdo
initiate *v* bilaabid
inject *v* durid
injection *v* duris ama mudis
injuction *n* amar
injure *v* dhaawicid
injury *n* dhaawac
injustice *n* caddaalad darro
ink *n* khad
in-law *n* xididka
inlet *n* gacan biya ah
inn *n* huteel yar
innards *n* uur ku jir
inner *adj* gudaha
innocence *n* barinimo
innocent *adj* beri ah
innovation *n* wax cusub soo saarid
innovative *adj* cusbooneysiin
innovator *n* ikhtiraace
innumerable *adj* aan la tirin karin
inordinate *adj* aad u badan
inorganic *n* walxaha aan noolayn
inpatient *n* bukaan-jiif
inquire *v* warsasho
inquiry *n* weyddiin
inquisition *n* baaritaan
inquisitive *adj* faduul badan
insane *adj* qof waalan
insanity *n* waalli
inscribe *v* ku-qorid
insect *n* cayayaan
insecure *adj* cabsi qaba
insemination *n* rimay-gacmeed
insensible *adj* moog
insensitive *adj* dareen la'
insert *v* dhex-gelin
inside *prep* gudaha
inside lane *n* khadka soke
insider *n* qof xog-ogaal ah
insidious *adj* qarsoon
insignia *n* astaan
insignificant *adj* aan qiima lahayn
insincere *adj* khayaanalow
insist *v* ku adkaysi
insolent *adj* edeb darro
insoluble *adj* aan la xallin karin
insolvent *adj* musallif
inspect *v* baarid
inspection *n* baaris
inspector *n* kormeere
inspire *v* ku boorrin
instabiltiy *n* xasillooni la'aan
install *v* ku rakibid
installation *n* rakibaad
instance *n* tusaale ahaan
instant *adj* isla-markiiba
instantaneous *adj* isla-mar ah
instinct *n* dareenka qofka
institution *n* dhismo weyn oo ah
instruct *v* wax-barid
instruction *n* wax barasho
instructor *n* macallin
instrument *n* qalab ama aalad
insubordinate *adj* amar-diid ah
insubordination *n* amar-diidmo
insubstantial *adj* aan badnayn
insufficient *adj* aan ku filnayn
insulate *v* dahaar saarid
insulation *n* dahaarid ama xijaabid
insulator *n* magudbiye
insult *v* caytin
insuperable *adj* caqabad
insurance *n* caymis
insurance broker *n* dallaal-caymis
insurance policy *n* heshiis-caymis
insurgent *n* mucaarad
intact *adj* dhawrsan

integrate *v* isku-darid
integrity *n* sharaf leh
intellect *n* caqli badni
intellectual *adj* caaqil ah
intelligence *n* maskax fiican leh
intelligent *adj* caqli badan
intemperate *adj* aan caadi ahayn
intend *v* ugu tala gelid
intense *adj* aad u daran
intensifier *n* adkeeye
intensify *v* xoojin
intensive care *adj* daawayn khaas ah
intent *n* ulajeeddo
intention *n* niyeysi
intentional *adj* ulakac
interact *v* isla-falgelid
intercede *v* u shafeecid
interceder *n* u shafeece
intercept *v* joojin
intercession *n* shafeec
interchange *n* is-weydaarsi
interchangeable *adj* laysku beddelan karo
intercourse *n* wasmo
interdependent *adj* isku-baahan
interest *v* ahmiyad-siin
interest rate *n* sicir dulsaarka
interesting *adj* xiisa leh
interfere *v* faragelin
interior *n* gudaha
interior decorator *n* naqshadeeye guri
interject *v* ka-dhexgalid
interlock *v* isku-xirid
intermarriage *n* isguursi
intermediary *n* dhex-dhexaadiye
intermediate *adj* dhexe
interminable *adj* aan dhammaad lahayn
intern *n* tababarte
internal *adj* gudaha ah
international *adj* caalami ah
internment *n* xirid
interpol *n* booliska caalamiga ah
interpret *v* u turjumid
interpreter *n* turjume (turjumaan)
interrogate *v* imtixaanid
interrogative *adj* leh qaab su'aaleed
interrupt *v* ka dhex gelid
interruption *n* kala go'
intersect *v* is-gooya
intersection *n* isgooys
intervening *adj* dhextaal
interview *n* kulan waraysi
intestine *n* mindhicir
intimacy *n* xiriir ama saaxiibtinimo
intimidate *v* argagixin
intolerable *adj* aan loo dulqaadan karin
intolerance *n* dulqaad la'aan
intoxicate *v* maan-doorin
intoxicating *adj* maan-dooriye
intransigent *adj* madax-adag
intransitive *adj* fal-dhan
intrigue *v* xisa-gelin
introduce *v* is-barid
introduction *n* ban-dhig
introductory *adj* hor-dhac
introspective *adj* is-qiimeyn badan
intrude *v* qasid ama dhabqin
intuition *n* dareenka qofka
invade *v* gelid dal si loo qabsado
invalid *adj* aan la isticmaali karin
invaluable *adj* wax aan qiimo lahayn
invasion *n* xoog milatari waddan ku qabsasho
invective *n* caay
invent *v* hindisid
invention *n* hindisaad

inventor *n* hindise
inverse *adj* dhanka kale u rogan
invert *v* foororin
invest *v* maalgelin
investigate *v* baarid
investigation *n* baaritaan
investigator *n* dambi baare
investment *n* maal-gelin
investor *n* maal-galiye
invisible *adj* aan la arki karin
invitation *n* casumaad
invite *v* casuumid
invocation *n* duco
invoice *n* qaansheeq
involve *v* dhex-gelin ku-darid
involvement *n* ka-qayb qaadasho
iodine *n* saliid-naar
irascible *adj* qofka xanaaqa dhow
irate *adj* xanaaqsan
iris *n* bu'da isha
irk *v* dhibid
iron *n* xadiid
Ironic *adj* kajan
ironing *n* feerayn
irony *n* kajan
irreligious *adj* aan diin haysan
Irresolute *adj* talansan
irresponsibility *n* masuuliyad darro
irresponsible *adj* aan mas'uul ahayn
irreverent *adj* xushmo-daran
irrigate *iri-geyt* beer waraabin
irrigation *n* beer waraab
irritate *v* ka xanaajin
irritated *adj* xanaaqsan - carooday
irritatin *adj* la-dhibsado
island *n* jasiirad
islander *adj* jasiirad ku nool
isle *n* jasiirad
isobar *n* koobe
isolate *v* gooni u takooran
isolation *n* takoorid
isolation period *n* muddo karantiil
issuance *n* soo saaris
issue *n* soo bixid joornaal
itchy *adj* cuncun leh
item *n* shay
itinerary *n* faahfaahin safar ku saabsan
izzatso *ame* ma saasaa

J

jack hammer *n* dhagaxda waaweyn iwm
jack in *phr* joojin
jack off *phr* siigeysi
jack up *v* girig ku dallicid
jack-off-all-trades *n* wax-walba yaqaan
jamb *n* xakabad
Jane Doe *n* heblaayo
jangle *v* shanqarid
January *n* jannaayo
Japanese *n* waddanka Jabaan
jazz up *phr* hagaajin
jeering *n* digasho
jell *v* adkaansho
jelly roll *n* keeg-kareem
jemmy *ame* sabarad ~ luudi
jerk off *phr* siigeysi
jerkin *n* jaakad gacma go'an
Jewish *adj* yuhuud
jib at *v* diidis
jib with *v* isu-eg
jig *n* kaftan ama khatal
jinn *n* jin

jinni *n* jinni
jocular *adj* kafan ~ cayaar
jolly *v* aad ~ daran
jolly along *phr* qalqaalin
jolt *v* ka gariirin ama gilgilid
joss stick *n* qori-cuud
journalese *n* wargeys-yada iwm
journalistic *adj* saxaafadeed
joy *n* farxad weyn
joy ride *n* booli-wadad
joyful *adj* farxad ka buuxdo
joyless *adj* aan farxad lahayn
joyous *adj* faraxsan
JP *n* qaalli-yare
jubilant *adj* farxad ka muuqato
jubilee *n* sannad-guuro
juction *n* bar-kulan
Judaism *n* diinta Yuhuudda
judas *n* dhagarlow
judge *n* qaalli
judgement day *n* maalinta lays xukumayo
judgmental *adj* go'aan la xadhiidha
judicial *adj* sharciga maxkamadda
jug *n* garaafo
juggle *v* hawo ku-celcelin
jugular vein *n* xawl-marid
juice *n* casiir
juicer *n* khudrad-miir
juicy *adj* dheecaan badan
jujitsu *n* lagdan-jabaan
July *n* Luulyo
jumble *v* isku qasid
jumbo jet *n* diyaarad-rakaab
jump *v* bood
jump in *phr* ku soo dhex boodis
jump rope *n* xarig ciyaar ahaan
jumper *n* funaanad-dhaxameed
jumper *n* boodaa
juncture *n* hadda
jungle *n* duur
junior *n* yaraan
junk *n* wax dhammaaday
junk food *n* cunto caafimaadka u daran
junkie *n* daroogayste
junky *n* eeg **Junkie**
junta *n* dowlad-milateri
jupiter *n* cirjeex
jurisdiction *n* maamulka
jurist *n* xeer-beeg
jury duty *n* xilli-xeerbeeg
just *adj* caaddil
justice *n* caddaalad
justifiable *adj* cududaar leh
justification *n* cududaar
justify *v* sabab sheegid
juxtapose *v* is dhinac dhigid

K

kabob *n* qori-solay
Kaiser *n* Qeesar
kaleidoscopic *adj* is-bedbeddela
kamikaze *adj* nafti-hallig
kanga *n* guntiino
kangaroo *n* kanguuro
kaput *spoken* jaban
karat *n* kaarat
karate *n* karatee
kayak *n* huuri
kebab *n* qori-sloy
keel over *v* gees ka dhicid
keen *adj* add u danaynaya
keep *v* hayn
keep away *phr* ka dheeree
keep back *v* wax la harid

keep down *v* hoos u hayn
keep on *v* ku soco
keep out *phr* celin
keep the change *phr* baaqiga qaado
keep up *v* kor u hayn
keep-away *n* dhex-kujir
keeper *n* ilaaliye
keeping *n* dhawrid
keg *n* iska-jir
kegger *n* xaflad
kennel *n* guri eey
kept *v* eeg **keep**
kerb *n* xakabadda waddada
kerchief *n* malkhabad
kernel *n* nuxurka ama dhumucda
kerosene *n* gaas
kerosine *n* gaas
kestrel *n* gallayr
kettle *n* kirli
kettledrum *n* gurbaan
key *n* fure
key in *n* garaacid - gelin
key money *n* xaqal miftaax
keyboard *n* botoomada
keyed up *adj* kacsan
keyhole *n* dalool-quful
keynote *n* nuxur
keystone *n* aasaas
khaki *adj* kaaki ah
kick *v* laad
kick ass *phr* qas iyo lab
kick in *phr* bilaabasho
kick out *v* cayrin
kick-start *v* dhaqaajin
kid *n* cunug
kid around *phr* is-carruurayn
kidding *v* ciyaarid
kidnap *v* af-duubid
kidnapping *n* af-duubis
kidnapper *n* af-duube
kidney *n* kelli
kidney stone *phr* dhagax kalyood
kill *v* dil
kill off *phr* layn
kill time *phr* waqti-dhumin
killer *n* dilaa
killing *n* dil ~ qudhgwyo
kilogram *n* hal kiilo
kilometer *n* hal kilomitir
kilowatt *n* hal kiilowaat
kin *n* qaraabo
kind *n* nooc
kindle *v* hurin
kindly *adj* si naxariis leh
kindness *n* naxariis
kindred *n* qaraabo
kinetic *adj* la xiriira
kinfolk *n* xigaalo
king *n* boqor
kingdom *n* boqor-tooyo
king-size *adj* cabbirka boqorka
kinky *adj* qof yaab leh
kinsfolk *n* xigaalo
kinship *n* ehelnimo
kinswoman *n* xigto
kiosk *n* dabakaayo
kismet *n* qaddar
kiss *n* shumis
kiss ass *ame* kaba qaad
kit bag boorso safar
kitchen *n* jiko
kitchen garden *n* beer-jiko
kite *n* aabuteey
kite-flying *n* aabuteey-diris
kith and kin *n* saaxiibo iyo qaraabo
kitten *n* bisad dhal ah
kitty *n* bisad dhal ah
kleenex *n* istiraasho
knack *n* xirfad u leh
knackered *adj* jaban ama qanax ah

knap *v* dhagax qoris
knave *n* qulaan turub
knee *n* lawga
knee cap *n* kuraankur
kneed *v* cajimid
kneel *v* jilba-jabsi
knew *v* eeg **know**
knickers *n* nigis dumar
knife *n* mindi
knight *n* faras
knit *v* tolid
knitting *n* tolmo
knock *n* garaac
knock down *v* dhulka ku ridid
knock off *v* dhammayn
knock out *v* feer la tuurid
knock over *phr* dardarid
knockdown *adj* jaban ~ la raqiisiyey
knocker *n* garaace
knock-kneed *adj* qallaafo
knot *v* guntin
know *v* garasho
knowingly *adv* si ula kac ah
knowledge *n* aqoon
knowledgeable *adj* aqoon u leh
known *adj* la yaqaan
knuckle down *v* hawl karnimo muujin
kohl *n* indhakuul
Koran *n* Quraan
krona *n* karoon
kudos *n* mahad-naq
kung fu *n* dagaal-shiinays
kvetch *v* cabasho

L

Labour Party *n* xisbiga shaqaalaha
labyrinth *n* cakirnaan
lace up *v* xarig ku dhuujin
lacewing *n* cayayaan yar
lackluster *adj* xiisa-daran
lactic *adj* ee caano
ladle *n* malgacad weyn
lamely *adv* dabacsan
landed *adj* degenaaansho haysta
landing charge *n* kharashka-dejinta
landslide *n* doorasho ku guuleysasho
language laboratory *n* macmal luqadeed
lank *adj* saxar-lamood
lanky *adj* qalyayax
lap up *phrv* liqid ama iska-qaadasho
laparoscopy *n* guda-eegis
lapse into *v* suuxdimo iwm
lapsed *adj* nasakhan
larcenist *n* tuug
larch *n* alwaaxda geedkaas
largesse *n* deeq
lascivious *adj* qof aad u kacsi badan
lass *n* gabar
lassitude *n* wahsi
lasso *v* hoggaan ku qabasho
lastly *adv* ugu dambayntii
late-breaking *adj* akhbaar-cusub
lately *adv* ayaamahaan dambe
lateral *adj* cod-dhinacyeed
latterly *adv* waayahan
laugh at *v* ku-qoslid
laugh lines *n* duuduub-qosol
launch into *v* bilaabid
laundress *n* doobbiyad

lawful *adj* sharciyaysan
lawmaker *n* sharci-dejiye
lawn tennis *n* kubbadda shabaqa
lawyer *n* gar-yaqaan
lax *adj* dabacsan
laxative *n* caloosha jilciya
lay *v* dhigid
lay down *v* sharci soo rogid
lay in *v* kaydsi
lay out *v* ku safid
lay over *v* meel-dhaxmo
lay up *v* sariir saarnaam
layabout *n* caajis - qof shaqo neceb
layer *n* lakab
layette *n* alaab carruureed
layman *n* caami
layoff *v* shaqo ka fanishid
lay-up *n* shuudis-dhow
laze *v* is-dhacdiidin
lazy *adj* caajis ah
LCD *n* TV-ga iwm
lead *v* hoggaamin
leader *n* hoggaamiye
leadership *n* hoggaan
lead-in *n* furitaan
leading *adj* Horyaal
leaf *n* caleen
leaf through *v* rog-rogid
leafage *n* caleen
leaflet *n* warzad daabacan
leafy *adj* caleemo badan
league *n* urur
league table *n* liska tartamayaasha
leak *n* dillaacin
leak out *v* bixid
leakage *n* darroor
leaky *adj* wax daadinaya
lean on *v* isku-hallayn
lean towards *v* u-janjeera
lean[1] *v* janjeer
lean[2] *adj* jiir
leaning *n* u jan-jeera
leap *n* bootin
learn *v* baro
learned *adj* caalin ah
learner *n* waxbarad
learning *n* aqoon
learning disability *n* maskax-xumi
lease *n* hishiiska kiro oo guri
leaseback *n* dib u kireysi
leashn *n* qool
least *n* ugu yar
leather *adv* maqaar
leatherette *n* maqaar lamood
leave behind *v* ku dhaafid
leave off *v* ku joojin
leave[1] *v* tagid
leave[2] *n* fasax
leaven *n* qamiir
leaves *n* caleemo
lecher *n* mayiikoole
lechery *n* manyiikonimo
lectern *n* miis
lecture *n* muxaadaro
lecturer *n* qofka muxaadarada jeediya
led *v* hor-kacay
ledge *n* qar
ledger *n* diwaanka weyn ee xisaabaadka
leech *n* gafane
leery *adj* ka didsan
leeway *n* dheeraad
left *adj* bidix
left field *n* gees-bidix
left fielder *n* bidix-jire
left overs *n* hambo
left wing *n* garabka bidix
left-hand *adj* gurran
leftie *n* gurey

leftward *adj* dhanka bidix
lefty *n* guray ~ gurrane
leg *n* lug
legacy *n* dhaxal
legal *adj* sharci ah
legalese *n* af-qareen
legality *n* sharcinimo
legalize *v* sharciyayn
legally *adv* sharci-ahaan
legate *n* wakiil rasmi ah
legation *n* wakiil-dawlo
legend *n* sheeko hore
legendary *adj* caan
leggings *n* surweel-laas tiig
legion *n* ciidamo ah
legislate *v* sharci dejin
legislation *n* sharci
legitimate *adj* sharci ah
legless *adj* sarkhaan
leisure *n* waqti firaaqo
leisurely *adj* si tartiib ah
lemon *n* geedka liin dhanaanta
lend *v* deymin
length *n* dhererka
lengthen *v* dheerayn
lengthy *adj* dherer badan
lens *n* bikaaco
lent *v* eeg **land**
lentil *n* misir
leo *n* burjiga
leopard *n* haramcad
leprosy *n* juudaan
lesion *n* dhaawac
less *adv* in yar
lessee *n* kirayeste
lessen *v* yarayn
lesson *n* darsi
lessor *n* kiro-qaate
lest *conj* lacala
let *v* u yeelid
let alone *phrv* iskaba daayoo
let down *phr* niyad jab
lethal *adj* dilaa ah
lethargic *adj* itaal-daran
lethargy *n* itaal-darri
letter *n* warqad laysu diro
letter box *n* sanduuq boosto
letting *n* guri
lettuce *n* ansalaato
leukemia *n* dhiig-caddaad
level *n* heer
lever *n* kabaal
leveret *n* bakayle
leviathan *n* cimlaaq
levity *n* fududaysi
lexicon *n* qaamuus
lexis *n* ereyo
liable *adj* masuul ka ah
liaison *n* sino
liaison officer *n* isku-xire
liar *n* beenloow
libel *n* dhaleecayn
libelous *adj* qadaf
liberal *adj* fikrad ballaaran leh
liberate *v* xorayn
liberation *n* xornimo
liberator *n* xorreeye
liberty *n* xorriyad
librarian *n* maktabad haye
library *n* maktabad
lice *n* injir
license *n* shati
licensee *n* shatiile
lick *v* leefid
licking *n* guul-darro
lid *n* dabool-nal
lie *v* jiifsasho
lieu *n* baddal-keedii
lieutenant colonel *n* gaashaanle dhexe

life *n* nolol
life guard *n* biyo duljoog
life jacket *n* jaakad-dabaal
life sentence *n* xabsi-daa'in
life story *n* taarikh-nololeed
life vest *n* jaakad-dabaal
lifelike *adj* noole-lamood
lifeline *n* xirir
lifesaver *n* bad-baadiye
lifestyle *n* hab-nololeed
lifetime *n* cimri
lift[1] *v* kor u qaadid
lift[2] *n* ashansoore
ligament *n* seed
light *n* iftiin
light aircraft *n* diyaarad-yar
light weight *adj* fudud
lighthouse *n* minnaarad
lighting *n* iftiin
lighting *n* hillaac
like[1] *v* jeclaan
like[2] *adj* oo kale
likelihood *n* ixtimaal
likely *adj* laga yaabo
likewise *adv* sidoo kale
lily-white *adj* add u cad
limb *n* addin
limber *v* Iskala bixbin
lime *n* nuurad
limestone *n* nuurad ~ dhagax didib ah
limit *n* xad
limitation *n* xad
limitless *adj* aan xadaysneyn
limp *v* dhutin
line *n* xarriq
lineage *n* abtirsiinyo
lineal *adj* isir
linen cupboard *n* armaajo
linesman *n* calanle
linger *v* meel ku daahid
lingerie *n* dharka hoos-gashiga ee dumarka
lingo *n* luqad
linguist *n* caalinka afafka
linguistician *n* luqad-yaqaan
link *v* isku xirid
linkage *n* isku xire
linkman *n* xiriiriye
linkwoman *n* xiririso
lion *n* libaax
lioness *n* libaaxad
lip balm *n* bashin-dhawr
liposuction *n* xayr-dhur
lipstick *n* rooseeto
liquefaction *n* biyoobis
liquid *n* dareere
liquidate *v* khaarajin
liquidator *n* caddeeye
liquidize *v* dareere ka dhigid
liquor *n* khamri culus
liquor store *n* daas-khamro
list *n* liis
list price *n* sicir-buug
listen *v* dhegayso
listener *n* dhageyste
listing *n* taxane qoraal
liter *n* litir
literally *adv* asal-ahaan
literature *adj* suugaan
lithography *n* daabacaad-qormo
litigate *v* maxkamad
litigation *n* dacwo
litter bin *n* jaqafka qashinka
little *adj* yarayn
little finger *n* far-yaro
live-in *adj* la-nool
livelihood *n* risiq
livid *adj* xanaaqsan
living *adj* nool

living room *n* qolka fadhiga
lizard *n* qalajis
load *n* rar
loading *n* culaab ku siyaadin
loaf *n* rooti
loafer *n* kabo maqaar ah
loan *n* deyn
loath *adj* diiddan
lob *v* tuurid
lobster *n* argoosto
local *adj* gudaha
locale *n* madal
locality *n* nawaaxi
locally *adv* nawaaxigan
location *n* meel ku daahid
lock *n* quful
lock in *v* ku qufulid
locker room *n* qolka sanduuqyada
locksmith *n* quful-yaqaan
lockup *n* xabsi
loco *adj* waalan
locust *n* ayax
lofty *adj* sare
logic *n* caqli gal
logical *adj* caqliga geli kara
logo *n* calaamadda
loins *n* cawro
loitering *n* war-wareeg
lone *adj* kaliya
lonely *adj* cidloonaya
long *adj* dheer
long distance *adj* masaafo dheer
long jump *adj* booddada dheer
longevity *n* cimri dheeri
longish *adj* dheer ~ yara-dheer
longitude *n* dhigaha
longsighted *adj* fogaan-arag
long-standing *adj* muddo badan
longways *adv* dherer-dherer
look *v* fiiri
look after *v* xannaanayn
look around *v* fiir-fiirin
look up *v* kasoo rayn
looker *n* indha-uroon
looking glass *n* muraayad
loop *v* isku soo laabid
loose *adj* dabacsan
loose-fitting *adj* fitaax
loosen *v* debcin
loot *n* bililiqo
lop *v* ka gooyn
lordosis *n* arax-daaco
lore *n* cilmi
lorry *n* baabuur weyn
lose *v* dhumin
loser *n* qofka khasaaray
loss *n* khasaaro
lost *v* lumay
lost property *n* baadi
lot *n* badan
lottery *n* bakhtiyaa-nasiib
loud *adj* dhawaaq dheer
loud speaker *n* samaacad
lounge *n* bersad
louse *n* injir
lousy *adj* add u xun
lovable *adj* la jeclaan karo
love *n* jacayl
love affair *n* gaabsi
love bite *n* calaamo-jacayl
love letter *n* warqad-jacayl
lovely *adj* qurux badan
low *adj* hooseeya
low beam *n* naxuus
low fat *n* dufan-yar
low gear *n* marsho-fudud
low tide *n* deggan
lower *adj* ka hoose
lower class *n* dabakhadda hoose
lowland *n* dhul yara godan

lowly *adj* heer hoose ah
low-rider *n* baabuur-gaab
loyal *adj* daacad u
loyalist *n* taageere talis
loyalty *n* daacadnimo
lubricant *n* olyo garaaso
lubricate *v* salideyn
lucid *adj* qeexan
luck *n* nasiib
luckily *adj* nasiib-wanaag
luckless *adj* nasiib-daran
luckluster *adj* xiisa-daran
lucky *adj* nasiib badan
lucrative *adj* faa'iido badan leh
luggage *n* boorsooyin
Luke *n* Baaybal
lukewarm *adj* diirran
lull *v* lugo lulmoodo
lumbago *n* dhabar-xanuun
lumber *n* alwaax
luminary *n* nuuriye
luminous *adj* dhalaalaya
lump *n* kuus
lumpy *adj* ad-adag
lum-sum *n* wadar
lunacy *n* waalli
lunar *adj* dayaxa
lunatic *n* qof waalan
lunch *n* qado
lunch break *n* biririf-qado
lunch time *n* waqti qado
lunchbox *n* qado-qaad
lung *n* sambab
lure *n* soo jiidasho leh
lurk *v* ku dhuumasho
luscious *adj* dhadhan-fiican
lustful *adj* qooqan
lustrous *adj* dhalaalaya
lust *n* qooq
lusty *adj* quwad leh
luxuriate *v* ku-raaxaysi
luxurious *adj* raaxa leh
luxury *n* raaxo
lychee *n* nurduq
lying *v* been sheegaya
lynch *v* dilid maxkamad la'aan
lynx *n* guduudane
lyre *n* shareero
lyric *adj* hal abuur ah
lyrical *adj* hadal qurxoon
lyricist *n* hal abuure

M

ma *n* hooyo
macaroni *n* baasto makarooni
machine *n* mashiin
machine gun *n* boobe
machinery *n* qaybaha mashiinka ee socda
machinist *n* matooriiste
macho *adj* raganimo
macintosh *n* jaakad roobka celisa
mad *adj* waalan
mad man *n* qof waalan
madam *n* murwo
madden *v* ka xanaajin
made *v* la sameeyey
made up *adj* cusbursan
made-to-measure *adj* dalab
madness *n* waalli
Mafia *n* burcad
magazine *n* khasnadda qoriga ee rasaasta
magenta *n* casuur
magic *n* sixir
magical *adj* sixir ah

magician *n* sixiroole
magistrate *n* garsoore
magnate *n* qof awood badan
magnet *n* bir-danab
magnetic *adj* xoog bir-labeed (bir-lab ah)
magnetism *n* bir-dabanabeed
magnificent *adj* heer sare ah
magnify *v* weeyneyn
magnifying-glass *n* weyneyso
magnitude *n* weynaan
magnum *n* bistoolad weyn
maid *n* adeegto
maid of honour *n* doolshe - keeg yar
maiden *n* gabar gashaanti
mail *n* boosto
mail box *n* sanduuq boosto
mail drop *n* sanduuq-boosto
mail man *n* boostaale
mailing list *n* liis-cinwaanno
maim *v* naafayn
main *adj* ugu muhiimsan
main line *v* durid
main road *n* waddo weyn
mainland *n* dhul-weyne
mainly *adv* ugu badnaan
mainstream *n* guud
maintain *v* ku sii wadid
maintenance *n* dayac-tir
maize *n* galley
majesty *n* haybadle
major *adj* weyn
major general *n* sarreeye gaas
major in *v* ku takhasusid
majority *n* aqlibiyad
make *v* samayn
make away *v* xadid
make of *v* ka fahmid
make out *v* dabirid
make over *v* loo beddeley
make up *v* sheeko samayn
maker *n* sameeye
make-work *n* shaqo-mashquulis
making *n* samayn
malady *n* cudur
malaria *n* duumo
malcontent *adj* caraysan
male *n* lab
malediction *n* aweyti - inkaar
malefaction *n* dambiilenimo
malefactor *n* dambiile
malevolence *n* xiqdi
malevolent *n* xiqdi leh
malfunction *n* aan shaqaynayn
malicious *adj* xun
malign *v* masabidid
malignant *adj* xiqdi leh
mall *n* suuq weyn
malnutrition *n* cunto xumo
mama *n* hooyo
mama's boy *n* ciyaal-maamo
mammal *n* naasleey
man *n* nin
manacle *n* jeebbo
manage *v* maamulid
manageable *adj* la maarayn karo
management *n* maamul
manager *n* maamule
managerial *adj* maamul ah
mandate *n* amar-siin
mandatory *adj* waajib ah
mane *n* guud-bulbul
man-eater *n* dadcun
manganese *n* curriye
mango *n* canbe
manhandle *v* jiid-jiidis
manhood *n* ninnimo
mania *n* waalli
maniac *n* qof waalan

manifest *adj* waadax ah
manifestation *n* daliil
manipulate *v* xukumid
mankind *n* bini-aadan
manly *adj* raganimo leh
man-made *adj* dad sameeyey
mannerism *n* hab-dhaqan
manners *n* dhaqan
manpower *n* awood shaqaale
mantis *n* macooyo
manufacture *v* wax soo saar
manufacturer *n* wax soo saare
many *deter* badan
map *n* khariidad
map out *v* qorshe dejin
mar *v* hallayn
marauder *n* shufto
marauding *adj* shufta ah
marble *n* marmar
March *n* Maarso
mare *n* geenyo
margin *n* geesaha warqadda
marijuana *n* xashiish
marine *adj* ee badda
marital *adj* ee guur
mark *n* calaamad
mark off *v* calaamad marin
mark-down *v* qiimo dhimid
marked *adj* muuqda
marker *n* calaamadeeye
market *n* suuq weyn
market price *n* sicir-suuq
marketable *adj* suuq-gal
marketing *n* habka suuq-geynta
marking *n* baraashirix
marmalade *n* malmalaado
marriage *n* guur
married *adj* guursaday
marrow *n* dhuux
marry *v* guursi
marsh *n* meel dhiiqo ah
marshal *n* maarshaal
martial *adj* ee milateri
martial art *n* xeel-dagaal
martial-law *n* xukun milateri
martyr *n* shihiid
martyrdomn *n* shahiidnimo
marvel *n* cajiib ah
marvellous *adj* la yaab leh
mascot *n* astaan burji
masculine *adj* lab
masculinity *n* ninnimo
mash *v* bur-burin
mask *n* maaskaro
mason *n* fuundi
mass *n* cuf
massacre *v* layn
massage *v* duugid
masseur *n* duugduuge
massive *adj* aad u weyn
mastectomy *n* naaso-saar
master *n* sayid
Master of Arts *n* side cilmiga bulshada
mastermind *n* maskax badan
mastery *n* oo dhamaystiran
masturbate *v* siigeysi
mat *n* salli
match *n* tartan ciyaareed
matching *adj* is-leh
match-maker *n* qofka
mate *v* kudis
material *n* shay
materialistic *adj* maal-raac
materialize *v* xaqiijin
maternal *adj* dhanka hooyo
maternity *n* hooyonimo
mathematician *n* xisaab-yahan
mathematics *n* xisaab
mating *n* saarasho

matriarchy *n* sarrayn-dumar
matrimony *n* guur
matron *n* murwo
matter *n* maatar
mattress *n* joodari
mature *adj* qaan-gaar
maturity *n* baaluqnimo
May *n* bisha Maajo
may *v* rajayn
mayor *n* duqa magaalada
me *pron* aniga
meager *adj* aad u yar
meal *n* cunto, cunno
mean *v* macnayn
mean *adj* xaasid
means *n* habka
meanwhile *adv* ilaa waqtigaas
measles *n* jadeeco
measure *n* cabbir
measurement *n* qiyaas
meat *n* hilib
meatball *n* kuus-kuus
meaty *adj* hilib badan
mechanic *n* makaanig
mechanical *adj* mashiin iwm
mechanical pencil *n* rasaas iswad
mechanics *n* barashada makaanikada
mechanism *n* hab
medal *n* billad
medallist *n* billadle
media *n* war-baahinta
medical *adj* ee caafimaad
medicate *v* daawo ku darid
medicated *adj* saawaysan
medication *n* daawayn
medicine *n* daawo
mediocre *adj* heer hoose ah
meditate *v* ka baaraandegid
meditation *n* khilaawo
medium *adj* heer dhexe
medley *n* isku-qas
meek *adj* miskiin
meet *v* qancin
meet up *v* ku ballamid
meet with *v* wax la kulmid
meeting *n* kulan ~ wadahadal
megaphone *n* makarafoon
mellow *adj* dhuguc
melodious *adj* cod macaan leh
melody *n* laxan
melon *n* batiikh
melt *v* dhalaalid
melt away *v* dhalaalid
member *n* xubin
membership *n* xubinimo
memorial *n* taallo
memory *n* xusuus
menace *n* khatar leh
mend *v* kabid
meningitis *n* qoorgooye
menopause *n* dhalmo-deys
menstruation *n* caado
mental *adj* ee maskaxda
mentally *adv* maskax ahaan
mention *v* sheegid
mentor *n* la taliye
merchandise *n* badeeco
merchant *n* ganacsade
merciful *adj* naxariis badan
merciless *adj* naxariis daran
mercy *n* naxariis
merge *v* ku darsamid
merger *n* isu-tag
merit *n* mudnaan
mermaid *n* gabareey-maanyo
merry *adj* farax
mesmerize *v* ku yaabid
mess *n* dhibaato
message *n* farriin

messenger *n* rasuul
messy *adj* kharriban
metal *n* bir
metamorphosis *n* is-beddel
metaphor *n* masal
meter *n* mitir
method *n* nidaam
metric *adj* mitir ahaan
microphone *n* maykarafoon
microwave *n* mawjad
midday *n* duhurkii
middle *n* dhexda
middle class *n* dabaqadda dhexe
Middle East *n* Bariga Dhexe
midget *n* coon
midland *n* dalbar
midnight *n* saqda-dhexe
midst *pref* bartamaha
midway *adv* nus-dariq
midwife *n* ummuliso
mighty *adj* awood weyn
migraine *n* madax-farad
migrant *n* dool
migrate *v* haajirid
migration *n* hijro
mile *n* mayl
military *n* ciidan
milk *n* caano
milkman *n* caanoole
milky *adj* caanood
millennium *n* kunbuuxo
millet *n* duqun
million *n* milyan
minaret *n* minaarad
mince *v* jar-jarid
mind *n* maskax
mine *pron* waxayga
mineral *n* macdan
mini *pref* aad u yar
minibus *n* bas yar
minimize *v* yarayn
minimum *adj* ugu yaraan
mining *n* macdan qodis
minister *n* wasiir
ministry *n* wasaarad
minor *adj* ahmiyad yar
minority *n* inta yar
mint *n* naac-naac
minute *n* daqiiqad
miracle *n* mucjiso
mirage *n* wir-wir
mirror *n* muraayad
mischief *n* wax kharibid
misdeed *n* dambi
miser *n* bakhayl
miserable *adj* murugaysan
miserly *adj* bakhayl
misery *n* murugo
misfortune *n* nasiib darro
miss *v* seegid
missile *n* gantaal
missing *adj* maqan
mission *n* ergo
mist *n* ceeryaamo
mistake *n* khalad
mister *n* mudane
misunderstand *v* khalad u fahmid
mix *v* isku-qasid
mixed *adj* wax isku qasan
mixer *n* isku-qase
mixture *n* isku-jir
moan *n* taah
mobile *adj* guuri kara
mobile phone *n* telefoonka gacanta
mobilization *n* diyaargarow
mobilize *v* isku-duwid
mock *v* ku jees-jeesid
mode *n* hab
model *n* moodo
modem *n* walhiye

modernize *v* casriyayn
modest *n* dhexdhexaad ah
moisture *n* qoyaan
mole *n* bar
molecule *n* mulukiyuul
molest *v* fara-xumee
molten *adj* dhalaalay
moment *n* waqti yar
monarchy *n* boqortooyo ah
Monday *n* Isniin
monetary *adj* ee lacageed
money *n* lacag
mongoose *n* soon-gur
monitor *n* kaabba-galaas
monkey *n* daanyeer
mono *adj* hal (kaliya)
monster *n* cirfiid
month *n* bil
monthly *adj* bil kasta
monument *n* taallo
mood *n* xanaaqsan
moody *adj* niyad baddalan
moon *n* dayax
moonlight *n* ilayska dayaxa
morality *n* anshax
more *adv* ka badan
morning *n* subax
morose *adj* xanaaq badan
mortal *adj* dhinte ah
mortality *n* dhimasho
mortar *n* mooye
mortgage *n* deyn
mortuary *n* qolka meeydka
mosaic *n* nooc walbaale
mosque *n* masaajid
mosquito *n* kaneeco
most *adv* ugu badan
mostly *adv* badanaa
motel *n* albeergo
mother *n* hooyo
mother tongue *n* afka hooyo
motherhood *n* hooyanimo
mother-in-law *n* soddoh
motherland *n* ciiddahooyo
Mother's Day *n* maalinta hooyooyinka
motion *n* dhaq-dhaqaaq
motivation *n* niyad baddalan
motive *n* wax socodsiiya
motor *n* matoor
motorcycle *n* mooto
motorist *n* darawal
motto *n* halku dheg
mound *n* buur yar
mount *v* fuulid
mountain *n* buur
mountaineer *n* qofka buuraha fuula
mountainous *adj* buuraleey ah
mourn *v* baroorasho
mourning *n* baroor-diiq
mouse *n* jiir
moustache *n* shaarbo
mouth *n* afka hooyo
mouthful *n* af muggiis
move *v* dhaqaajin
move around *v* war-wareegid
move away *v* guurid
move in *v* soo degid
move on *v* lala socdo
movement *n* dhaq-dhaqaaq
movie *n* filin
moving *adj* socda
mow *v* caws jarid
Mr. *n* mudane
Mrs. *n* murwo
much *adv* badanaa
muck *n* wasakh (qurun)
mucus *n* duuf
mud *n* dhoobo
muddy *adj* dhooqayn

mug *n* koob dheg leh
mule *n* baqal
multicultural *adj* dhaqamo-badan
multilingual *adj* luqado-yaqaan
multiple *adj* leh qaybo badan
multiplication *n* iksu-dhufasho
multiply *v* ku dhufasho
mumble *v* hunu-hunulayn
mumps *n* qaamo-qashiir
murder *n* qof dilid
murmur *v* gunuunuc
muscle *n* muruq
muscular *adj* ee murqaha
museum *n* matxaf
mushroom *n* boqoshaa
music *n* muusik
musician *n* muusikeyste
musk *n* miski
Muslim *n* Muslin
muster *v* isu-keenid
mutation *n* isbed-bedel
mute *adj* aamusan
mutilate *v* naafayn
mutiny *n* gadood
mutter *v* guryan
mutton *n* hilib idaad
mutual *adj* wadaagis
my *pron* kayga
myopia *n* indha habeeno
myriad *n* fara-badan
myself *pron* qudhigeyga
mystical *adj* suufi
myth *n* quraafaad
mythical *adj* quraafaad ah
mythology *n* quraafaad ku saabsan

N

nafarious *adj* sharci darro ab
nag *v* u calaacalid
nagging *adj* dhib badan
nail *n* musmaar
nail down *v* ku khasbid
naïve *n* sahlade
naked *adj* qaawan
name *v* magacaabid
name tag *n* magac-sheeg
name-calling *n* foorjo ~ caay
namesake *n* sammi ah
nap *n* hurdo gaaban
nape *n* tunka
napkin *n* istiraasho
narcissism *n* is-cajabin
narcotic *n* daroogo
narrate *v* ka sheekayn
narration *n* sheeko
narrow *adj* ciriiri
narrowly *adv* dirqi
nasal *adj* ee sanka
nation *n* qaran
national *adj* waddani ah
nationalism *n* waddaninimo
nationalist *n* waddani
nationalistic *adj* waddani
nationality *n* qawmiyad
national debt *n* deyn qaran
native *adj* u dhashay
native speaker *n* luqad u-dhalad
nativity *n* dhalasho
natural *adj* dabiici ah
naturally *adv* dabcan
nature *n* dabeecadda
naught *n* eber
naughty *adj* fadaq

nausea *n* lallabo
navel *n* xuddun
navigate *v* hagid
navy *n* ciidanka badda
navy blue *n* buluug madow
near *adj* u dhow
near by *adv* dhinaca ku haya
nearly *adv* ugu dhawaan
near-sighted *adj* aragti gaaban
neat *adj* nidaamsan
necessary *adj* daruuri ah
necessity *n* lama-huraan
neck *n* luqun
necklace *n* sil-silad
neckline *n* kulleeti
necktie *n* garafaati
need *n* baahi
needle *n* irbad
needle work *n* tolmo
needy *adj* baahan
negate *v* inkirid
negation *n* inkiraad
negative *adj* diidmo ah
neglect *v* dayacid
neglectful *adj* dayacan
negligence *n* iskulad
negligible *adj* layska deyn karo
negotiable *adj* la sarrifi karo
negotiate *v* wada xaajood
negotiation *n* waan-waan
Negro *n* qof madoow
neigh *v* dananid
neighbour *n* daris
neighbourhood *n* jiiraan
neighbouring *adj* u dhoow
neither *conj* midkoodna
Neptune *n* nebtuun
nerve *n* dareeme
nervous *adj* wal-walsan
nest *n* buul shimbireed
nest egg *n* ukun
nestle *v* degid
net *n* shabaq
networking *n* islasocod
neuter *v* dhufaanid
neutral *adj* dhex-dhexaad
never *adv* saligaa
new *adj* cusub
newborn *adj* sebi
newcomer *n* koyto
newly *adv* dhawaan
news *n* war
newscaster *n* wariye
newsletter *n* warside
newspaper *n* wargeys
next *adj* ku xiga
nice *adj* fiican
nicely *adv* si fiican
niche marketing *n* suuq-abbaar
nickel *n* nikal
nickname *n* naynaas
nicotine *n* nikatiin
nifty *adj* aad u fiican
niggardly *adj* xaasid ah
night *n* habeyn
nightclub *n* caweys
nightgown *n* canbuur hurdo
nightmare *n* qarow
nihgtly *adv* habeyn kasta
nil *n* ma leh
nincompoop *n* nacas
nine *n* dagaal
nineteen *(deter)n* sagaal iyo toban
ninety *(deter)n* sagaashan
ninny *adj* axmaq
nipple *n* ib
nit *n* qindhicil
no *adv* maya
nobility *n* cuqaal
noble *adj* darajo sare

nobody *pron* qofna
nod *v* madax ruxid
noise *n* buuq
noisy *adj* buuq badan
nomad *n* reer miyi
nomadic *adj* reer miyi ah
nominal *adj* magac ahaan
nominate *v* magacaabid
nomination *n* magacaabid
nominee *n* musharrax
non *prep* maya
none *pron* waxba
non-existent *adj* wax aan jirin
nonsense *n* macna darra ah
non-violence *n* rabsho la'aan
noon *n* duhurkii
no-one *pron* qofna
noose *n* siriq
nor *conj* midnaba
norm *n* sida caadiga ah
normal *adj* caadi
normally *adv* caadi ahaan
north *n* waqooyi
northbound *n* waqooyi u socda
northeast *adj* waqooyi-bari
northernmost *n* waqooyiga fog
northwest *n* waqooyi galbeed
nose *n* san
nostalgia *n* hiloow
nostril *n* daloolka sanka
not *adv* maya
notable *adj* xusid mudan
notary *n* nootaayo
note *v* xusuus qorid
notebook *n* xusuus qo
nothing *pron* waxba
notice *n* ogeysiis
notify *v* ogeysiin
notion *n* fikradda guud
noun *n* magacaabid
nourish *v* nafaqayn
nourishment *n* nafaqo
novel *n* buug sheeko ah
novelty *n* cibaaro
November *n* bisha
novice *n* qof bar-barad ah
now *adv* hadda
nowadaysadv *maal-mahaan*
nowhere *adv* meelna
nuclear *adj* nukliyeer
nucleus *n* bartamaha
nude *adj* qaawan
nudism *n* qaawanaan
nudity *n* qaawanaan
nugget *n* cad
nuisance *n* lab iyo qas
null *adj* ebar
numb *adj* kabuubyo
number *n* lambar
numbness *n* kabuubyo
numerator *n* sarreeye
numerical *adj* lambaro leh
numerous *adj* badan
nurse *n* kal-kaaliye caafimaad
nursing *n* nuujinta
nurture *v* korin
nut *n* qof yara waalan
nutmeg *n* jows
nutrient *adj* nafaqa leh
nutrition *n* nafaqo
nutritious *adj* nafaqaysan

O

oar *n* usha lugu kexeeyo doonta
oasis *n* meel dhir iyo biyo leh
oath *n* dhaar

obduracy *n* madax-adayg
obdurate *adj* madax adag
obedience *adj* muddeec ah
obese *adj* buuran
obesity *n* cayilaad
obey *v* addeecid
object *n* shay
objection *n* diidmo
objective *n* hadaf
objective *adj* maaddi
oblation *n* qurbaan
obligate *v* ku waajib yeelid
obligation *n* waajib
obligatory *adj* waajib ah
oblige *v* asxaan samayn
oblique *adj* maldahan
obliterate *v* baabi'in
oblivion *n* hilmaan
oblivious *adj* hilmaansan
oblong *adj* leydi ah
obnoxious *adj* karaahiya ah
obscene *adj* fuxshi
obscenity *n* fisqi
obscure *adj* dahsoon
obscurity *n* dahsoonaan
observance *n* u hoggaansamid
observant *adj* fiira dheeri
observation *n* daawasho
observe *v* u fiirsasho
observer *n* daawade
obstacle *n* wax aan la dhaafi karin
obstetrician *n* ilmodhalis
obstinate *adj* canaadi ah
obstruct *v* jid xirid
obstrusive *adj* iska-muuqda
obtain *v* helid
obtrude *v* muujin
obtuse *adj* xagal daacsan
obviate *v* joojin
obviously *adv* sida iska-cad
occasion *n* munaasabad
occasional *adj* waqti ka waqti
occasionally *adv* marmar
occupation *n* shaqo
occupational *adj* ee shaqada
occupy *v* degid
occur *v* dhacid
occur to *v* ku soo dhicid
occurrence *n* dhacdo
ocean *n* bad-weyn
octagon *n* siddeed xagale
October *n* oktoobar
octopus *n* farammugo
ocular *adj* indhaha la xiriira
odd *adj* qalaad
oddity *n* yaab leh
oddly *adv* si yaab leh
oddment *n* haraa
odious *adj* karaahiyo ah
odor *n* ur
odorless *adj* aan ur lahayn
odyssey *n* hayaan
oesophagus *n* hunguri
of *prep* ee
off *adv* damin
off end *v* xumayn
offend *v* dulmin ama aflagaadayn
offender *n* dambiile
offense *n* dambi
offensive *adj* hujuumid
offer *v* usoo ban-dhigid
offering *n* deeq
office *n* xafiis
office building *n* dhismo-xafiiseed
officer *n* sarkaal
official *n* masuul xafiiseed
officially *adv* rasmi ahaan
officiate *v* u madaxayn
offish *adj* dabci-qalafsan
offline *adj* xiriirsanayn

offset *v* is-dheelli-tirid
offshoot *n* farac
often *adv* badanaa
ogle *v* ku dhaygagid
ogre *n* dad-qal
oil *n* saliid
oily *adj* saliid u eg
ointment *n* boomaato
okay *adj* waayahay
old *adj* gaboobay
olden *adj* waayadii hore
old-fashioned *adj* wakhtigiisi laga baxay
olive *n* seytuun
omelet *n* ukun shiilan
omission *n* tir-tirid
omit *v* ka tagid
omnipotence *n* awood sare
omnipotent *adj* wax walba kare ama awoode
omnipresence *n* meel walba joogis
omnipresent *adj* meel walba jooge
omnivorous *adj* cunto kasta cuna
on *prep* dul saaran
once *conj* isla markaas
one *n* hal
one another *pron* midba midka kale
oneself *pron* qofka naftigiisa
one-time *adj* waa
one-way *adj* hal dhan u socda
ongoing *adj* socda
onion *n* basal
online *adj* xirirsan
onlooker *n* daawade
only *adj* kaliya
onrush *n* dag-dagsan
on-side *adj* khadka ku taagan
onslaught *n* weerar kulul
onto *prep* dul fuulid
onus *n* waajibaad
onward *adj* xaga hore
onwards *adv* horay
oops *inter* hay
opalescent *adj* baraashirix
opaque *adj* ilays ma gudbiye
open *adj* furan
opener *n* wax fure
opening *n* furitaan
openly *adv* si fur-furan
open-minded *adj* ilbax ah
openness *n* furfurnaan
openning up *n* furfuran
opera *n* fanka muusiko ciyaarsiinta
operate *v* socodsiin
operating room *n* qolka qalliinka
operating theatre *n* qolka qalliinka
operation *n* shaqa socodsiin
operational *adj* shaqaynaya
operative *adj* ee shaqaynaya
operator *n* qofka mashiin ka shaqaysiiya
ophthalmologist *n* indhayaqaan
opinion *n* ra'yi
opium *n* daawo dadka seexisa
opponent *n* qofka kaa soo hor-jeeda
opportune *adj* munaasab
opportunity *n* fursad
oppose *v* caaridid
opposite *n* lid
opposition *n* mucaarad
oppress *v* dulmin
oppressed *adj* dulman ~ kadeedan
oppression *n* dulm
oppressive *adj* dulmi badan
oppressor *n* dulmiloow
opt for *v* doorasho
optic *adj* ee indhaha
optical *adj* ee aragga
option *n* ikhtiyaar
opulence *n* nimco

opulent *adj* nimcaysan
or *conj* ama
oracle *n* in-dheer garad
oral *adj* ee afka
orange *n* oranji
orator *n* af-tahan
orbit *v* meeris
orchestra *n* koox muustiko tunta
orchid *n* geed ubax badan
ordeal *n* mixnad
order *n* hab
ordinary *adj* caadi
organ *n* unug
organic *adj* ee nool
organism *n* isku-xirnaan
organization *n* urur
organize *v* abaabulid
organized *adj* abaaabulan
orgasm *n* biya-bax
orient *n* bariga Aasiya
oriental *adj* qof indha-yar ah
origin *n* asal
original *adj* asal ah
originality *n* rasmi ahaan
originally *adv* bilowgii
originate *v* ka soo bilowday
ornament *n* sharrax
orphan *n* agoon ama rajay
orphanage *n* agoonimo
orthodox *adj* asal-raac
Oscar *n* billadda filimada
oscillate *v* hadba gees u dhaqaaqid
oscillation *n* dhacdhac
ostrich *n* goroyo
other *pron* kale
otherwise *adv* haddii kale
ought *v* laasim
ounce *n* wiqiyad
our *deter* kaayaga ama taayada
ourselves *pron* annaga laftigayaga
out *prep* dibadda
outbreak *n* faafid
outburst *n* qiiro
outcast *n* sab
outcome *n* natiijo
outdated *adj* dhacsan
outdoor *adj* bannaanka
outer *adj* dhanka sare
outfit *n* alaabada yar-yar
outgoing *adj* bashaash
outing *n* fasax aadid
outlet *n* dalool wax ka baxaan
outline *n* fikrada guud sheegid
outlook *n* jeedaalin
outnumber *v* ka tira badan
output *n* wax soo saar
outrageous *adj* aad u xun
outright *adv* gebi ahaan
outset *n* bilowga
outside *prep* dibadda
outsider *n* aan xog-ogaal ahayn
outskirts *n* geesaha ama nawaaxiga magaalada
outsmart *v* ka caqli badin
outspoken *adj* si dhiirran u hadlid
outstanding *adj* aad u horreeya
outstretched *adj* kala baxsan
oval *adj* qaabka ukunta leh
oven *n* foorno
over *prep* kor
overalls *n* kor gashi
overbearing *adj* amar badan
overboard *adv* gaddoomid
overcoat *n* jubbad dheer
overcome *v* ka guulaysi
overdo *v* ka badin
overdue *adj* deyn lala daahay
overflow *v* xad-dhaafid
overgraze *v* xaalufin

overhead *adj* ka sarraysa madaxa qofka
overlap *v* daboolaya
overload *v* xammuul ka badin
overnight *adv* habeeyn dhax
overrule *v* amar sare ku nasakhid
oversee *v* ilaalayn
overshadow *v* harayn
overtake *v* dhaafid
overthrow *v* af-gambin
overtime *n* waqti dheeraad ah
overwhelm *v* jebin
owe *v* dayn lugu leeyahay
owl *n* guumays
own *adj* lahaan
owner *n* lehe
ownership *n* milkiyad
ox *n* dibi
oxidize *v* miririn
oxygen *n* curiye hawo ah
oyster *n* lohod
ozone *n* oozoon

P

pace *n* saan
pacesetter *n* qof iwm
pacific *adj* deggan
pacific rim *n* Maraykan
pacifist *n* dagaal neceb
pacify *v* dejin
pack *n* xirmo
pack off *v* u dirid
pack up *v* dhammayn
package *n* isku xirid
packaged *adj* dahaaran
packaging *n* yacay
packed *adj* buuxa
packed out *adj* buuxa
packer *n* isku-xirxire
packet *n* baakad
packing *n* xirxirasho
pact *n* hishiis
pad *n* faashad
pad *v* khiyaamid
pad out *v* badin
padded *adj* cufaysan
padding *n* cusho
paddle *n* seeb
paddy wagon *n* baabuur boolis
padlock *n* quful
pagan *n* cawaan
page *n* bog
pageant *n* mahrajaan
paid *v* la bixiyey
pail *n* baaldi
pailful *n* baaldi-muggiis
pain *n* xanuun
painful *adj* xanuun badan
painfully *adv* xanuun leh
painkiller *n* xanuun joojiye
painstaking *adj* isku-taxalujis
paint *n* rinji
paintbrush *n* buraash-rinji
painter *n* rinjiile
painting *n* masawir gacmeed
pair *n* lammaane
pajamas *n* bijaamo
palace *n* qasri
palaeontology *n* qadiimibaar
palatable *adj* cuntamaya
palatal *n* dhabxanagle
palimony *n* masruuf-gashaan
palisade *n* teed
palliate *v* yarayn
pallliative *n* latacaal
palm *n* sacab

palmist *n* qofka faaliya
palmistry *n* sacab-faalis
palmtop *n* gacan-qaad
palmy *adj* berisamaad
palpitate *v* jarcayn
palsy *n* jarco
pamper *v* kool-koolin
pancreas *n* beer-yaro
panda *n* madaxkuti
pandemic *n* safmar
panel *n* guddi
panellist *n* xubin guddi
panhandle *n* qarraafsi
panic *n* argagax
panorama *n* muuqaalka guud
pansy *n* ubaxley
pant *n* neef-tuur
pant for *v* u jeelid
pantaloon *n* surweel
panther *n* haramcad
panties *n* nigis
pantry *n* bakhaar
pants *n* surweel luga dheere ah
pantsuit *n* surweel suud
pantyhose *n* lugagashi
pantyliner *n* dhiig-dhowr
pap *n* shawl
pap smear *n* kaankaro baar
papa *n* aabo
paparazzi *n* caan-raac
papaya *n* babaay
paper *n* warqad
paper fastener *n* warqad-qabad
paper knife *n* waraaq-fur
paper money *n* nood
paperback *n* buug kalbaddiisu
paperhanger *n* derbiqurxis
papoose *n* xanjeer
paprika *n* bas-baas guduud
par *n* is-le'eg
parable *n* wacdi
parachute *n* baarashuud
parade *v* rigeyn
paradigm *n* tuse
paradise *n* janno
paradox *n* hadal is-khilaafsan
paradoxically *adv* iskaba daaye
paraffin *n* gaaska la shito
paragraph *n* baragaraaf
paralegal *n* kalkaaliye-sharci
parallel *adj* bar-barro ah
paralysis *n* baralaays
paralytic *adj* qof qallal qaba
paralyze *v* qallalin
paramedic *n* kal-kaaliye caafimaad
parameter *n* xudduud
paramilitary *adj* ciidan kal-kaalid
paranoia *n* biinan
paranoid *adj* cuqdad ka qabid
paraphernalia *n* shadaaf
parasite *n* dulin
parasol *n* dallad
parched *adj* guban
pardon *v* saamaxid
parent *n* waalid
parental *adj* waalideed
parenthesis *n* laba baraakat
parenthood *n* waalidnimo
pariah *n* takooran
parking *n* baabuur meel dhigasho
parliament *n* baarlamaan
parody *n* matalaad fool-xun
parrot *n* baq-baqaaq
parsley *n* kabsar
part *n* qayb
partial *adj* qayb kaliya
partiality *n* eex
partially *n* qayb ahaan
participant *n* ka qayb qaate
participate *v* ka qayb-qaadasho

participation *n* ka-qaybqaadad
particle *n* saxar
particular *adj* khaas ah
particularly *adv* gaar ahaan
partisan *n* jabhad
partition *n* kala-qaybsi
partly *adv* qayb ahaan
partner *n* jaalkaa
partnership *n* shirko
partridge *n* shimbir bahda digiiranka ah
part-time *adj* qayb ahaan
party *n* xaflad
pass *v* gudbid, u dhiibid
pass out *v* suuxid
passage *n* marin
passbook *n* buug-bangi
passenger *n* rakaab
passion *n* dareen ama xaraarad aad u daran
passive *adj* caajis
passport *n* baasaboor
password *n* af-garad
past *adj* wax tagey
pasta *n* baasto
paste *n* isku-dar
pastime *n* baashaal
pastor *n* wadaad kaniisad
pastry *n* cajiin
pasture *n* daaq
pat *v* salaaxid
patch *n* jaan
patent *n* batante
paternal *adj* xagga aabe
paternity *n* aabbanimo
path *n* dhabbe
pathway *n* dariiq
patience *n* dulqaad
patient *adj* dulqaad leh
patiently *adv* si dul leh
patriot *n* waddani ah
patriotic *adj* waddani
patriotism *n* waddaninimo
patrol *n* ilaalo
patron *n* macaamiil
pattern *n* naqshad
paunch *n* calool weyne
pauper *n* faqiir
pause *v* hakin
paw *v* cagta xayawaanka
pawn *n* rahaamad
pay *v* bixin
pay back *v* gadaal ka bixin
pay for *v* eedsiin
paycheque *n* mushaar
payday *n* mushaar-qaad
payee *n* lacag-qaate
payment *n* lacag-bixis
PC *n* kumbiyuutar
peace *n* nabad
peaceful *adj* nabad iyo degenaansho
peacekeeping *adj* nabadsugid
peacock *n* daa'uus
peahen *n* daa'uusad
peak *n* fiinta
peanut *n* laws
pear *n* cambaruud
pearl *n* luul
peasant *n* beer-fale
peasantry *adj* beeraleey
pebble *n* dhagax-dixeed
peck *v* afka ku mudid
pectoral *n* gaaddo
peculiar *adj* silloon
pedestrian *n* lugeeye
pediatrician *n* dhakhtarka carruurta
peel *v* dirid
peep *v* qishid
peer *n* asaagaa

peg *n* katabaan
pellet *n* shay kankoonsan
pelvis *n* lafa-misig
pen *n* qalin khad leh
penal *adj* ciqaab
penalize *v* ciqaabid
penalty *n* ganaax
penance *n* kafaaro-gud
pencil *n* qalin rasaas
pendant *n* koore
pending *adj* laalan
pendulum *n* walhade
penetrate *v* dhex gelin
penetrating *adj* xeel-dheer
penicillin *n* dawo anti-biyootiko ah
peninsula *n* gacan
penis *n* gus
penitence *n* shallaay
penitent *adj* ka toobad keenid
pennant *n* calan
penny *n* dhururuq
pentagon *n* shan-geesle
pent-up *adj* aamusin
people *n* dad
pepper *n* bas-baas
peppery *adj* basbaas leh
per *prep* midkiiba
per annum *adv* sannadkiiba
per capita *adj* qofkii
perceive *v* garasho
percent *adv* boqolkiiba
perception *adj* garasho
perceptive *adj* fahma badan
perch *v* nasashada shimbiraha
percolate *v* miirid
percussion *n* isku-dhac
perdentage *n* boqolleey
perennial *adj* wax aan dhammaanayn
perfect *v* hagaajin
perfection *n* heerka ugu fiican
perfectionist *n* wanaagraac
perfectly *adv* si sax ah
perform *v* fulin
performance *n* fulin hawleed
perfromer *n* jilaa
perfume *n* barafuun
perhaps *adv* laga yaabee
peril *n* khatar
perimeter *n* xudduuda geesaheeda
period *n* muddo
periodic table *n* kaltanka curiyayaasha
peripheral *adj* ugu muhiimad yar
periphery *n* gees
perish *v* dhimasho
permanent *adj* joogto ah
permanently *adv* si joogto ah
permeable *adj* gudbiye
permission *n* ogolaansho
permit *n* ogolaansho ama rukhsad
perpendicular *adj* xagal toosan ah
perpetrate *v* dembi gelid
perpetrator *n* dambiile
perpetual *adj* joogto ah
perplexed *adj* wareersan
persecute *v* cadaadin ama saxariirin
persecution *n* caddibaad
persecutor *n* dhibbane
persevere *v* u adkaysasho
persist *v* ku adkaysasho
persistent *adj* isdaba-joog ah
person *n* qof
personal *adj* shakhsi ahaaneed
personality *n* dabeecad
personally *adv* qof ahaan
personify *v* qofee
perspective *n* muuqaalka
perspiration *n* dhidid
perspire *v* dhididid

persuade *v* ku qancin
persuasion *n* qal-qaalo
persuasive *adj* qancin badan
pertient *adj* la xirira
pervasive *adj* fidi og
perverted *adj* faasid
pessimism *n* xumaan rajayn
pest *n* cayayaan
pester *v* wax weydiisasho la dhibsado
pesticide *n* sunta cayayaanka
pestle *n* kal
pet *n* xayawaanka guriga lugu rabaayadaysto
petal *n* ubaxa qaybta sare ee midabka qurxoon
petition *n* dalab
petrified *adj* argagaxsan
petrify *v* argagixin
petrol *n* baasin
petrol station *n* ceelka baasiinka laga gato
petroleum *n* saliidda ceeriin
petticoat *n* googgarad
petty *adj* in yar
phantom *n* jin
pharaoh *n* fircoon
pharmaceutical *adj* la xirira daawo samaynta
pharmacy *n* farmashiye
phase *n* marxalad
pheasant *n* digiiran
phenomenal *adj* cajiib ah
phenomenon *n* ifafaale
philosopher *n* faylasuuf
philosophical *adj* ee falsafadeed
philosophy *n* fal-safad
phlegm *n* xaako
phobia *n* cabsi cuqdadeed
phone *n* taleefoon
phonetics *n* codayn
phonograph *n* saxanka muusikada
phony *adj* been ah
photocopier *n* mashiinka warqadaha lagu sawiro
photocopy *n* nuqul ama koobbi ah
photogenic *adj* masawirada ku qurxoon
photograph *n* masawir
photographer *n* masawir-qaade
photography *n* sawirqaad
photosensitive *adj* ilays-dareeme
photostat *v* koobbi ka qaadid
photosynthesis *n* footosentisis
phrase *n* jumlo gaaban
physical *adj* muuqaal leh
physical education *n* barashada jir dhiska
physically *adv* jir ahaan
physician *n* dhaktar
physicist *n* fiisigis yaqaan
physiotherapy *n* daaweynta jirka
pick *n* shay caarad yar leh
pick up *v* soo qaadid
pickaxe *n* garweyn
pickle *n* qajaar la dhanaaniyay
pickpocket *n* jeeb siibe
picnic *n* dalxiis gaaban
pictorial *adj* ee saxiro leh
picture *n* sawirqaad
picturesque *adj* muuqaal ahaan ku habboon
pie chart *n* gooboqayb
piece *n* gabal
pierce *v* mudid
piercing *adj* aad u daran
piety *n* taqwo
pig *n* doofaar
pigeon *n* qoolleey
piggy-bank *n* lacag-dhitays

piglet *n* doofaar yar
pigmentation *n* midab
pigmy *n* xiddig-dhul
pigsty *n* xerada doofaarka
pile *n* raso
piles *n* baabasiir
pilgrim *n* xaaji
pilgrimage *n* xaj
pillar *n* tiir
pillow *n* barkin
pillowcase *n* harqadda barkinta
pilot *n* duuliye
pimple *n* fin
pin *n* musmaar yar
pin down *v* meel ku xirid
pin on *v* ku dhejin
pin up *n* masawir xiisa leh
pinch *n* qanjaruufo
pineapple *n* cananaas
ping-pong *n* kubbadda miiska
pink *n* guduud khafiif ah
pinpoint *v* tilmaamid
pinstripe *n* diilimo leh
pious *adj* taqi ah
pip *n* iniin
pipe *n* dhuun ama tuubbo
piracy *n* dhac
pistol *n* bistoolad
piston *n* bistoon
pit *n* bohol
pitch *n* heer
pitcher *n* garaafo
pitchfork *n* fargeetada beeraha
pith *n* xammeeti
pitiful *adj* naxdin leh
pity *v* u nixid
pizza *n* biisa
place *n* meel
placement *n* meelayn
placenta *n* man-dheer
placid degan
plagiarism *n* qish
plague *n* balaayo
plaid *n* fargad
plain *adj* caddaan ah
plainly *adv* cad
plait *n* tidic
plan *n* qorshe
plane *n* diyaarad
planet *n* meere
plank *n* alwaax
planner *n* qorsheeye
plant *n* dhir
plantation *n* beer
plaster *n* salaaxidda dhismaha
plastic *n* caag
plate *n* saxan
plateau *n* taag
platform *n* minbar
platinum *n* balaatiin
platter *n* xeero
play *n* ciyaar
play with *v* ku ciciyaarid
playboy *n* wiil lawfar ah
player *n* ciyaar-tooy
playful *adj* ciyaar badan
playground *n* garoon ciyaareed
playing card *n* turub
playmate *n* jaalkaa aad wada ciyaartaan
playpen *n* gal-ciyaareed
playroom *n* qol-ciyaareed
plaza *n* suuq
plea *n* tuugmo
plead *v* tuugid
pleasant *adj* raaxa leh
pleased *adj* raalli
pleasing *adj* lugu farxo
pleasure *n* farxad
pleat *v* biigooyin u yeelid

pledge *n* yabooh
plentiful *adj* aad u fara-badan
plenty *n* kifaayo ah
pliers *n* kelbed
plight *n* dhibaato
plod *v* luudid
plot *n* shirqool
plough *n* carrorrog
plow *n* makiinadda dhulka beeraha lugu carro rogo
ploy *n* khiddad
pluck *v* rifid
plug *n* guf
plug in *v* bareeso gelin
plumage *n* dhogorta shimbiraha siiba baalashooda
plumber *n* tuubbiiste
plumbing *n* dhuumaha biyaha
plummet *v* hoos u dhicid
plump *adj* cayillan
plunder *v* dhac
plunderer *n* booliquute
plunge *v* isku-tuurid
plural *adj* wadar ah
plus *n* u gee
poach *v* kar-karin
pocket *n* jeeb
pocket-money *n* xaqul-jeeb
pockmarked *adj* fadfadsan
pod *n* qalka ama isha sida digirta iwm
poem *n* gabay
poet *n* gabyaa
poetess *n* gabaydo
poetic *adj* gabay la xarriira
poetry *n* gabay
point *n* caarad
point of view *n* aragtida qofka
point out *v* tusid
point-blank *adj* toogasho
pointed *adj* fiiqan
pointless *adj* macna darro ah
poise *n* isku-kalsooni
poised *adj* heegan ah
poison *n* sun
poisonous *adj* sun leh
poke *n* ka soo taagan
poker *n* booker
polar *adj* ee cirifyada
polarity *n* liddi
pole *n* cirif
polemic *n* dood
police *n* askari
police officer *n* sarkaal boolis ah
police station *n* xerada booliska
policeman *n* nin boolis ah
policy *n* siyaasad
polio *n* dabayl
polish *v* dhalaalin
polite *adj* edboon
political *adj* ee siyaasadeed
political science *n* culuunta siyaasadda
politically *adv* siyaasad ahaan
politician *n* siyaasi
politicize *v* siyaasadayn
politicized *adj* siyaasadaysan
politics *n* siyaasad
polka dot *n* baraashirix
poll *n* cod bixinta doorashada
polling *n* doorasho
pollute *v* wasakhayn
poltergeist *n* uuman
polygamist *n* godadle
polygamy *n* dodadle-nnimo
polygon *n* shaxan ama sawir shan gees ama ka badan leh
pomegranate *n* rummaan
pomp *n* fantasyo
pompous *adj* isla-weyni

pond *n* war
ponder *v* ka baaraan-degid
pony *n* faras yar
ponytail *n* sayn-fardood u eg
pool *n* barkad
poor *adj* fakhri
poorly *adv* si xun
pop *v* shanqar yeerin
popcorn *n* salool
pope *n* baadari
poppy *n* midabbaysan
popular *adj* caan ah
popularity *n* caannimo
popularly *n* guud ahaan dadweynaha
populate *v* dejin
population *n* dad-weyne
porcupine *n* caanaqub
pore *n* dal-daloolada jirka
pork *n* hilibka doofaarka
pornography *n* masawirada qaaqaawan
porridge *n* boorash
port *n* deked
portable *adj* la qaad-qaadi karo
portal *n* ganjeello
porter *n* xammaali
portfolio *n* boorso
portion *n* qayb
portrait *n* sawir badanaa aad ugu eg qofkii la sawiray
portray *v* sawir ahaan u muujin
pose *v* si quman isu sallixid
posh *adj* heer-sare
position *n* meel
positive *adj* hubaal
positively *adv* hubaal ah
possess *v* lahaan
possession *n* lahaansho
possessive *adj* wixiisa aad ugu dhegan
possessor *n* mulkiile
possibility *n* ixtimaal
possible *adj* suuroobi kara
possibly *adv* suurto gal noqon kara
possum *n* isa-suuxin
post *n* tiir
post office *n* xafiis boosto
postal *adj* ee boostada
postbox *n* sanduuq boosto
postcard *n* kaar laysu diro
poster *n* sawirloox
posterior *n* bari
posthumous *adj* uur ku har
postman *n* boostaale
postmark *n* summad-boosto
postmaster *n* maamulaha xafiis boosto
postpaid *adv* boosto-qaddiman
postpone *v* dib-u-dhigid
postulate *v* malo-abbaarid
posture *n* qaabka jirka gofku ku sugan yahay
pot *n* ashuun
potable *adj* cabbid-gal
potato *n* baradho
potent *adj* awood leh
potential *adj* imaan kara
potentially *adv* ixtimaal ahaan
pothole *n* godade
potion *n* sharoobbo
potpourri *n* xirmo-ubax
potter *n* qofka dheriyada sameeya
pottery *n* xirfadda dheri samaynta
pouch *n* boorso yar
poultry *n* digaag
pounce *v* ku boodid
pound *n* rodol
pour *v* shubid
pout *v* af-buurid

poverty *n* saboolnimo
powdered *adj* budo ah
power *n* awood
power station *n* rugta quwadda korontada
powerful *adj* awood badan
powerless *adj* awood lahayn
practical *adj* shaqo ahaan loo qabtay
practically *adv* ugu dhawaan
practice *n* taba-bar qaadasho
practiced *adj* taba-bar qaba
pragmatic *adj* waaqici
praise *v* ammaanid
praise worthy *adj* ammaan mudan
pram *n* gaari ilmood
prance *v* afar-qaadlayn
prawn *n* jambari
pray *v* tukasho
prayer mat *n* masalle
prayer mat *n* salaad
praying mantis *n* ayeeyo lugdheer
preach *v* wacdiyid
preacher *n* daaci
preamble *n* horudhac
precaution *n* ka taxadarid
precede *v* ka hor dhicid
preciosu *adj* qiime sare leh
precipitate *v* soo da-dajin
precipitation *n* cirkasoodhac
precis *n* soo gaabsan
precise *adj* sax ah
precisely *adv* si sax ah
precision *n* saxnaan
precondition *n* shardi
predator *n* horor
predecessor *n* jago hayihii hore
predestine *v* rabbi qaddaray
predetermined *adj* horay loo gooyey
predicament *n* xaalad adag
predict *v* oddorosid
predictable *adj* la oddorosi karo
prediction *n* oddoros
preempt *v* xayirid
preface *n* gogoldhig
prefect *n* kabiir
prefer *v* ka door-bidid
preferable *adj* ka fiican
preference *n* doorsasho
prefix *n* horgale
pregnancy *n* xaammilnimo
pregnant *adj* xaammilo ah
prehistoric *adj* taariikhda ka hor
prejudice *n* iska-nebcaan ama iska jeclaan aan sabab lahayn
preliminary *n* diyaar-garoow
prelude *n* horseed ah
premarital *adj* meherka ka hor
premature *adj* aan waqtigiisii gaarin
premenstrual *adj* caadada kahor
premier *n* raysul-wasaare
preoccupied *adj* mashquulsan
prepaid *adj* qaddiman
preparation *n* diyaar-garoow
preparatory *adj* diyaar-garayn
prepare *v* diyaarin
prepared *adj* diyaarsan
prepay *v* hor-marin
preposition *n* meeleeye
prerequisite *n* shardi u ah
preschool *adj* barbarad
prescribe *v* daawo u qorid
prescribed *adj* qoran
prescription *n* rijeeto
presence *n* joogitaan
present *v* hibeyn
presentable *adj* la soo bandhigi karo
presentation *n* soo-bandhigid
presently *adv* hadda
preservation *n* ilaalin

preservative *n* kiimiko cuntada ka ilaalisa is-beddelka
preserve *v* dhawrid
preside *v* hoggaamin
president *n* madax-weyne
presidential *adj* ee madaxwayne
press *v* riixid
pressed *adj* cadaadis saaran yahay
pressure *n* cadaadis
prestige *n* haybad
prestigious *adj* ixtiraam iyo sharaf weyn leh
presumably *adv* loo qaateen ah
presume *v* si u qaadasho
presumption *n* run u qaadasho
presuppose *v* run ka soo qaadid
pretend *v* iska-yeelyeelid
pretense *n* isyeel-yeel
pretext *n* mar-marsiinyo
pretty *adj* soo jiidasho leh
prevail *v* ka gacan sarrayn
prevailing *adj* caadi
prevalent *adj* shaac ah
prevent *v* is hortaagid
prevention *n* ka hortag
preview *n* eegis
previous *adj* ee hore
previously *adv* hore
price *n* qiime
priceless *adj* aan la gooyn karin
prick *v* daloolin
prickle *n* qodax
prickly *adj* qodax leh
pride *n* sharaf
priest *n* wadaad Masiixi ah
prim *adj* dhaqan toosan leh
primarily *adv* ugu horayn
primary *adj* ee hoose
prime *adj* ugu horreeya
Prime Minister *n* raysul-wassare
prime number *n* tiro mutuxan
primitive *adj* waayadii hore
prince *n* amiir
princely *adj* ee amiirnimo
princess *n* amiirad
principal *n* maamule ama diritoor iskuul
principle *n* mabda
print *v* daabicid
printer *n* qalab
printing press *n* madbacad
prior *adj* ee hore
prior to *pref* ka hor
priority *n* mudnaan
prison *n* xabsi
prisoner *n* maxbuus
prisoner of war *n* maxbuus dagaal
privacy *n* kali ahaansho
private *adj* khaas ah
privately *adv* si gooni ah
privatize *v* shacabayn
prize *n* abaal-marin
prized *adj* qaali
probability *n* ixtimaal
probable *adj* dhici kara
probably *adv* malaha
probation *n* tijaabo gelin
probe *n* baaris
problem *n* dhibaato
procedure *n* habka wax loo qabto
proceed *v* horay u wadid
proceeds *n* dakhli lacageed
process *n* hawl socota
procession *n* isdaba-joog ah
proclaim *v* bayaamin
proclamation *n* bayaan
procrastinate *v* wahsasho
procrastination *n* wahsi
procreate *v* dhalid
procreation *n* dhalis

procure *v* helid
procurement *n* helitaan
prodigy *n* xariif
produce *v* soo saarid
producer *n* soo saare
product *n* badeeco
production *n* wax soo saar
productive *adj* wax soo saar leh
productivity *n* awooda was soo saar
profane *adj* u gefid diinta ama ilaah
profanity *n* gef ama afxumo diinta loo geysto
profess *v* caddayn
profession *n* xirfad
professional *adj* qof xirfad leh
professor *n* barafasoor
proffer *v* u soo taagid
proficient *adj* aad u yaqaan
profile *n* muuqaal dhinac ah
profit *n* faa'iido
profitability *n* faa'iido
profitable *adj* faa'iido leh
profound *adj* qoto dheer
profoundly *adv* si qoto dheeri
profundity *n* qoto dheeri
progeny *n* farcan
program *n* barnaamij
progress *n* horusocod
progression *n* horu-socodnimo
progressive *adj* horu-marsan
prohibit *v* mam-nuucid
prohibitive *adj* reebban
project *n* mashruuc
projectile *n* gantaal
projection *n* qiyaas
proliferate *v* badasho
proliferation *n* badnaan
prolong *n* sii dheerayn
prominent *adj* caan ah
promiscuous *adj* sharmuutanimo
promise *n* ballan
promising *adj* rajo fiican leh
promissory note *n* deynsheeg
promote *v* dalacsiin
promoter *n* abaabule
promotion *n* dallacaad
prompt *adj* dhakso ah
promptness halhaleel
prone *adj* dhabbac
pronoun *n* magac-u-yaal
pronounce *v* ku dhawaaqid
proof *n* caddayn
prop *v* ku tiirin
propaganda *n* dacaayad
propagate *v* tarmid
propel *v* dhaqaajin
proper *adj* munaasib
properly *adv* si habboon
property *n* hanti
prophecy *n* faal
prophet *n* nebi
proponent *n* taageere ah
proportion *n* saami
proportional *adj* saami qumman isu ah
proposal *n* qorshe
propose *v* qorshe ama talo soo jeedin
proposition *n* qawl
proprietor *n* milkile
propriety *n* anshax
prosaic *adj* liita
prosecute *v* dambi ku soo oogid
prosecution *n* ciqaab marin
prospect *n* rajo
prospective *adj* laga raja qabo
prosper *v* barwaaqoobid
prosperity *n* barwaaqo
prosperous *adj* barwaaqoobay
prostitute *n* dhillo

prostrate *adj* dhabbac
protagonist *n* taageere
protect *v* ilaalin
protection *n* ka hortag
protective *adj* ilaalin ah
protégé *n* hoos-jooge
protein *n* borotiin
protest *v* qaadicid
protocol *n* hab-maamuus
protrude *v* ka soo taagan
protrusion *n* yookaysnaan
proud *adj* isla-weyni
prove *v* caddayn
proven *adj* caddaatay
proverb *n* maah-maah
provide *v* siin
provide for *v* kaalmayn
providence *n* qaddar
provider *n* masruufe
province *n* gobol
provincial *adj* ee gobol
provision *n* wax-bixin
provisional *adj* ku meel-gaar ah
provisions *n* raashin
provoke *v* daandaan-sasho
prowess xeel-dheeri
prowl *v* ku meeraysi
proximity *n* u dhow
proxy *n* wakiil
prude *n* xishood badan
prudence *n* taxaddar
prudent *adj* indheer-garad ah
prudish *adj* dhawrsoon
prune *v* gooyn
psyche *n* ruux
psychiatrist *n* takhtar cilmi nafsi
psychic *adj* wax sheeg
psychological *adj* cilmi-nafsi la xirirta
psychologist *n* takhtarka cilmi-nafsiga
psychology *n* cilmi-nafsi
pub *n* baar
puberty *n* baaluq
pubic *adj* gumaarka la xarriira
pubis *n* gumaar
public *adj* waqaf
publication *n* faafin
publicity *n* sumcad
publish *v* faafin
publisher *n* soosaare
pudding *n* mac-macaan laga sameeyo bur
puddle *n* balli
puff *v* qiiq ama neef sii deyn
puff out *v* buufin
puffy *adj* bararsan
puke *v* matagid
pull *v* soo jiidid
pull apart *v* kala qabasho
pull away *v* dhaqaaqid
pull down *v* dudumin
pull off *v* ku guuley-sasho
pull out *v* bixid
pull over *v* waddada qarkeeda is-taajin
pull up *v* istaajin
pulley *n* khafiyad
pullover *n* funaanad dhaxameed
pulp *n* dareere
pulsate *v* garaaca wadnaha
pulverize *v* shiidid
pumpkin *n* bocor
punch *n* feer
punctual *adj* ballanta waqtigeeda yimaada
punctuate *v* astaamayn
punctuation *n* astaamayn
puncture *n* banjar
pungent *adj* moobah

punish *v* ciqaabid
punishable *adj* ciqaab leh
punishment *n* ciqaab
pupil *n* arday
puppet *n* boonbalo
puppy *n* eey yar
pupulace *n* dadweyne
purchase *v* gadasho
pure *adj* saafi ah
purely *adv* oo kaliya
purification *n* sifayn
purify *v* sifayn
purity *n* saafi
purple *adj* midab buluug madow xigeen ah
purpose *n* ujeeddo
purposeful *adj* ujeeddo cad leh
purposely *adv* si kas ah
purr *n* wirix
purse *n* boorso
pursue *v* eryasho
pursuit *n* cayro
pus *n* malax
push *v* riixid
push aside *v* gees iskadhigid
push forward *v* majiirid
put *v* dhigid
put aside *v* meel u dhigid
put back *v* dib u dhigid
put down *v* hoos u dhigid
put into *v* ku darid
put on *v* daarid
put out *v* damin
put together *v* isku-xirid
puzzle *n* xujo
puzzled *adj* wareersan
puzzling *n* wareersan
pyjamas *n* dharka hurdada
pylon *n* baalle
pyramid *n* ahraamta
python *n* jebiso

Q

quack *n* cida bolon-boolada
quad *n* dayr afar-gees ah
quadrangle *n* dyer afar-gees ah
quadrant *n* goobo rubuceed
quadrilateral *adj* afar-geesle ah
quadruped *n* afar-addinle
quadruple *v* afar-laabmid
quaff *v* qur-qurin
quagmire *n* dhooqo
quail *v* ka biqid
quake *v* gariirid
qualification *n* shuruud
qualified *adj* u qalma jago
qualify *v* u qalmid
qualitative *adj* tayo ahaan
quality *n* tayo
qualm *n* shaki
quandary *n* wareer
quantitative *adj* tiro ahaan
quantity *n* tiro
quarantine *adj* karantiil
quarrel *n* muran
quarrelsome *adj* muran badni
quarry *n* xabaal
quarter *n* rubuc
quarter final *n* is reeb-reeb
quash *v* qaadicid
quay *n* barroosin
queasy *adj* xanuunsan
queen *n* boqorad
queer *adj* cajiib
quench *v* damin
querulous *adj* cabasho badni
query *n* su'aal
quest *n* baaris
question *n* su'aal

question mark *n* calaamatu-su'aal
questioning *adj* jawaab-doon
queue *n* saf
queue up *v* saf gelid
quibble *v* murmid
quick *n* dhakhso
quick sand *n* dhooqo
quicken *v* dhakhsasho
quickly *adv* dhakhso ah
quick-tempered *adj* xanaaq dhow
quiescent *adj* degan
quiet *adj* xasillan
quietly *adv* si xasillooni ah
quill *n* baal shimbireed
quilt *n* dhiinsoole
quinine *n* kiniini
quintessence *n* tusaale fiican
quintessential *adj* asali
quip *n* hadal yar oo xiisa leh
quit *v* joojin
quite *adv* si buuxda
quittance *n* saamaxaad - ka-deyn
quiver *v* gariirid
quiz *n* kedis
quota *n* xadka la ogol yahay
quotation *n* oraah qof yiri
quotation mark *n* baraakadyada
quote *v* ka soo xigasho
quotient *n* maxsuul
Qur'an *n* Quraan

R

rabbit *n* bakayle
rabid *adj* waalli
rabies *n* bahalaw
race *n* jinsi, tartan
racetrack *n* garoon tartan
racial *adj* ee jinsiyadeed
racially *adv* jinsi ahaan
racing *n* tartamaya
racism *n* midab-kala sooc
racist *n* midab-kala sooce
rack *n* xanuun badan
racket *n* raakit
racketeering *n* mardaddabaan
rackety *adj* shanqar badan
radar *n* raadaar
radiance *n* shucaac bixin
radiant *adj* shucaacaya
radiate *v* shucaac ama hirar bixin ama sii deyn
radiation *n* shucaac
radiator *n* raayatoore
radical *adj* aasaasi ah
radical *n* kacaansan
radically *adv* si qoto dheer
radio *n* raadye
radio wave *n* mawjad raadye
radioactive *adj* kaah-fal
radiography *n* qalabka lagu sawiro raajada
radish *n* bari-guduud
radius *n* gacan
raffish *adj* silloon
raffle *n* bakhtiyaa-nasiib
raft *n* huuri
raft of *n* xaddi badan
rag *n* calal
ragamuffin *n* tir-tirre
rage *n* caro
ragout *n* suugo
ragtag *adj* maxaysato
raid *n* duullaan
rail *n* bir meel ku dhegan
rail against *v* ka-qaylin
railery *n* kaftan

railing *n* deyr ama teed biro ah
railroad *n* waddada tareenka
railway *n* tareen-mareen
railway station *n* xarunta tareennada
rain *n* roob
rainbow *n* qaansa-roobaad
raincoat *n* jaakad roobeed
raindrop *n* dhibic roob
rainfall *n* roob-da'id
rainwater *n* xareed - biyaha roobka
rainy *adj* roob badan
raise *v* sare u qaadid
raisin *n* sabiib
rake *n* faraley
rake off *v* faa'iido khayaamid
rake up *v* soo xusuusin
rally *n* bannaan-bax
ram *n, v* wan, ku dhicid
ramble *v* tamashlayn
rambling *adj* doqosh
ramification *n* laamays
ramify *v* faalalis
rampage *n* didmo
rampant *adj* baahay
rampart *n* dhufays teed
ranch *n* beer xoolaad
random *adj* nasiib ah
randomly *adv* si nasiib ah
range *n* taxan, tiiro
ranger *n* seere ilaaliye
rank *n* garaado
ranking *adj* ugu garaadda sarreeya
rankle *v* gocosho
ransack *v* fatashid
ransom *n* madaxfurasho
rant *v* si kulul u hadlid
rap *n* shanqar
rapacious *adj* ma-dharge
rape *n* kufsasho
rapid *adj* dhaksho leh
rapidity *n* deg-degsiinyo
rapist *n* kufsade
rapped *v* tumid
rapport *n* cilaaqaad
rapprochement *n* dib-usaaxiibid
rapt *adj* qushuuc leh
rapture *n* ray-rayn
rare *adj* naadir
rarely *adv* naadir ah
rareness *n* naadirnimo
rarity *n* naadirnimo
rascal *n* khaa'in
rash *adj* deg-deg ah
raspberry *n* miro guduudan oo cinabka u eg
rat *n* jiir
rate *n* sicir
rather *adv* ugu dhawaan
ratification *n* aqbalaad
ratify *v* qalinka ku duugid
rating *n* qaddarin
ration *n* raashin
rational *adj* macquul ah
rationale *n* mandaq
rationalism *n* caqli-galnimo
rationalist *n* waaqici
rationalize *v* sabab u raadin
rattle *v* shanqar yar samayn
rattle on *v* meerin
rattle through *v* ku dhakhsasho
raucous *adj* cod fool-xun leh
raunchy *adj* edeb darro ah
ravage *v* baabi'in
rave *v* khal-khalid
ravenous *adj* gaajaysan
ravish *v* xoogid
ravishing *adj* indhaha-u-roon
raw *adj* ceeriin
ray *n* fallaar-ilays

rayon *n* xariir gacmeed
raze *v* dun-dumin
razor *n* makiinad garka
reach *v* gaarid
react *v* ka ficil celin
reaction *n* ficil celin
reactionary *adj* dibu-socod ah
reactive *adj* daba-gal
reactor *n* curshe
read *v* akhri
read out *v* u-akhrin
readable *adj* la akhrin karo
reader *n* akhriste
readership *n* akhristayaal
readily *adv* diyaar u ah
readiness *n* rabitaan
reading *n* akhris
readjust *v* dib isugu-habayn
ready *adj* diyaar
ready-made *adj* diyaarsan
real *adj* dhab
real property *n* hanti maguurto ah
realign *v* dib u-habayn
realistic *adj* waaqici ah
reality *n* xaqiiqo
realization *n* rumaysasho
realize *v* garasho
really *adv* xaqiiqdii
realm *n* boqor-tooyo
reamer *n* xanaf ka jaris
reap *v* gurasho
reappear *v* dib usoo bixid
reappraisal *n* dib-u eegid
rear *n* gadaal
rearm *v* dib u-hubayn
rearrange *v* dib u-nidaamin
rearward *adj* dhanka gadaale
reason *n* sabab
reasonable *adj* macquul
reasonably *adv* si macquul ah
reasoning *n* daliil
reassure *v* shaki ka saarid
rebate *n* lacag-celis
rebel *n* fallaago
rebellion *n* fallaago
rebellious *adj* mucaarad ah
rebirth *n* dib u dhalasho
rebound *v* dib-usoo boodid
rebuff *v* ku gacan sayrid
rebuild *v* dib-u dhisid
rebuke *n* canaan
recalcitrant *adj* dhaga-adag
recall *v* xasuusasho
recant *v* garawsi
recantation *n* ka bixis
recapitulate *v* ku-celin
recede *v* dib-u laabasho
receipt *n* rasiid
receive *v* hel
received *adj* helid
receiver *n* booli qariye
recent *adj* waqti aan dheerayn
recently *adv* dhawaanahan
receptacle *n* bareeso
reception *n* soo-dhawayn
receptionist *n* soo dhaweeye
receptive *adj* maskax-furan
recess *n* fasax
recession *n* hoos-u-dhac dhaqaale
recipe *n* hab ama dariiqo wax loo sameeyo
recipient *n* qaate
reciprocal *adj* wax is-dhaafsi
recite *v* meerin
reckless *adj* taxadar lahayn
reckon *v* xisaabin
reckon on *v* ku kalsoonaan
reckoning *n* xisaabin
reclaim *v* soo sheegasho
recline *v* iskala-bixin

recluse *n* cidla joog
recognition *v* aqoonsi
recognize *v* aqoonsad
recoil *v* dib-u faagasho
recollect *v* xusuusasho
recommend *v* ku talin
recommendation *n* talo
reconcile *v* hishiin
reconcile to *v* ka qancin
reconciliation *n* jeegarayn
recondition *v* cusboonaysiin
reconnoiter *v* sahamin
reconsider *v* dib-u fakarid
reconstruct *v* dib-u-dhisid
reconstruction *n* dib u-samayn
record[1] *v* diiwaan gelin
record[2] *n* qoraal diiwaansan, darajo
record breaking *adj* rikoor-jabin
recorder *n* rikoor
recording *n* duubid
recount *v* sheegid
recoup *v* khasaaro-celin
recourse *n* kaalmaysasho
recover *v* bogsasho
recovery *n* raysasho
recreation *n* madadaalo
recruit *n* dhibbow
recruitment *n* carbis
rectangle *n* leydi
rectangular *n* leydi ah
rectify *v* sixid
rectitude *n* aaminimo
rectum *n* malawad
recuperate *v* bogsasho
recur *v* dib-u dhicid
recurrence *n* soo-noqnoqod
recurrent *adj* soo noq-noqda
recycle *v* dib-u-warshadayn
red *n* guduud
redden *v* guduudasho
redemption *n* madax-furad
redirect *v* dib u-jahayn
redo *v* dib-u-samayn
reduce *v* dhimid
reduction *n* yarayn
redundant *adj* siyaado ah
refer *v* tixraacid
referee *n* garsoore ciyaareed
reference *n* tixraac
referendum *n* afti
refine *v* sifayn
refined *adj* sifaysan
refinement *n* habka sifaynta
reflect *v* hummaag noqod
reflection *n* hummaag noqod
reflective *adj* hamminaya
reflex *n* hummaag-noqod
reforestation *n* dhirayn
reform *v* dib-u habayn ku samayn
reformation *n* dib-u habayn
refrain *v* iska-deyn
refresh *v* fir-fircooni helid
refreshment *n* cabbitaan iyo cunto fudud
refrigerate *v* qaboojin
refrigeration *n* qaboojis
refrigerator *n* tallaajad
refuge *n* hoy la magan-galo
refugee *n* qaxooti
refund *v* lacag-celin
refusal *n* diidmo
refuse *v* diidid
refute *v* beenayn
regain *v* dib-u helid
regal *adj* ee boqoreed
regard *n* tix-gelin
regarding *prep* khusaysa
regime *n* nidaam dawladeed
region *n* gobol
regional *adj* goboleed

register *n* diiwaan
registrar *n* diiwaan-haye
registration *n* diiwaan-gelin
regress *v* ka-darid
regret *v* shallayto
regular *n* joogto ah
regularly *adv* si joogto ah oo nidaamsan
regulate *v* xukumid
regulation *n* xeer
rehabilitate *v* baxnaanin
rehabilitation *n* baxnaanis
rehearsal *n* tababarasho
rehearse *v* tababar-qaadasho
reign *n* xilli xukun boqortooyo
reimburse *v* u mag-dhabid
rein *n* xakame
reinforce *v* xoojin
reinforcement *n* xoojin
reiterate *v* ku cel-celin
reject *v* qaadicid
rejection *n* qaadacaad
rejoice *v* farxad gelin
rejuvenate *v* dib-u dhalinyaraan
relapse *v* dib-u gurasho
relate *v* u sheegid
related *adj* qaraabo ah
relation *n* xiriir
relative *n* qaraabo
relatively *adv* saami ahaan
relax *v* istireexid
relaxation *n* istireex ama madadaalo
relaxed *adj* deggen
release *v* sii deyn
relent *v* soo dabcid
relentless *adj* naxariis darro
relevant *adj* la xiriira
reliable *adj* lugu kalsoonaan karo
reliant *adj* isku-hallayn
relic *n* xusuus
relief *n* raysasho
relieve *v* roonaansho
relieved *adj* nafisan
religion *n* diin
religious *adj* diineed
religiously *adv* diin ahaan
relinquish *v* samrid
relish *n* ka helid
reluctant *adj* diiddan
reluctantly *adv* si cagajiid ah
rely *v* isku-hallayn
remain *v* harid
remainder *n* haraa
remaining *adj* haraa
remains *n* hanbo
remark *n* tacliiq
remarkable *adj* mudan in la xuso
remarry *v* dib u-guursi
remedial *adj* daaweyn
remedy *n* daawo
remember *v* xusuuso
remembrance *n* xusuus
remind *v* xusuusin
reminder *n* xusuusiye
remit *v* cafin
remittance *n* lacagta la diray
remnant *n* baaqi
remorse *n* qoomamo
remote *adj* fog
remotely *adv* haba-yaraatee
removal *n* raritaan
remove *v* ka qaadid
remunerate *v* ujro-siin
remuneration *n* ujro
rend *v* kala dillaacin
render *v* u samayn
rendezvous *n* ballan dhigasho
rendition *n* jilitaan
renew *v* cusbooneysiin
renewable *adj* la cusbooneysiin karo

renewal *n* dib u cusbooneyn
renewed *adj* soo-cusboonaaday
renounce *v* ka tanaasulid
renovate *v* dib-u habayn ku samayn
renovation *v* dib-u cusboonaysiin
renowned *adj* sumcad leh
rented *adj* kireysan
renunciation *n* tanaasul
repair *v* dib-u hagaajin
repay *v* dib-u bixin
repayment *n* dib-u bixin
repeat *v* ku celin
repeated *adj* soo-noqnoqda
repeatedly *adv* in badan
repel *v* caabiyid
repent *v* ka toobad keenid
repentance *n* toobad
repentant *adj* toobad-keen
repercussion *n* raad-reeb
repetition *n* soo noq-noqod
repetitive *adv* soo noq-noqda
replace *v* meeshiisii ku celin
replacement *n* baddalaad
replay *v* dib-u ciyaarid
replenish *v* dib-u-buuxin
replica *n* nuqul asalkii oo kale ah
reply *v* jawaab-celin
report *n* war-bixin
reportedly *adv* sida la sheegay
reporter *n* wariye
represent *v* u taagan
representation *n* matalaad
representative *adj* wakiil
repress *v* cadaadin
repressed *adj* cukan
repression *n* xanibnaan
repressive *adj* cadaadis
reprimand *v* canaanasho
reproach *v* eedayn
reproduce *v* dhalid
reproduction *n* taramis
reproductive *adj* taran
reptile *n* xamaarato
republic *n* jamhuuriyad
repugnant *adj* kaaahiyo ah
repulsive *adj* laga caroodo
reputation *n* sumcad leh
repute *n* sumcad leh
reputed *adj* sida la rumaysan yahay
request *n* codsi
require *v* u baahan
requirement *n* wax loo baahan yahay
requisite *adj* daruuri ah
rerun *n* ku-celin
rescue *n* badbaado
research *n* baaris
resemblance *n* isu-ekaan
resemble *v* u ekaan
resent *v* ka xanaaqid
resentful *adj* ciil-qab
resentment *n* xanaaq
reservation *n* boos-celis
reserve *v* boos-celin
reserved *adj* u-xiran
reservoir *n* barkad
reset *v* beddelid
reside *v* degan
residence *n* degaan
resident *adj* deganaan
residential *adj* dhul degaan
residual *adj* haraa
residue *n* haraa
resign *v* is-casilid
resignation *n* istiqaalo
resilient *adj* bogsan og
resist' *v* iska caabiyid
resistance *n* caabbi
resistant *adj* caabbi
resolute *adj* go'aan adayg leh

resolution *n* qaraar
resolve *v* xallin
resort *n* meel dalxiis
resort to *v* miciinsad
resource *n* khayraad
resourceful *adj* tab iyo xeel badan
respect *v* xushmayn
respectful *adj* xushmo badan
respective *adj* midba kiisii
respectively *adv* siday isugu xigxigaan
respiration *n* neefsasho
respiratory *adj* ee neefsiga
respite *n* nasiino
respond *v* ka jawaabid
response *n* jawaab
responsibility *n* mas'uuliyad
responsible *adj* masuul
responsive *adj* jawaabi og
rest *n* nasiino
restaurant *n* baar
restless *adj* aan nasan
restoration *n* dib uhabayn
restore *v* soo-celin
restrain *v* joojin
restrained *adj* dhowrsan
restraint *n* Iska-adkaan
restrict *v* xadayn
restricted *adj* xadeysan
restriction *n* xannibaad
result *n* natiijo
resultant *adj* natiijo
resume *v* ambaqaadid
resurface *v* soo-noqod
resurrect *v* dib-usoo noolayn
resurrection *n* soo-noolaansho
retail *n* tafaariiq
retain *v* hayn
retaliate *v* ka aarsasho
retaliation *n* aarsi
retard *v* daahin
retarded *adj* caqli-dhimman
retch *v* yalaalugo
retention *n* hayn
retentive *adj* wax hayn kara
reticent *adj* aamusan
retinue *n* weheliyaal madax sare
retire *v* hawl-gabid
retired *adj* hawl-gab ah
retirement *n* hawl-gab
retract *v* ka noqosho
retreat *v* dib-u gurasho
retrieval *n* lasoo bax
retrieve *v* dib-u helid
retrospect *n* dib-u gocasho
retrospective *adj* hore
retry *v* dib u-maxkamadayn
return *v* soo noqosho
reunion *n* kulan
reunite *v* dib-u kulmid
reveal *v* sheegid
revealing *adj* muujinaya
revelation *n* kashifid
revenge *v* aarsasho
revenue *n* dakhli
revere *v* qaddarin
reverence *n* qaddarin
reversal *n* dib-u noqosho
reverse *adj* kala rogid
revert *v* dib-ugu laabasho
review *v* dib-u hubin
revise *v* dib-u hubin
revision *n* muraajaco
revival *n* soo-noolaansho
revive *v* dib-usoo noolaan
revoke *v* baabi'in
revolt *v* ku kicid
revolting *adj* laga caroodo
revolution *n* kacaan
revolutionary *adj* kacaan ah

revolve *v* wareegid
revolver *n* bistoolad
revolving *adj* ee wareegga
revulsion *n* karaahiyo
reward *n* abaal-marin
rewarding *adj* faa'iido leh
rhetoric *n* af-maalnimo
rhetorical *adj* la xadhiidha af-tahanimo
rheumatism *n* tuf
rhinoceros *n* wiyil
rhyme *n* isku dhammaad
rhythm *n* qaafiyad
rhythmic *adj* qaafiyad leh
rib *n* feer
rib cage *n* saableyda feeraha
ribbon *n* jeex maro ah
rice *n* bariis
rich *adj* taajir
riches *n* maal
richly *adv* aad
rickety *adj* doqosh ah
ricochet *v* dib u-noqod
rid *v* ***get rid of*** - ka takhalusid
riddle *n* hal-xiraale
ride *v* fuulid
rider *n* rukuub
ridge *n* fiin
ridicule *v* ku qoslid
ridiculous *adj* wax lugu qoslo ah
rife *adj* faafay
rifle *n* reyfal
rift *n* dillaac
rig *v* khiddadayn
right *n* midig
righteous *adj* taqi ah
right-handed *adj* midigle
rigid *adj* adag
rigorous *adj* taxadar leh
rim *n* qar
rind *n* diir
ring *n* far-gashi
ringleader *n* fidna-wale
rinse *v* biyo-raacin
riot *n* mudaharaad
rip *v* jeexid
ripple *n* mawjad yar
rise *v* soo bixid
risk *n* khatar
risky *adj* khatar ah
rite *n* urur
ritual *n* Isu-urur ama xaflad
rival *n* tartame
river *n* webi
riverbed *n* moolka webiga
riverside *n* qarka webiga
road *n* waddo
roadside *n* waddada geeskeeda
roadway *n* bartamaha dariiqa
roam *v* war-wareegid
roar *n* cod dheer
roast *v* dubid
rob *v* dhicid
robber *n* qofka wax dhaca
robbery *n* dhac
robe *n* qaamiis
robin *n* shaf cas
robot *n* robot
rock *n* dhadhaab
rocket *n* sayruuq
rod *n* ul
rogue *n* khaa'in
role *n* door
roll *n* duub
romance *n* qiso-jacayl
romantic *adj* ee jacayl iyo raaxa leh
roof *n* saqaf
rooftop *n* dusha saqafka
room *n* qol
rooster *n* diiq

root *n* xidid
rope *n* xarig
rosary *n* tusbax
rose *n* ubax
rot *v* qurmid
rotate *v* ku wareegid
rotation *n* wareeg
rotten *adj* qurmay
rough *adj* qalleyf ah
roughly *adj* qiyaastii
roulette *n* ciyaar khamaar
round *adj* goobaabin ah
rouse *v* kicin
route *n* jid
row *v* saf dhinac-dhinac ah
rowboat *n* huuri
rowdy *adj* buuq badan
royal *adj* boqoreed
royalty *n* boqornimo
rub *v* marmarin
rubber *n* caag
rubbish *n* qashin
rubble *n* quruurux
ruddy *adj* guduudan
rude *adj* edeb daran
rudely *adv* edeb darroab
rudeness *n* edeb-darro
rudimentary *adj* aqoonta biloowga ah
ruffian *n* gaangeystar
rug *n* sajaayad yar
rugged *adj* aan sinnayn
ruins *n* haraa burbur
rule *n* qaanuun
ruler *n* xaakim
rum *n* ruum
rumble *n* guux
rummage *v* faanbiyid
rumor *n* kutiri-kuteen
run *v* ordid
run after *v* cayr-sasho
run away *v* baxsasho
run into *v* ku dhicid
rung *n* sallaan
runner *n* ordaa
running *adj* ordaya
rupture *n* kala-jab
rural *adj* miyi
ruse *n* khatal
rush *v* deg-degid
rushed *adj* dhakhso
Russia *n* Ruush
rust *n* daxal
rustic *adj* ee miyi
rustle *v* sharqamid
rusty *adj* daxalaystay
rut *n* raad baabuur
ruthless *adj* naxariis lahayn
rye *n* sarreen

S

sabbath *n* maalin nasasho
sabbatical *adj* ee fasax
sabotage *v* curyaamin
sachet *n* kish yar
sack *v* ruqsayn
sackful *n* kiish muggiis
sacred *adj* barakaysan
sacred cow *n* karaamaysan
sacrifice *n* alabari qalid
sacrificial *adj* sadaqa ah
sacrosanct *adj* maraamaysan
sacrum *n* lafta gumaarka
sad *adj* murugaysan
sadden *v* murugo gelin
saddle *n* koore

sadism *n* qabiidnimo
sadist *n* qabiid ah
sadly *adv* si murugo leh
sadness *n* murugo
safari *n* socdaal baaddiye
safe *adj* ammaan ah
safe conduct *n* nabad-ku-mar
safeguard *v* ilaalin
safety *n* amni
safety belt *n* suunka amniga
safety pin *n* biin
saffron *n* sacfaraan
sag *v* hoos u godmid
saga *n* sheeko taxane ah
sagacious *adj* caaqil ah
sage *adj* indheer-garad
said *v* yiri
sail *n* shiraac
sailboat *n* doon shiraac leh
sailing *n* wadidda doon shiraac leh
sailor *n* bad-maax
saint *n* weli
sainthood *n* welinimo
sake *n* ajligeed
salad *n* saladh
salad dressing *n* iidaan-saladh
salaried *adj* mushaar leh
salary *n* mushaar
sale *n* jib
saleable *adj* la iibin karo
sales *adj* iibka
salesperson *n* gade
salient *adj* ka muuqda
saline *adj* cusbo leh
saliva *n* candhuuf
salivate *v* dhareerid
sally *n* weerar kadis ah
salon *n* rugta qurxinta
saloon *n* saalo
salt *n* cusbo
salt mine *n* god-cusbo
salted *v* cusbaysan
saltwater *adj* biyo cusbaysan
salty *adj* cusbaysan
salutation *n* salaan mudnaaneed
salute *v* salaan bixin
salvage *n* bad-baadinta hantida
salvation *n* bad-baadin
salver *n* sixni yar
same *adj* isku mid-ah
samosa *n* sanbuus
sample *n* muunad
sanctify *v* barakayn
sanction *n* ogolaansho
sanctity *n* barako
sanctuary *n* meel barakaysan
sand *n* cammuud
sandal *n* saandal
sandpaper *n* warqad - sulbis
sandy *adj* ciid leh
sane *adj* maskax-fayow
sanely *adv* miyir-qab ah
sang *v* heesay
sanguinary *adj* dil
sanguine *adj* guduudan
sanitary *adj* nadaafadeed
sanitation *n* nadaafad guud
sanity *n* miyir-qab
sank *v* quusay
sap *n* dheecaanka dhirta
sapling *n* geed curdan ah
sapphire *n* macdan qaali ah
sarcasm *n* kajan
sarcastic *adj* kajan ah
sardine *n* saardiin
sardonic *adj* jees-jees badan
sari *n* saari
sassy *adj* afxun
sat *v* fariistay
satan *n* shayddaan

satanic *adj* shayddaan ah
satchel *n* boorso ardey
sate *v* dhargid
satellite *n* dayax-gacmeed
satellite dish *n* saxan-gacmeed
satiate *v* dharjin
satire *n* maad
satirical *adj* ku maadsi ah
satirize *v* dacaayadayn
satisfaction *n* qanacsanaan
satisfactory *adj* raalli-gelin leh
satisfied *adj* qanacsan
satisfy *v* qancin
satisfying *adj* lugu qanci karo
saturate *v* aad u qoyn
saturated *adj* dhoshoq
saturation *n* buux-dhaaf
Saturday *n* Sabti
Saturn *n* Raage
sauce *n* suugo
saucepan *n* digsi-suugo
saucer *n* seesar
saucy *adj* af-xumo ah
saunter *v* tamashlayn
savage *adj* waxshi ah
savagery *n* waxshinimo
save *v* bad-baadin
saver *n* kaydiye
savings *n* kayd
savings account *n* xisaab-kayd
savior *n* bad-baadiye
savory *adj* dhadhamaya
savvy *adj* fariid
saw *n* miishaar
sawdust *n* xash
saxophone *n* saksoofanka codka sifeeya
say *v* dhihid
saying *n* maah-maah
scabby *adj* xinjiroowdey
scads *n* tira badan
scaffold *n* sakhaalad
scaffolding *n* dhis-jaranjaro
scailop *n* xayawaan badeed
scald *v* biyo ku gubasho
scale *n* miisaan
scalp *n* madaxa
scam *n* khayaano
scamper *v* cararid
scan *v* fiirin
scandal *n* fadeexo
scandalize *v* fadeexayn
scandalous *adj* fadeexad ah
scanner *n* muujiye
scant *adj* aad u yar
scanty *adj* xoogaa aan badnayn
scapegoat *n* tunjilic
scapula *n* kalxan
scar *n* haar
scarce *adj* naadir ah
scarcely *adv* dirqi ah
scarcity *n* naadirnimo
scare *v* baqid
scarecrow *n* qof la
scared *adj* ka baqid
scarf *n* maro luqunta lugu duubto
scarlet *adj* guduud dhalaalaya
scarper *v* cararid
scary *adj* laga baqo
scathing *adj* cay ah
scatter *v* kala fir-dhid
scattered *adj* kala firirsan
scattering *n* firdhaad ah
scavenge *n* bakhti cune
scenario *n* hannaan ama khiddad wax loo dejiyo
scene *n* meel
scent *n* caraf
scented *adj* caraf leh
sceptic *n* shakiloow

sceptical *adj* shakisan
schedule *n* jadwal
scheme *n* khiddad
schizophrenic *adj* Isku-dhexyaac maskaxeed qaba
scholar *n* caalim
scholarly *adj* waxbarasheed
scholarship *n* deeq-waxbarasho
scholastic *adj* dugsiyeed
school *n* dugsi
schooling *n* waxbarasho
schoolmaster *n* macallin-iskuul
schoolmate *n* rafiiq dugsi
science *n* cilmi
science fiction *n* khayaalka horumarka cilmiga
scientific *adj* cilmiyaysan
scientist *n* aqoon-yahan
scintillating *adj* xisa-leh
scissors *n* maqas
scoff *v* ku jees-jeesid
scold *v* xaar-xaarin
scoop *n* qaaddo
scoot *v* cararid
scooter *n* mooto-yar
scope *n* xadka
scorch *v* gubasho yar
scorcher *n* maalin kulul
scorching *adj* kulayl badan
score *n* dhibco
scorn *n* xaqirid
scornful *adj* xaqirid badan
scorpion *n* dib-qallooc
scotch *n* wiski
scotch tape *n* koollada duuban
scoundrel *n* wax-iskuma fale
scour *v* doon-doonid
scourge *n* aafo
scout *n* ilaalo
scowl *v* huruufid
scrabble *v* haab-haabasho
scraggy *adj* lafa-lafa ah
scramble *v* tafid
scrambled egg *n* ukun isku- qasan
scrambler *n* raadiye iwm
scrap *n* cad-yar
scrap heap *n* qashin-qub
scrapbook *n* buug aruuris
scrape *v* nadiifin
scratch *n* xagatin
scratch paper *n* waraaq feegaar
scratchy *adj* xoqmaya
scrawl *v* mal-maloogid
scrawny *adj* lafo-lafo ah
scream *v* cabaadid
screech *n* qaylo-dheer
screen *n* daah
screen test *n* tijaabo jilaa
screenplay *n* qoraal-sheeko
screw *n* bool
screw up *v* dhuujin
screwdriver *n* kaasha-wiito
screwed up *adj* kacsan
scribble *v* feegaarid
script *n* qoraal
scripture *n* kitaab
scriptwriter *n* allifaa filin
scrotum *n* qooro
scrub *v* xoqid ku nadiifin
scrupulous *adj* damiir fiican leh
scrutiny *n* baaris xeel-dheer
scuffle *n* dagaal
sculptor *n* farshaxan-yaqaanka wax qora
sculpture *n* far-shaxanka wax qoridda
scurry *v* cararid
scurvy *n* riyaax
seabed *n* moolka-badda
seafood *n* cunto-badeed

seahorse *n* faras-badeed
seal *n* tiimbare
sealed *adj* xiran
sealy *adj* maqaar leh
seam *n* xarriiqda tolmada
seaman *n* bad-maax
seamstress *n* harqaanley
seaport *n* deked
sear *v* gubid
search *v* raadin
seashore *n* xeebta badda
season *n* xilli
seasonal *adj* xilli ku aaddama
seasoning *n* dhirayn
seat *n* fadhi
seat belt *n* suun kursi
seaweed *n* dhirta badda hoosteeda
second *deter* labaad
secondary *adj* sare
secondhand *adj* duug ah
secondly *adv* tan labaad
secrecy *n* qarsoodi
secret *adj* qarsoodi ah
secretary *n* xog-hayn
secrete *v* qarin
secretion *n* qaris
secretive *adj* wax-qarin badan
sect *n* dariiqo
section *n* qayb
sector *n* waax
secular *adj* cilmaani
secularism *n* cilmaaninimo
secure *adj* bad-baadsan
security *n* amni
sedative *n* dejiye
sedentary *adj* ee fadhi ah
sediment *n* faar
seduce *v* shukaansasho
seduction *n* shukaansi
seductive *adj* soo-jiidasho leh
seed *n* iniin
seek *v* doon-doonid
seem *v* u eg
seenic *adj* muuqaal debiici ah
seesaw *n* leexo
segment *n* gabal
segmentation *n* kala qayb-qaybin
segregate *v* kala soocid
sehizophrenia *n* isku-dhexyaac maskaxeed
seismic *adj* ee dhul-gariir
seize *v* la qabto
seldom *adv* naadir
select *v* ka doorasho
selection *n* xulasho
selective *adj* ee la xulay
self *n* naf
self-centered *adj* anaani
self-confidence *adj* isku-kalsoon
self-confident *adj* isku-kalsoon
self-conscious *adj* qajilsan
self-control *n* iska-adkaan
self-defence *n* is-difaac
self-destruction *n* is-baabi'in
self-discipline *n* is-edbin
self-employed *adj* iskiis-u shaqaysta
self-esteem *n* qab
self-explanatory *adj* is-qeexaya
selfish *adj* anaani
selfishness *n* anaaninimo
selfless *adj* qofka dantisa ka hormariya midda dadka
self-reliant *adj* isku-kalsoon
self-respect *n* is-sharfid
self-restraint *n* iska-adkaan
self-sacrifice *n* naf-u-hurid
self-satisfaction *n* is-cajabin
self-service *adj* isku adeeg
self-sufficient *adj* isku-filan

sell *v* iibin
seller *n* gade
semantics *n* barashada macnaha ereyada
semen *n* shahwo
semester *n* simistar
semicolon *n* hakad-dhibicle
semicricle *n* goobo nuskeed
seminar *n* siminaar
senate *n* golaha odayaasha
senator *n* xil-dhibaan
send *v* dirid
senile *adj* loow-low ah
senior *adj* ee weyn
seniority *n* isyaano
sensation *n* dareen
sensational *adj* xiisa abuuraya
sense *n* dareen
senseless *adj* maalaa-yacni
senses *n* dareemayaasha
sensibility *n* shucuur
sensible *adj* macquul ah
sensitive *adj* dareen badan
sensory *adj* ee dareen leh
sensual *adj* dareen-shahwo kicin leh
sensuous *adj* raaxo u leh jirka
sentence *n* jumlad, xukun
sentiment *n* shucuur
sentimental *adj* ee shucuureed
sentinel *n* waardiye
sentry *n* ilaalo
separate *v* kala-saarid
separation *n* kalago
September *n* Seteembar
sequel *n* natiijo
sequence *n* isku-xigxiga
sergeant *n* saajin
serial *adj* taxane ah
series *n* taxan
serious *adj* dhab
seriously *adv* dhab ahaan
sermon *n* khudbo diini ah
serpent *n* nooc masaska ka mid
servant *n* adeege
serve *v* u adeegid
service *n* adeeg
servile *adj* liita
sesame *n* sin-sin
session *n* kulan
set *v* diyaarin, meel-dhigid
set aside *v* u qoondayn
set off *v* kicitimid
set up *n* aasaas
setting *n* dhicitaan
settle *v* degid
settlement *n* degaan
seven *n* toddoba
seventeen *n* toddoba-iyo-toban
seventeenth *n* toddoba iyo tobnaad
seventh *n* toddobaad
seventy *n* toddobaatan
sever *v* goyn (jarid)
several *deter* dhawr
severe *adj* daran
sew *v* tolid
sewing machine *n* harqaan
sex *n* jinsi, galmo
sex appeal *n* soo-jiidad galmo
sex drive *n* awood-kacsi
sexist *adj* xaqiraad dumar ama dumar-xaqire
sexual *adj* wasmo
sexual intercourse *n* galmo
sexuality *n* rabidda-galmada
sexy *adj* dareen kacsi abuuraya
shabby *adj* duug
shackle *n* dabar
shade *n* har
shadow *n* hoos
shadowy *adj* haraysan

shaft *n* daab sida kan faaska
shake *v* rux-ruxid
shaky *adj* gar-gariiraya
shall *v* doona
shallow *adj* gun dhow
shame *n* ceeb
shamefaced *adj* waji fiiq
shameful *adj* ceeb ah
shameless *adj* aan xishoonayn
shampoo *n* shaambo
shape *n* qaab
shaped *adj* u qaabaysan
shapeless *adj* qaab-la'aan
shapely *adj* qaab-qurxoon
share *n* saami
shark *n* libaax-badeed
sharp *adj* fiiqan
sharpen *v* afayn
sharpener *n* qalin-qor
shatter *v* bur-burid
shattered *adj* qaracansan
shattering *adj* qaracan leh
shave *v* xiirid
shawl *n* garba-saar
she *pron* ayada
sheaf *n* xirmo
shears *n* maqas weyn
sheath *n* galka toorreyda
shed *n* cariish
sheep *n* ido
sheer *adj* soocan
sheet *n* xaashi
sheikh *n* mufti
shelf *n* marfish
shell *n* qolof
shelter *n* hooy
shepherd *n* ida-jire
shield *n* gaashaan
shift *v* ka baddalid
shimmer *v* wir-wirqaya
shin *n* shansho
shine *n* dhalaalid
shiny *adj* dhalaalaya
ship *n* markab
shipment *n* xammuul
shipping *n* rar
shipwreck *n* shil-markab
shirk *v* hawl ka dhuumasho
shirt *n* shaati
shiver *v* gar-gariirid
shock *n* arga-gax
shocking *adj* naxdin leh
shoe *n* kab
shoemaker *n* kabo-tole
shoot *v* toogasho
shop *n* dukaan
shoplift *v* dukaan xadid
shopping *v* dukaamaysi
shore *n* xeebta badda
short *adj* gaaban
short cut *n* toobiye
shortage *n* yaraansho
shortcoming *n* iin
shorten *v* yarayn
shortly *adv* dhawaan
shorts *n* surweel daba-gaab ah
shortsighted *adj* arag gaaban
short-tempered *adj* cadho dhaw
shot *n* xabbad ridid
shotgun *n* buntukh
shoulder *n* garab
shoulder blade *n* kalxan
shout *n* gaylo
shove *v* ku ka-kabin
shovel *n* majarafad
show off *n* is-tustus
shower *n* qubeys
showpiece *n* bandhig
showroom *n* bandhig-badeeco
shrapnel *n* firdhaad

shrewd *adj* indheer-garad
shriek *v* cabaadid
shrill *adj* qaylo aad u darn
shrimp *n* shirimbi
shrink *v* isu-soo ururid
shrivel *v* isku-soo qonbobid
shroud *n* kafan
shrub *n* kayn ama jiq yar
shrug *v* garba-nuuxin
shudder *v* gar-gariirid
shuffle *v* baan-dhayn
shun *v* ka fogaansho
shut *v* xirid (xir)
shy *adj* xishoonaya
sibling *n* walaal
sick *adj* jirran
sickness *n* jirro
side *n* gees
sideburns *n* harreed
sidekick *n* gacan-yare
sideways *adv* dhinac-dhinac
siege *n* hareerayn
sieve *n* miire
sigh *v* neef-tuur
sight *n* araga
sightseeing *n* daawashada dalxiska
sign *n* calaamad, saxiixic
signal *n* seenyaale
signatory *n* saxiixa-yaasha
signature *n* saxiix
significance *n* ahmiyad
significant *adj* ahmiyad weyn leh
significantly *adj* si weyn
signify *v* tusin
Sikh *n* Siikh
silence *n* aamusnaan
silent *adj* aamusan
silhouẹtte *n* hummaag
silk *n* xariir
silkworm *n* dirindiir-xariireed
silky *adj* xariir ah
silly *adj* doqon
silt *n* cammuud
silver *n* qalin
silversmith *n* qalin-shube
silvery *adj* qalin ah
similar *adj* la-mid ah
similarity *n* isu-ekaansho
simile *n* is-barbar dhig
simple *adj* fudud
simplicity *n* fudayd
simplify *v* fududayn
simply *adv* si fudud
simulate *v* iska-yeelid
simultaneous *adj* isku-mar dhaca
simultaneously *adv* isla-markiiba
sin *n* dembi
since *adv* ilaal
sincere *adj* daacad ah
sincerely *adv* daacadnimo ah
sincerity *n* daacadnimo
sinful *adj* danbaab badan
sing *v* heesid
singe *v* dab-gaarsiin
singer *n* heesaa
single *adj* kali ah
single-handed *adj* nitooxsi
singular *adj* kali
sinister *adj* shar leh
sink *v* quusid
sinner *n* danbaabe
sip *v* kabbasho
sir *n* mudane
siren *n* seeri
sissy *n* naag-naag
sister *n* walaasha
sister-in-law *n* dumaashi
sit *v* fariisasho
site *n* goob
sitting room *n* qolka fadhiga

situated *adj* ku yaalla
situation *n* xaalad
six *n* lix
sixteen *n* lix-iyo-toban
sixteenth *n* lix-iyo-tobnaad
sixth *n* lixaad
sixty *n* lixdan
size *n* cabbir qiyaasta dhumucda
sizzle *v* shararaqlayn
skeleton *n* qalfoof
skeptic *n* shakiloow
skeptical *adj* shakisan
skepticism *n* shaki
skewer *n* ul-solay
skid *v* sibiibaxasho
skiing *n* ciyaarta alwaaxaas lugu sameeyo
skill *n* xirfad
skilled *adj* xirfad leh
skillet *n* birtaawo
skin *n* maqaar
skinny *adj* caato ah
skip *v* rablayn
skipping rope *n* xarig-booddo
skirmish *n* dagaal fudud
skirt *n* goonno
skit *n* shaactiro
skull *n* lafta madaxa
sky *n* cirka
skyscraper *n* dhismo-dheer
slab *cad*
slam *v* xoog u xirid
slang *n* af-suuq
slant *n* janjeera
slap *n* dharbaaxo
slapstick *n* majaajillo
slash *v* dillaacin
slaughter *v* gawricid
slave *n* addoon
slavery *n* addoonsi
slay *v* dilid
sledge *n* baabuurka barafka qaada
sleep *n* hurdo
sleepy *adj* hurdaysan
sleet *n* roob baraf wata
sleeve *n* dharka inta gacmaha daboosha
sleeveless *adj* gacmo-gaab
slender *n* caata ah
slice *n* cad
slide *v* sibiibixasho
slight *adj* yar
slightly *adv* in yar
slim *adj* caato ah
slime *n* dhooqaysan
slimy *adj* dhooqaysan
sling *v* tuurid
slip *v* sid-basho
slipper *n* dacas
slippery *adj* silito ah
slit *v* dillaacin
slithery *adj* silito ah lugu
slog *v* xoog u shaqayn
slogan *n* hal-kudheq
slope *v* jan-jeerid
sloppy *adj* qoyan
slot *n* jeexdin
sloth *n* caajisnimo
slouch *n* gebi-rogasho
slow *adj* aayar
slowly *adv* si aayar ah
slumber *n* hurdo
slur *n* tarsaas
slush *n* baraf yara dhalaalsan
sly *adj* dhagar badan
small *adj* yar
small intestine *n* mindhicirka-yar
small pox *n* furuq
smallness *n* yaraan
smart *adj* caqli-badan

smash *v* bur-burin
smashed *adj* sarkhaan
smear *v* dufnid ama wasakhayn
smell *n* ur, urin
smile *v* ilka-caddayn
smirk *v* isu-qoslid
smith *n* tumaal
smog *n* uuro
smoke *n* qiiq, sigaar cabbid
smoker *n* sigaar-yacab
smooth *adj* sulub ah
smudge *n* tir-tir ama wasakh
smug *adj* isla-fiicni
smuggle *v* kootarabaanid
snack *n* cunto-fudud
snail *n* bacool
snake *n* mas
snare *n* dabin
snarl *v* dafid
sneak *v* dhuumasho
sneaker *n* kabaha buudka ah ee ciyaaraha
sneer *v* ku qoslid
sneeze *v* hindhis, hindhiso
sniff *v* sanka neef ku soo jiidid
snigger *v* ku qoslid
sniper *n* toogte
snob *n* Isla-weyn
snore *n* khuuro
snowball *n* banooni-baraf
snowfall *n* baraf-dhac
snowflake *n* baraf qalbacle
snowstorm *n* dabayl-barafeed
snub *v* xumayn
so *adv* aad
soak *v* qoyid
soap *n* saabbuun
soar *v* duulid
sob *v* baroorasho
sober *adj* miyir-qaba
soccer *n* kubbadda cagta
social *adj* ee bulsho, bulshanimo
social science *n* cilmiga bulshada
social work *n* adeeg bulsho
social worker *n* u-adeege bulsho
socialism *n* nidaamka hanti-wadaaga
socialize *v* bulsheyn
society *n* mujtamac
sociology *n* cilmiga barashada bulshada
sock *n* sigis
soda *n* cabbitaan sida kookada
sofa *n* kursi fadhi
soft *adj* jiilicsan
soften *v* jilcin
soggy *adj* dhoshoq ah
soil *n* carro
solar *adj* ee cad-ceedda
soldier *n* askari
sole *n* cagta-cad
solemn *adj* dhab ah
solid *adj* adke
solidarity *n* midnimo
solitary *adj* keli ah
solitude *n* kelinimo
soluble *adj* mimikara
solution *n* xal
solve *v* sallin
solvent *adj* mile
somber *adj* murugaysan
some *deter* xoogaa
somebody *pron* qof
someday *adv* maalin-uun
somehow *adv* si-uun
somersault *n, v* qaalmarogad
sometime *adv* waqti-uun
sometimes *adv* mararka-qaarkood
somewhat *adv* ugu dhawaan
somewhere *adv* meel-uun

son *n* igaar
song *n* hees
sonic *adj* dhawaga la xiriira
son-in-law *n* wiilka soddoh ama soddoga loo yahay
sonorous *adj* faseex
soon *adv* si dhakhso ah
soot *n* danbas
soothe *v* dejin
soothsayer *n* uurkubbaale
sophisticated *adj* khibrad iyo ilbaxnimo sare leh
soporific *adj* lugu hurdoonayo
soppy *adj* beer-nugayl nacasnimo ah
sorcerer *n* sixiroole
sorcery *n* sixir
sore *adj* xanuunaya
sorrow *n* murugo
sorrowful *adj* murugo-leh
sorry *adj* ka xumaansho
sorry *adj* ka xumaansho
sort *n* nooc
sort *n* nooc
sought-after *adj* macduun
soul *n* nafta
soulful *adj* dareen aad u daran ka muuqdo
sound *n* cod
soundproof *adj* codma-gudbiye
soundtrack *n* hees-filin
soup *n* maraq
sour *adj* dhanaan ah
source *n* il-wax-ka soo baxaan
south *n* koonfur
southeast *n* koonfur-bari
southern *n* koonfureed
southwest *n* koonfur galbeed
souvenir *n* xusuusta wakhti hore
sovereign *n* suldaan ama boqor
sovereignty *n* qarannimo
sow *v* abuurid
space *n* meel
spacious *adj* fitaax ah
spade *n* badeel
spaghetti *n* baasto
span *n* muddo
spanner *n* kiyaawo
spare *adj* dheeraad
spark *n* dhinbil
sparkle *v* bir-birqid
sparse *adj* kala-firirsan
spasm *n* dubaaxin
spastic *adj* qallal
speak *v* hadlid
speaker *n* khudbo-jeediye
spear *n* waran
special *adj* khaas ah
specialist *n* khabiir
specialization *n* takhasus
specially *adv* gaar-ahaan
specialty *n* takhasus gaar ah
species *n* jaad
specific *adj* si cajiman
specifically *adv* si gaar ahaaneed
specification *n* tilmaamo
specify *v* cayimid
specimen *n* muunad
speck *n* bar
spectacle *n* daawasho
spectacles *n* ookiyaalayaal
spectacular *adj* heer-sare ah
spectator *n* daawade
speculate *v* qiyaasid malayn
speculation *n* aragti
speech *n* hadal, khudbo
speechless *adj* aan hadlayn
speed *adj* xawaare
spell *v* hikaadin
spelling *n* hikaad

spend *v* kharash-garayn
sperm *n* shahwo
sphere *n* goobo
spherical *adj* goobo ah
spice *n* dhirta cuntada sida xawaaj ama xawaash
spicy *adj* geedaysan
spider *n* caaro
spike *n* qodob
spiky *adj* fiiqfiiqan
spill *v* qubasho
spin *v* wareejin
spinal *adj* ee laf-dhabarta
spinal cord *adj* xangulle
spine *n* laf-dhabar
spiral *n* kor-u wareegay sanaya
spirit *n* nafta
spiritual *adj* ruuxi
spit *n* calyo
spite *n* xiqdi
splash *v* sayrin
splendid *adj* qurxoon
split *v* kala-jebin
spoil *v* kharribid
sponge *n* isbuunyo
sponsor *v* kafaala-qaadid
spontaneous *adj* lama-filaan ah
spooky *adj* argagax leh
spoon *n* qaado
spoonful *n* qaaddo-mugeed
sporadic *adj* kala-googo'an
sport *n* ciyaar
sportsman *n* ciyaar-tooy
spot *n* bar
spotless *adj* nadiif ah
spotted *adj* gaashiyeysan
spouse *n* labada is-qabta midkood
spout *v* shubmid
sprain *v* murgacasho
spray *v* buufin
spread *v* fidid
spring *n* gu
sprinkle *v* rushayn
sprint *v* ordid
sprout *v* fufid
spy *n* jaajuus
squad *n* horin
square *n* afar-gees
squash *v* buusbuusid
squat *v* kada loobsi
squawk *n* dhawaaq
squeak *n* qaylo
squeeze *v* tuujin
squirrel *n* dabaggaalle
squirt *v* butaacin
stab *v* toorayeyn
stability *n* xasillooni
stabilize *v* adkayn
stable *adj* xasillan
stack *n* raso
stadium *n* garoon ciyaareed
staff *n* shaqaale
stage *n* marxalad
stagger *v* daan-daan
stagnant *adj* fadhiya
stagnate *adj* fariisasho
stain *v* wasakhayn
stainless *adj* aan daxalaysan
stair *n* jaranjaro
staircase *n* jaranjar
stake *n* dhidib
stakeholder *n* sharad-haye
stale *adj* xumaaday
stalesman *n* siyaasi weyn
stalk *v* gaadid
stalker *n* gaadaa
stall *n* xero xooleed
stallion *n* faras qoodh ah
stamina *n* adkaysi
stammer *v* shig-shigid

stamp *n* tigidh
stampede *n* didmo
stand *v* istaagid
stand by *v* heegan u ahaansho
stand for *v* u taagan
stand out *v* waadax ah
standard *n* heer
standardize *v* isku-hab ka dhigid
standing *adj* taagan
stanza *n* beyd
stapler *n* galab-gacmeed wargadaha isku-dhejiya
star *n* xiddig
stare *v* ku dhaygagid
stark *adj* gayaxan
starlight *n* ilayska xiddigaha
starry *adj* xiddiga badan
start *v* bilaabid
startle *v* ka fiijin
starvation *n* gaajo
starve *v* gaajoonaya
state *n* xaalad
statement *n* qoraal
static *adj* neg
station *n* boosteejo
stationary *adj* taagan
stationery *n* galabka xafiisyada ee yar-yar
statistics *n* tiro-koob
statue *n* taallo
stature *n* joogga qofka
statutory *adj* sida qaanuunku qabo
staunch *adj* daacad ah
stay *v* joogid
steadfast *adj* daacad ah
steady *adj* degan
steak *n* isteeg
steal *v* xadid
stealth *n* qarsoodi
steam *n* uumi
steel *n* bir
steep *adj* jan-jeera
steeple *n* qubbad
steer *v* wadid
steering wheel *n* shukaan
stem *n* jirrid
stench *n* ur qurmuun
stencil *n* isteensal
step *n* tallaabo
stepdaughter *n* gabadha labada qof ee is-qabta midkood dhalo
stepfather *n* adeerka hooyo-qaba
stepmother *n* aayo, eeddo
stepson *n* wiika labo is qabta midkood gaar u dhalo
stereo *n* rikoor
stereotype *n* dacaayad
sterile *adj* ma dhalays ah
sterilize *v* nadiifin
stern *adj* ad-adag
steward *n* bakhaar-haye iskuul
stewardess *n* hoosteesad
stick *n* ul, kudhajin
stick out *adj* soo-baxsan
stiff *adj* adag
stiffen *v* adkaansho
stifle *v* caburid
stile *n* jaran-jar
still *adv* weli
stimulant *n* marqaan kiciye
stimulate *v* kicin
stimulus *n* dhiirri-galiye
sting *v* kaarid
stingy *adj* bakhayl ah
stink *v* qurmuun
stipulate *v* shardiyid
stipulation *n* shardi
stir *v* walaaqid
stitch *n* tolmo
stock *n* badeeco

stockbroker *n* dallaalaha saamilayaasha
stockholder *n* saamile
stockpile *v* kaydin
stocky *adj* kuusan
stoic *adj* adkaysi badni
stoke *v* hurin
stolid *adj* maahsan
stomach *n* calool
stone *n* dhagax
stool *n* ganbar
stoop *v* foororsi
stop *v* istaag
stopover *n* meel-dhaxmo
stopper *n* fur
storage *n* kayd
store *v* kaydin
storeroom *n* bakhaar
stork *n* cantalyaa
storm *n* dabayl
stormy *adj* dabayl leh
story *n* sheeko
storyteller *n* sheekeeye
stout *adj* buuran
stove *n* shoolad
straight *adj* toosan
straighten *v* toosin
straightforward *adv* si cad u hadlid
strain *v* isku-taxalujin
strained *adj* kacsan
strainer *n* mire
strait *n* biyo-mareen
strand *n* dun
stranded *adj* ku xanniban
strange *adj* silloon
stranger *n* qof qalaad
strangle *v* ceejin
strap *n* suun
strategic *adv* istiraatiiji ah
strategy *n* xeel-dagaal
stratify *v* lakabayn
straw *n* dhuun yar
strawberry *n* miro yar-yar oo guduudan, oo macaan
stray *v* habaabid
streak *n* daliig
stream *n* il
street *n* waddo
strength *n* awood
strengthen *v* xoojin
stress *n* kacsaan
stressful *adj* macsanaan maskaxeed
stretch *v* kala-bixid
stretcher *n* bareele
stricken *adj* uu asiibay
strict *adj* adag
stride *v* tallaabsi
strident *adj* cod dheer ah
strife *n* khilaaf
strike *n* shaqo-ka fariisi
striking *adj* xiiso leh
string *n* xarig
stringent *adj* aad u adag
strip *v* ka xayuubin
stripe *n* diillin midab ah
striped *adj* diillin ama daliigya leh
strive *n* ku dadaalid
stroke *v* salaaxid
stroll *v* tamashlayn
stroller *n* gaariga carruurta lugu riixo
strong *adj* xoog leh
strongly *adv* si adag
structural *adj* qaab-dhismeed
structure *n* qaab
struggle *n* halgan
stub *n* gummud
stubborn *adj* macangag
stuck *adj* xanniban
student *n* arday

studge *n* dhoobo
study *n* wax-barasho
stuff *n* walax
stuffy *adj* huur
stumble *v* jillaafood
stump *n* kurtun
stun *v* dawakhid
stunning *adj* qurxoon
stunt *n* xiisa-gelin
stupefy *v* dawakhid
stupendous *adj* cajiib ah
stupid *adj* nacas ah
stupidity *n* nacas-nimo
stupor *n* miyir-li'i
sturdy *adj* xoogan
stutter *v* shig-shigid
style *n* hab
stylish *adj* moodo ah
stylist *n* moodo-yaqaan
sub *n* guiis
subconscious *adj* garaadka dahsoon ee qofka
subdue *v* xoog kula wereegid
subject *n* mawduuc
subjective *adj.* shakhsiahaan ah
subjugate *v* la wareegid
sublime *adj* sare
submarine *adj* badda hoosteeda
submerge *v* quusid
submit *v* isu-dhiibid
subsequent *adj* ku xiga
subservient *adj* muddeec
subsidiary *adj* raacsan
subsidize *v* kabid-dhaqaale
subsistence *n* risqi
substantial *adj* adag
substantiate *v* caddayn
subtitle *n* cinwaan-labaad
subtle *adj* wax yar
subtract *v* ka jarid
suburb *n* nawaaxi
succeed *v* guuleysi
success *n* guul
successful *adj* guulevstay
such oo kale
suck *v* nuug
suckle *v* nuujin
sue *v* dacwayn
suffer *v* asiibid
sufferer *n* bukaan
suffering *n* saxariir
sufficient *adj* kaafi ah
sugar *n* sonkor
sugarcane *n* qasab
sugary *adj* sonkor leh
suicide *n* isbiimayn
suit *n* suud
suitcase *n* shandad
suite *n* cuntub
sultan *n* suldaan
sum *n* xisaab lacageed
sumble *v* faanbiyid
summary *n* kooban
summer *n* xagaa
summit *n* fiinta
summon *v* u yeerid
sun *n* qorrax
sunbathe *v* cad-ceedda isu-dhigid
Sunday *n* Axad
sunflower *n* gabal-dave
supervise *v* maaree
supervision *n* maareyn
supper *n* casho
supply *v* siin
support *v* xajin
suppose *v* filid
suppress *v* jebin
supremacy *n* sarrayn
sure *adj* hubid
surely *adj* hubaal

surge *n* mawjad
surgery *n* qalliin
surname *n* magaca
surprise *n* yaab
suspect *v* tuhmid
sustaenance *n* quud
sustain *v* xajin
swarm *n* raxan
sway *v* lulid
sweat *n* dhidid
sweep *v* xaagid
sweeper *n* xaage
sweet *adj* macaan ah
swell bararid
swelling *n* barar
swim *v* dabaalasho
swine *n* doofaar
swing *v* lulid
switch off *v* demin
switch on *v* daarid
sword *n* seef
syllabus *n* manhaj
symbol *n* summad
synergy *n* wadajir
syringe *n* silinge
syrup *n* sharoobbo
system *n* nidaam

T

table *n* miis
table manners *n* adaabta cuntada
table tennis *n* biinge
tablespoonful *n* qaaddo-mugeed
tablet *n* kiniini
taboo *n* xaaraan
tabular *adj* jadwalaysan
tachograph *n* xawaare-sheeg
tack *n* dariiq-baddalasho
tack on *v* ku daba-darid
tackle *v* moosid
tacky *adj* qaab-darro ah
tail *n* sayn
tail off *adv* yaraansho
tailbone *n* dabagibin
tailor *n* dawaarre
taint *v* hallayn
take *v* qaadasho
take after *adj* u eg
take off *v* siibid
take up *v* ka-qaadasho
takeover *v* la wareegid
talent *n* karti
talk *v* hadlid
talk show *n* barnaamij furan
talkativeness *n* hadal-badni
talker *n* af-tahan
talking to *n* canaan
talks *n* wada-hadal
tall *adj* dheer
tallow *n* xayr
tamarind *n* raqay
Tampax *n* caado-dhowr
tamper-evident *adj* furis-dhowr
tamper-resistant *adj* furis-dhowr
tampon *n* tambooni
tan *v* magdin
tangle *v* murgin
tango *n* taango
tank *n* taangi
tank top *n* garan
tank up *v* buuxi taangiga
tanker *n* booyad
tanner *n* magdiye
tantrum *n* dhirif
tap dancing *n* qoob-ka-ciyaar
tape *n* cajalad

tape measure *n* mitiriye
tape recording *n* cajal
taper off *v* sii - dhamaada
tapered *adj* dhan u dhuuban
taproot *n* jirrid
tar *n* daamur
tarantula *n* caaro
tarnish *v* daxal
tarpaulin *n* shiraac
tarry *v* daahid
tarsus *n* canqow
tartar *v* dabar
tarty *adj* dhar-dhillo
task *n* hawl
tatty *adj* tortor
tax *v* canshuurid
tax return *n* canshuur-celin
taxation *n* canshuur
taxi *n* tagsi
taxi-stand *n* boosteejo tagsi
taxonomy *n* kala-sooc
tea *n* shaah
teach *v* barid
teacher *n* macallin
team *n* koox
teammate *n* jaal
tearaway *n* rabshoole
teaser *n* xujo
technique *n* farsamo
teed off *adj* xanaaqsan
teem *v* buuxid
teeny *adj* yariis
teepee *n* khaymad
teeter *v* liic-liicid
teeth *n* ilig
telegram *n* telegaraam
telephone *n* teleefoon
telescope *n* xoqad
tell *v* sheegid
temper *n* camal
ten *n* toban
tendon *n* seed
tense *adj* kacsan
tensils *n* quman
tension *n* xiisad
term *n* muddo
terrain *n* dhul
terrorist *n* argagixiso
that *conj* kaas
then *adv* dabadeed
theory *n* aragti
therapy *n* daawayn
thermos *n* tarmuus
thinking *n* fakar
thirst *n* oon
those *pron* kuwaas
thread *n* dun
throttle *v* ceejin
throw *v* tuurid
thus *adv* sidaas
tide *n* hir
tie *n* negatiin
tiger *n* shabeel
till *conj* ilaa
time *n* waqti
tin *n* macadan
tingle *v* jiriiricood
tire *v* daalid
tissue *n* xubin
title *n* cinwaan
to *prep* ku
tobacco *n* tubaako
today *adv* maanta
toilet *n* musqul
tomb *n* xabaal
ton *n* tan
tongs *n* bir-qabto
tonic *n* tamar-siiye
tonight *n* caawa
tool *n* qalab

top *n* dusha
topic *n* mawduuc
topple *v* ridid
tornado *n* ufo
torrid *adj* kulul
toss *v* tuurid
total *n* wadar
totally *adv.* gabiba
tough *adj* adag
tourist *n* dalxiise
towel *n* shukumaan
tower *n* taallo
town *n* magaalo
toxic *adj* sun ah
trade *n* ganacsi
trader *n* ganacsade
tradition *n* dhaqan
tragedy *n* musiibo
tragic *adj* murugo-leh
trail *v* jiidid
train *n* tareen
trait *n* sifo
tramp *v* dhuukin
transfer *v* beddelid
translate *v* turjumid
trap *n* dabin
trash *n* qashin
traveller *n* socdaale
treasure *n* kayd maaliyadeed
treatment *n* daawayn
tree *n* geed
tremor *n* gariir
trench *n* xabaal
tribe *n* qabiil
trickle *v* tifgid
trim *v* habayn
trip *n* safar
triumph *n* guul
trolley *n* gaari
trophy *n* koobbe
trot *v* ruclayn
trousers *n* surweel
truly *adv* runtii
trumpet *n* turumbo
trust *n* aamin
truth *n* run
try *v* tijaabin
tub *n* baanyo
tube *n* tuubbo
tuck *v* gelin
Tuesday *n* talaado
tug *v* soo dhifasho
tumbler *n* galaas
tumult *n* bulaan
tuna *n* tuuno
turban *n* duub
turkey *n* turki
turn *v* jeedin
turtle *n* qubo
tusk *n* fool-dheer
TV *n* telefisyoon
twin *n* mataan
twinkle *v* bir-birqid
twist *v* maroojin
twisted *adj* qalloocsan
type *n* nooc
typewriter *n* teeb
typing *n* garaacis
tyre *n* shaag

U

ugly *adj* fool-xun
ulcer *n* boog
ulna *n* laf-dhundhun
ultimate *adj* ugu dambayn
ultramarine *n* buluug khafiif ah

umbilicus *n* xuddun
umbra *n* meel madow
umbrella *n* dallad
umpteen *n* fara-badan
unabashed *adj* aan xishoon
unabated *adj* aan-isdhimin
unannounced *adj* ogeysiis la'aan
unarguable *adj* sax ah
unarmed *adj* aan-hubaysnayn
unattached *adj* aan ku xirnayn
unbalanced *adj* aanmiisaaneyn
unbecoming *adj* aan la fileyn
unbeknown *n* ogaal la'aan
unbeliever *n* ma-rumaysane
unbend *v* toosin
unbidden *adj* fayoow
unborn *adj* ann-dhalan
unbridled *adj* aan xad lahayn
unbroken *adj* socda
unbuckle *v* furid
unburden *v* u-furfurmid
unchallenged *adj* aan la hor-marin
uncharitable *adj* naxariis-darro
uncle *n* adeer; abti
Uncle Sam *n* Maraykanka
unclothed *adj* qaawan
uncurl *v* fidin
undaunted *adj* aan-niyad jabin
under *adv* hoos
underachiever *n* ma-gudbe
underbelly *n* tun-jilicda
underclassman *n* arday-cusub
undercurrent *n* godob
underdog *n* itaal-yare
underdone *adj* aan la bislayn
underestimate *v* quursasho
underfoot *adv* cagta hoosteeda
undergo *v* marid
underhand *adj* qarsoodi ah
underlying *adj* aasaasi
underneath *pr* hoose
underpants *n* nigis
underpin *v* xoojin
underplay *v* yarayn
underrate *v* yaraysi
undershirt *n* garan
understand *v* fahmid
understanding *n* garasho
understate *v* wax-yar ku sheegid
undertaker *n* xabaala-qode
undertaking *n* hawlculus
undignified *adj* gurracan
undischarged *adj* aan la bixin
undisguised *adj* cad
undistinguished *adj* heer-hoose ah
undivided *adj* kulli
undo *v* furid
undress *v* qaawin
undulate *v* mawjadayn
uneasy *adj* walwalsan
uneconomic *adj* beerdaro
uneertainty *n* shaki
unequivocal *adj* aslan
unfold *v* fur-furid
unfurl *v* furfurid
unfurnished *adj* aan alaab-lahayn
ungainly *adj* gurracan
ungracious *adj* edeb-daran
unguarded *adj* aan laga-fiirsan
unhinge *v* jaah-wareerin
uniform *n* yuunifoom
uninspiring *adj* aan xiiso lahayn
unintelligible *adj* aan la fahmi karin
union *n* urur
unison *n* wadajir
unit *n* cutub
unity *n* midnimo
universal *adj* guud ahaan
university *n* jaamacad
universe *n* kawnka

unlit *adj* mugdi ah
unmentionable *adj* aan la sheegi karin
unpick *v* furfurid
unpleasant *adj* xun
unqualified *adj* aan u-qalmin
unquestionably *adv* su'aal la'aan
unreasoning *adj* sabab la'aan
unrecognized *adj* aan la-aqoon
unrefined *adj* afxaar
unripe *adj* cargo
unroll *v* kala-bixin
untie *v* furid
until *prep* ilaa-jyo
unwell *adj* xanuunsan
unwilling *adj* diiddan
unzip *v* jiin-yeer furid
up *adv* kor
upcoming *adj* soo-socda
update *v* casriyayn
uphold *v* ayidid
upper *adj* sare
upright *adj* taagan
uproot *v* rujin
upset *adj* murugeysan
upstairs *n* dabaqa kore
urban *adj* magaalo
urinate *v* kaadshid
urine *n* kaadi
user *n* isticmaale
usual *adj* caadi
utensil *n* maacuun
uterus *n* ilma-galeen

V

vacancy *n* firaaqo
vacant *adj* bannaan
vacant possession *n* degaan bannaan
vacate *v* firaaqayn
vacation *n* fasax
vacationer *n* dalxiise
vaccinate *v* tallaalid
vaccine *n* tallaalid
vacuous *adj* doqonimo
vacuum *n* hawo-kamaran
vacuum flask *n* tarmuus
vagabond *n* dowddar
vagary *adj* cajiib ah
vagina *n* still
vain *adj* is-cajabin
valance *n* sida faraqa daaha
vale *n* waadi
valediction *n* sagootis
valedictory *adj* sagootineed
validate *v* ansaxin
validity *n* ansax
valley *n* ban
valor *n* geesinimo
valuables *n* alaabo qaali ah
valuation *n* qiimayn
value *n* qiime
valuer *n* qiimeeye
vandalism *n* kharribad
vanilla *n* geed la cuno
vanish *v* librid
vanishing point *n* bar-libidh
vanquish *v* jebin
vantage *n* fursad
vapor *n* uumi
vassal *n* addoon
vat *n* jirigaan
vaunt *v* faanid
veer *v* weecin
vegetable *n* khudaar
vegetation *n* dhir

vehicle *n* gaari
vehicular *adj* ee baabuureed
veil *n* xijaab
vein *n* xididada jirka
velocity *n* xawaare
venal *n* laaluush-qaate
vend *v* gadid
vendetta *n* cadaawad
vendor *n* gade
venerate *v* qaddarin
vengeful *adj* aarsi-raba
vent *n* dalool
ventilator *n* marawaxad
venture *n* biimo
venue *n* goob
veranda *n* daarad
verb *n* fal
verbalize *v* afka-ka sheegid
verdict *n* guddoon
verification *n* xaqiiqsasho
veritable *adj* dhab ah
verse *n* beyd
versed *adj* khabiir ah
version *n* werin
vertex *n* fiinta
vertical *adj* toosan
vertigo *n* dawakhaad
very *adj* add
vessel *n* weel
vestige *n* haraa
vestigial *adj* haraa
vial *n* dhalo-yar
vibrate *v* gariirin
vibration *n* ruxasho
vice *n* fasaad
victim *n* dhibbane
victory *n* guul
vietin *n* fiyooliin
view *n* aragti
viewer *n* daawade
vigil *n* feejignaan
vigilant *adj* feeiigan
vigor *n* awood
village *n* xaafad
villain *n* cirfiid
vine *n* saar
vinegar *n* khal
vinyl *n* balaastig-adag
viola *n* kitaar
violence *n* rabsho
virgin *n* bikro
virginal *adj* bikro ahaan
virginity *n* bikranimo
virility *n* ninimo
virtual *adj* ficilahaan
virus *n* fayras
visage *n* waji
viscera *n* mindhicir
vision *n* arag
visit *v* booqasho
visitation *n* booqasho
visitor *n* dalxiise
visual *adj* aragti
vitality *n* nashaad
vitamin *n* fiitamiin
vivid *adj* cad
vocal *adj* ee codeed
vocalist *n* heesaa
vocation *n* xirfad
vocational *adj* xirfadeed
vogue *n* moodo
voice *n* cod
voice mail *n* farriin-haye
voice-less *adj* cod-xanniban
void *n* maran
volition *n* rabitin
voltage *n* maanyada danabka
vomit *v* matagid
voodoo *n* sixir
vote *n* doorasho

vow *n* nidar
vowel *n* shaqal
vulgar *adj* shaac ah
vulgar fraction *n* jajab
vulgarize *v* hallayn
vulture *n* baqalyo

W

wad *n* xirmo
wadding *n* dahaar
wade through *v* dhammayn
wafer-thin *adj* xalleefsan
waffle *n* hantaatac
waggle *v* dhaq-dhaqaajin
waif *n* dib-jir
wail *n* baroor
waist *n* sabarka
wait *v* sug
waiter *n* kabal-yeeri
waiting room *n* qolka-sugidda
waive *v* ka tanaasulid
wake *v* toosid
wakeful *adj* soo-jeeda
waken *v* kicin
waking *n* soo-jeed
walk *v* socod
walk of life *n* sida xammaali
walk off with *v* xadid
walker *n* socoto
walkie-talkie *n* halow-halow
walk-in *adj* oo la gali karo
walking papers *n* amar cayrin ah
wall *n* gidaar
wallchart *n* looxad
wallop *v* ku dhufasho
wallow *v* galan-galcayn
wanderings *n* dalxiis-gaaban
wangle *v* xeeladayn
want *v* rabid
wanted *n* la-doonayo
wants *n* baahi
war *n* dagaal
ward *n* qayb-isbitaal
ward off *v* ka-ilaalin
warden *n* ilaaliye
warehouse *n* bakhaar
warlike *adj* dagaaleed
warlord *n* dagaal ooge
warm *adj* diirran
warm up *v* qandicin
warmonger *n* fidna-wale
warn *v* u digid
warp *v* qalloocin
warrant *v* u bannayn
warring *v* dagaalamaya
wart *n* feex
war-torn *adj* rug-dagaal
wary *adj* feejigan
wash *v* dhaqid
wash out *n* fashilaad
washable *adj* dhaqmi-kara
washed-out *adj* daallan
washer *n* qasaalad
washroom *n* musqul
wasp *n* laxle
wastage *n* khasaaro
watch *v* daawasho
watch it *phr* taxadar
watch out *adj* iska-jir
watchful *adj* feejigan
water *n* biyo
water down *v* barxid
water fountain *n* oo waqaf ah
water resistant *adj* biyo-celis
water-closet *n* baanyo
watered-down *adj* barxan

waterhole *n* ceel
waterless *n* oomosoore
watermelon *n* qare
waterproof *adj* aan biyuhu-gelin
wave *v* gacan-haadin
way *n* dariiq
way out *n* illin
wayfarer *n* tub-haye
waylay *v* joojin
we *pron* annaga
weaken *v* daciifin
weakness *n* daciifnimo
weak-willed *adj* labac-labac
weal *n* dil-dilo
wealth *n* hanti
wean *v* ka-joojin
weapon *n* hub
wear off *v* suulid
wearing *adj* daal leh
weaver *n* dhar-tole
web *v* xullincarro
wedding *n* aroos
weed *n* harame
weep *v* baroorasho
weigh *v* miisaamid
weight *n* culays
welcome *v* soo-dhawayn
weld *v* alxamid
well *n* ceel
west *n* galbeed
wet *adj* qoyan
whale *n* nibiri
wharf *n* deked
what *pron* maxay
wheat *n* qamadi
wheel *n* shaag
wheeze *v* hinraagid
when *adv* goorma
where *pron* halkee
whet *v* afayn
which *pron* kee
while *n* goortii
whine *v* cabaadid
whip *n* jeedal
whirl *v* wareegid
white *adj* cad
whole *adj* dhan
wide *n* ballaar
widen *v* waasicin
widow *n* carmalo
width *n* ballac
wife *n* afo
wig *n* buruko
win *v* guuleysi
window *n* daaqad
winner *n* guuleyste
without *adv* aan-lahayn
wizard *n* saaxir
wolf *n* yeey
woman *n* naag
womb *n* ilma-galeen
wonder *v* yaabid
wood *n* alwaax
wool *n* dogor
word *n* erey
work *n* shaqo
worker *n* shaqaale
workman *n* shaqaale
workshop *n* warshad
world *n* adduun
worm *n* dixiri
worst *adj* ugu xun
wrap *v* duubid
wreck *n* qaraq
wretch *n* faqiir
wring *v* maroojin
wrist *n* curcur
write *v* qorid
writing *n* qoraal
wrong *adj* khalad

X

X out *v* isku-tallaab marin
Xerox *n* footo-koobbi
X-mas *n* ciidda kiristanka
X-ray *n* raajo
xylophone *n* qalab muustiko

Y

yahoo *n* edeb-laawe
yak *n* dibi
yap *v* xoog u gaylin
yard *n* waar
yardstick *n* halbeeg
yarmulke *n* koofi-Yahuudeed
yarn *n* liilan
yaw *v* weecasho
yawn *n* halaaqo
year *n* sannad
yearbook *n* buug-sannadeed
yearn *v* boholyoobid
yeast *n* qamiir
yell *v* qaylo
yellow *n* jaalle
yellow fever *n* indha-caseeye
yellowcard *n* jaalle
yellowy *adj* huruudi
yelp *v* dhawaaqid
yen *n* jamasho
yes *adv* haah
yes-man *n* ma-diide
yet *adv* well
yield *v* dhalid
yoga *n* hab-jimicsi
yoghurt *n* caano-fadhi ah
yoke *n* addoonsi
you *pron* adiga
young *adj* dhallinyaro
young offender *n* dambiile da'yar
youngerster *n* dhallin-yar
your *pron* kaaga
youth *n* dhallin yaro
yowl *v* cabaad
yule *n* ciidda Kiristaanka

Z

zany *adj* jaajaale
zap *v* burburin
zeal *n* xamaasad
zealot *n* xamaasadle
zebra *n* dameer-farow
zenith *n* fiinta
zero *n* eber
zero hour *n* bilowga hawl culus
zest *n* farxad sare
zigzag *n* sag-saag
zinc *n* curiye bir ah
zing *v* xuf u marid
Zionism *n* sahyuuniyad
zip *n* jiin-yeer
zip code *n* summada boostado
zipper *n* jiinyeer
zit *n* fin
zodiac *n* burji
zone *n* soone
zoninig *n* seereyn
zoom in *v* ku qabaasho masawir

SOMALI - ENGLISH

A

aabbanimo *n* paternity
aabo *n* papa
aabuteey *n* kite
aabuteey-diris *n* kite-flying
aad *adj* eminently
aad *adv* extremely
aad *adv* heartily
aad *adv* richly
aad *adv* so
aad - daran *v* jolly
aad iyo aad u yar *adj* infinitesimal
aad u adag *adj* stringent
aad u badan *n* bellyful
aad u badan *adj* inordinate
aad u daran *adj* intense
aad u daran *adj* piercing
aad u fara-badan *adj* plentiful
aad u fiican *adj* nifty
aad u fiicnaansho *n* excellence
aad u horreeya *adj* outstanding
aad u qaboow *adj* frigid
aad u qoyn *v* saturate
aad u raba *adj* desirous
aad u weyn *n* colossus
aad u weyn *adj* immense
aad u weyn *adj* massive
aad u xanaaqsan *adj* indignant
aad u xishood badan *adj* bashful
aad u xun *adj* abysmal
aad u xun *adj* disastrous
aad u xun *adj* rank
aad u xun *adj* caustic
aad u xun *adj* outrageous
aad u yaabid *v* astonish
aad u yaqaan *adj* proficient
aad u yar *adj* meager
aad u yar *pref* mini
aad u yar *adj* scant
aad u-badan *adj* galore
aad udheer *n* highrise
aad u-fiican *adj* excellent
aad uga xumaansho *v* deplore
aad uga-xanaajin *v* enrage
aad u-qabow *adj* frosty
aad u-weyn *adj* enormous
aad u-weyn *adj* formidable
aad u-weyn *adj* gargantuan
aad u-xun *adj* hellish
aad u-xun *adj* horrid
aad xoog ugu dhacdid *v* bash
aadaabta iyo dhaqan-wanaagga *n* etiquette
aadane - dad *n* humankind
aafo *n* scourge
aakhirkii *adv* eventually
aakhiro *n* here after
aalad *n* device
aalkoliste *n* alcoholic
aalkolo, *n* alcohol
aamin *n* trust
aamin-baxsan *adj* incredulous
aaminid la'aan *v* distrust
aaminimo *n* fidelity
aaminimo *n* rectitude
aamminaad *n* credence
aamminaad *n* credibility
aamusan *adj* mute
aamusan *adj* reticent
aamusan *adj* silent
aamusin *adj* pent-up
aamusnaan *n* silence
aamus-naan *n* hush
aan *adj* waterproof
aan aasaas lahayn *adj* groundless
aan alaab-lahayn *adj* unfurnished

aan badanaa dhicin *adj* infrequent
aan badnayn *adj* insubstantial
aan caadi ahayn *adj* intemperate
aan caan ahayn *adj* infamous
aan caddad lahayn *adj* incalculable
aan caqli gal ahayn *adj* incredible
aan caqli lahayn *adj* brainless
aan daacad ahayn *adj* dishonest
aan daacad-ahayn *adj* disloyal
aan dabiici ahayn *adj* artificial
aan danaynayn *adj* disinterested
aan daxalaysan *adj* stainless
aan dhammaad lahayn *adj* interminable
aan dhammaanayn *adj* endless
aan dhammaanayn *adj* infinite
aan dhib lahayn *adj* bland
aan dhiig lahayn *adj* bloodless
aan diin haysan *adj* irreligious
aan farxad lahayn *adj* joyless
aan foojigneyn *adj* inattentive
aan giima lahayn *adj* insignificant
aan hadlayn *adj* speechless
aan hadli-karin *adj* dumb
aan jixinjixin *adj* flinty
aan ka taxadarin *adj* heedless
aan kala jeclayn *adj* indifferent
aan karin *v* can't
aan karti lahayn *adj* incompetent
aan khibrad lahayn *n* inexperience
aan kibir badnayn *adj* humble
aan ku filnayn *adj* inadequate
aan ku filnayn *adj* insufficient
aan ku habboonayn *adj* inapplicable
aan ku xirnayn *adj* unattached
aan la arki karin *adj* invisible
aan la bislayn *adj* underdone
aan la bixin *adj* undischarged
aan la cabbiri karin *adj* immeasurable
aan la cuni karin *adj* inedible
aan la dajin karin *adj* implacable
aan la fahmi karin *adj* incomprehensible
aan la fahmi karin *adj* unintelligible
aan la fileyn *adj* unbecoming
aan la gooyn karin *adj* priceless
aan la hor-marin *adj* unchallenged
aan la hubin *adj* iffy
aan la isticmaali karin *adj* invalid
aan la maqli karin *adj* inaudible
aan la mari karin *adj* impassable
aan la ogolayn *adj* inadmissible
aan la qalloocin karin *adj* inflexible
aan la sheegi karin *adj* unmentionable
aan la tijaabin karin *adj* impractical
aan la tirin karin *adj* innumerable
aan la xallin karin *adj* insoluble
aan la yeeli karin *adj* incapable
aan la-aqoon *adj* unrecognized
aan laga-fiirsan *adj* unguarded
aan la-xiriirin *adj* extraneous
aan le'ekayn *adj* disproportionate
aan loo cududaari karin *adj* inexcusable
aan loo dulqaadan karin *adj* intolerable
aan macquul ahayn *adj.* absurd
aan mas'uul ahayn *adj* irresponsible
aan midab lahayn *adj* colorless
aan munaasib ahayn *adj* inappropriate

aan nasan *adj* restless
aan noolayn *adj* inanimate
aan qaan gaar ahayn *adj* immature
aan qaybsami karin *adj* indivisible
aan rasmi ahayn *adj* informal
aan saafi ahayn *adj* impure
aan sax ahayn *adj* inaccurate
aan sax ahayn *adj* incorrect
aan shaki geli karin *adj* indubitable
aan shaqaynayn *adj* inactive
aan shaqaynayn *n* malfunction
aan shaqo hayn *adj* idle
aan sinnayn *adj* rugged
aan suurtagal ahayn *adj* impossible
aan toos ahayn *adj* indirect
aan u-qalmin *adj* unqualified
aan ur lahayn *adj* odorless
aan wada jiri karin *adj* incompatible
aan wanaag soo wadin *adj* bleak
aan waqtigiisii gaarin *adj* premature
aan xabbadu karin *adj* bullet-proof
aan xad lahayn *adj* boundless
aan xad lahayn *adj* indefinite
aan xad lahayn *adj* unbridled
aan xadaysneyn *adj* limitless
aan xiiso lahayn *adj* uninspiring
aan xishoon *adj* unabashed
aan xishoonayn *adj* shameless
aan xog-ogaal ahayn *n* outsider
aan xurmo lahayn *adj* disreputable
aanbalaas *n* ambulance
aan-caadi ahayn *adj* extraordinary
aan-hubaysnayn *adj* unarmed
aan-isdhimin *adj* unabated
aan-lahayn *adv* without
aanmiisaaneyn *adj* unbalanced
aan-niyad jabin *adj* undaunted
aargo *n* arcade
aarsasho *v* revenge
aarsi *n* retaliation
aarsi-raba *adj* vengeful
aaryayn *v* aerate
aaryo ama naqas-bixin *v* deflate
aaryo-qaadasho *n* excursion
aas *n* burial
aas madoobaad *n* dusk
aasaas *n* footing
aasaas *n* foundation
aasaas *n* grounding
aasaas *n* keystone
aasaas *n* set up
aasaase *n* founder
aasaasi *adj* essential
aasaasi *n* fundamental
aasaasi *adj* underlying
aasaasi ah *adj* radical
aasaasid *v* establish
aasaasid *n* establishment
aasbiriin *n* aspirin
aashito *n* acid
aashito jeermiska dile ah *n* carbolic acid
aasid *v* bury
aaska qof dhintay *n* funeral
aayar *adj* slow
aayar u hadlid *v* drawl
aayo, eeddo *n* stepmother
ab *n* forefather
abaaabulan *adj* organized
abaabule *n* promoter
abaabulid *v* organize
abaal-marin *n* award
abaal-marin *n* prize

abaal-marin *n* reward
abaar *n* drought
abad *adv* ever
abad *adv* forever
abbaanduule *n* commander
abeer *n* heifer
abjured *v* abjure
Abriil *n* april
abtirsiinyo *n* lineage
abtir-siinyo *n* genealogy
abur *n* froth
abur-leh *adj* frothy
abuurid *v* implant
abuurid *v* sow
abuurid *v* sow
abuuris *n* creation
adaabta cuntada *n* table manners
ad-adag *adj* lumpy
ad-adag *adj* stern
adag *adj* concentrated
adag *adj* firm
adag *adj* hard-and-fast
adag *adj* rigid
adag *adj* stiff
adag *adj* strict
adag *adj* substantial
adag *adj* tough
add *adj* very
add u cad *adj* lily-white
add u danaynaya *adj* keen
add u xun *adj* lousy
addeecid *v* comply
addeecid *v* obey
addeecis *n* compliance
addeecsan *adj* compliant
addin *n* limb
addin-dabaaleed *n* flipper
addoomin *v* enslave
addoon *n* slave
addoon *n* vassal
addoonimo *n* bondage
addoonsi *n* slavery
addoonsi *n* yoke
adduun *n* world
adeeg *n* service
adeeg bulsho *n* social work
adeegaha rakaabka diyaaradda *n* flight attendant
adeege *n* flunkey
adeege *n* servant
adeegga guriga sida *n* groceries
adeegto *n* housekeeper
adeegto *n* maid
adeer; abti *n* uncle
adeerka hooyo-qaba *n* stemfather
adiga *pron* you
adkaansho *v* coagulate
adkaansho *v* congeal
adkaansho *v* gel
adkaansho *v* jell
adkaansho *v* stiffen
adkasysi *n* endurance
adkayn *v* clamp down
adkayn *v* consolidate
adkayn *v* stabilize
adkaysi *n* fortitude
adkaysi *n* stamina
adkaysi *adj* stoic
adke *adj* solid
adkeeye *n* intensifier
af guri *n* colloquial
af muggiis *n* mouthful
afar-addinle *n* quadruped
afar-gees *n* square
afar-geesle ah *adj* quadrilateral
afar-laabmid *v* quadruple
afar-qaadlayn *v* prance
afartan *n* forty
afayn *v* sharpen
afayn *v* whet

af-buurid *v* pout
af-celin *n* back talk
af-dhuub *n* gar
afduub *v* abduct
af-duube *n* hijacker
af-duube *n* kidnapper
af-duubid *v* hijack
af-duubid *v* kidnap
af-duubis *n* kidnapping
af-gaabni *adj* curt
af-gambin *v* overthrow
af-garad *n* password
af-genbi *n* coup
af-guri *n* accent
afjaxuun *adj* inarticulate
afka hooyo *n* mother tongue
afka hooyo *n* mouth
afka ku mudid *v* peck
afka-ka sheegid *v* verbalize
afku kaa xado *v* blurt
afla *adj* blunt
af-maalnimo *n* rhetoric
af-macaan *adj* honeyed
af-maldahid *n* allegory
af-miinshaar ah *adj* glib
afo *n* wife
af-qareen *n* legalese
afraad *deter* fourth
Afrika *n* Africa
af-shareer gaas *n* gas mask
af-suuq *n* slang
af-tahan *n* orator
af-tahan *n* talker
af-tahan ah *adj* eloquent
af-tahanimo *n* elocution
af-tahanimo *n* eloquence
after *n* four
after iyo toban *deter* fourteen
afti *n* referendum
afuufid *v* blow
afxaar *adj* unrefined
af-xumo *adj* abusive
af-xumo ah *adj* saucy
afxun *adj* sassy
agaasime *n* director
agoon ah *adj* fatherless
agoon ama rajay *n* orphan
agoonimo *n* orphanage
ahaa *v* been
ahaan *v* be
ahbal ah *adj* idiotic
ahmiyad *n* significance
ahmiyad weyn leh *adj* significant
ahmiyad yar *adj* minor
ahmiyad-siin *n* consideration
ahmiyad-siin *v* interest
ahraamta *n* pyramid
ajligeed *n* sake
ajnabi *adj* foreign
ajnabi *n* foreigner
akhbaar *n* bulletin
akhbaar-cusub *adj* late-breaking
akhlaaq *n* conduct
akhlaaq darro *adj* immoral
akhlaaq-xun *adj* dissolute
akhri *v* read
akhris *n* reading
akhristayaal *n* readership
akhriste *n* reader
alaab carruureed *n* layette
alaab qadiim ah oo aan saas suuqa looga helin *adj* antipode
alaab qadiim ah oo aan saas suuqa looga helin *n* antique
alaabada cuntada *n* crockery
alaabada yar-yar *n* outfit
alaab-dhaqe *n* dish washer
alaab-dhigid *v* furnish
alaabo qaali ah *n* valuables

alabari qalid *n* sacrifice
alarjiyo leh *adj* allergic
albaab *n* door
albeergo *n* motel
alifbeeto sida *n* alphabet
alkun *n* fiance
alkun *n* fiancee
allifaa filin *n* scriptwriter
all-rounders *adj* all-round
alwaax *n* board
alwaax *n* lumber
alwaax *n* plank
alwaax *n* wood
alwaaxda geedkaas *n* larch
alwaax-qoris *n* fretwork
alxamid *v* weld
ama *conj* or
ama kala bixin *n* calyx
ama si kadis ah *adj* adventitious
ama xero dhiig *n* abattoir
amakaag *n* amazement
amakaagid *v* bemuse
amal-gamates *v* amalgamate
amar *n* command
amar *adj* edict
amar *n* injuction
amar badan *adj* overbearing
amar cayrin ah *n* walking papers
amar ku bixin *v* authorize
amar sare ku nasakhid *v* overrule
amar-burin *v* countermand
amar-culus *n* fiat
amar-diid ah *adj* insubordinate
amar-diidmo *n* insubordination
amar-diido *n* disobedience
amar-kutaaglayn *n* despotism
amar-kutaaglayn badan *adj* imperious
amar-siin *n* mandate
ambaqaadid *v* resume
amiir *n* emir
amiir *n* prince
amiirad *n* princess
ammaan *n* flintlock
ammaan ah *adj* safe
ammaan mudan *adj* commendable
ammaan mudan *adj* creditable
ammaan mudan *adj* praise worthy
ammaanid *v* commend
ammaanid *v* eulogize
ammaanid *v* exalt
ammaanid *v* praise
ammaano *n* fiduciary
amni *n* safety
amni *n* security
amooniya *n* ammonia
anaani *adj* egocentric
anaani *n* egoist
anaani *n* individualist
anaani *adj* self-centered
anaani *adj* selfish
anaaninimo *n* selfishness
anaani-nimo *n* egoism
anaani-nimo *n* egotism
aniga *pron* me
annaga *pron* we
annaga laftigayaga *pron* ourselves
ann-dhalan *adj* unborn
ansalaato *n* lettuce
ansax *n* validity
ansaxin *v* validate
anshax *n* discipline
anshax *n* morality
anshax *n* propriety
anshax la xarriira *adj* disciplinary
anshaxa-guud *n* ethic
aqbalaad *n* ratification
aqbalaad ama ogolaansho *n* acceptance

aqlibiyad *n* majority
aqoolid *v* cater
aqoon *n* erudition
aqoon *n* knowledge
aqoon *n* learning
aqoon darro *n* illiteracy
aqoon u leh *adj* knowledgeable
aqoon-leh *adj* enlightened
aqoon-luqadeed oo sare *adj* idiomatic
aqoonsad *v* recognize
aqoonsanaan *adj* aware
aqoonsi *n* identification
aqoonsi *n* identity
aqoonsi *v* recognition
aqoonsiin *v* identify
aqoonta biloowga ah *adj* rudimentary
aqoon-yahan *n* scientist
arag *n* eyesight
arag *n* vision
arag gaaban *adj* shortsighted
araga *n* sight
arag-beel *n* glaucoma
aragti *n* speculation
aragti *n* theory
aragti *n* view
aragti *adj* visual
aragti gaaban *adj* near-sighted
aragtida qofka *n* point of view
aragti-fiiqan *adj* eagle-eyed
arax *adj* dorsal
arax-daaco *n* lordosis
arbushaad *n* disquiet
arbushaad *n* disturbance
arbushid *v* bother
arday *n* pupil
arday *n* student
arday-cusub *n* underclassman
argagax *n* consternation
argagax *n* duress
argagax *n* fright
argagax *n* panic
arga-gax *n* shock
argagax leh *adj* spooky
argagax-ley *adj* frightful
argagaxsan *adj* petrified
argagixin *v* frighten
argagixin *v* horrify
argagixin *v* intimidate
argagixin *v* petrify
argagixiso *n* terrorist
argoosto *n* lobster
ariga *n* angora
arji *n* application
arji u qorasho codsi u gudbin *v* apply
arkid *v* discern
arkitakt *n* architect
armaajada *n* filing cabinet
armaajada buugta *n* book case
armaajo *n* closet
armaajo *n* cupboard
armaajo *n* linen cupboard
aroos *n* wedding
arrin *n* affair
asaag *n* coercion
asaagaa *n* peer
asaasaq *n* dotage
asaga *pron* him
asal *n* genesis
asal *adj* inherent
asal *n* origin
asal ah *adj* original
asal ahaan *adv* basically
asal u-noqosho *n* atavism
asal-ahaan *adv* literally
asali *adj* quintessential
asal-raac *n* fundamentalist
asal-raac *adj* orthodox

ashansoore *n* derrick
ashansoore *n* lift2
ash-ash badan *adj* finicky
ash-ash badan *adj* fussy
ashuun *n* pot
asiibid *v* suffer
askarayn *n* enlistment
askari *n* police
askari *n* soldier
askari ku qasbid *v* conscript
aslan *adj* unequivocal
aslanba *adv* categorically
asluub iyo xushmad leh *adj* gracious
astaamayn *v* punctuate
astaamayn *n* punctuation
astaan *kn* emblem
astaan *n* herald
astaan *n* insignia
astaan burji *n* mascot
asxaan badan *adj* charitable
asxaan samayn *v* oblige
atam *n* atom
atom bombș *n* atom bomb
aweyti - inkaar *n* malediction
awood *n* capability
awood *n* vigor
awood ama xukun *n* authority
awood badan *adj* powerful
awood darro *adj* impotent
awood la'aan *n* inability
awood lahayn *adj* powerless
awood leh *adj* potent
awood leh *n* power
awood oo dhan leh *adj* almighty
awood quwad *n* strength
awood sare *n* omnipotence
awood shaqaale *n* manpower
awood siin *v* capacitate
awood u siin *v* empower
awood u -siin *v* enable
awood weyn *adj* mighty
awood xukun *adj* authoritative
awooda was soo saar *n* productivity
awood-darro *n* incapacity
awoodi kara *adj.* able
awoodi kara *v* afford
awoodi kara *adj* capable
awood-kacsi *n* sex drive
awood-saarid *v* exert
awood-xirfadeed *n* competence
awoowayaasha qof ku abtirsado *n* ancestor
awoowe *n* grandfather
awoowe ama ayeeyo *n* grandparent
Axad *n* Sunday
axal-dhiiga *n* dysentery
axmaq *adj* brutal
axmaq *n* duffer
axmaq *adj* ninny
axmaq ah *adj* indiscreet
axmaqnimo *adj* daffy
axmaqnimo *n* indiscretion
ayaamahaan dambe *adv* lately
ayaan daran *adj* ill-fated
ayada *pron* she
ayax *n* locust
ayeeyo *n* grandmother
ayeeyo lugdheer *n* praying mantis
ayidaad *n* endorsement
ayiddi ama ogolaansho *v* endorse
ayidid *v* corroborate
ayidid *v* uphold

B

baaba *n* destruction
baaba *n* devastation
baaba *n* havoc
baabasiir *n* piles
baabi'in *v* devastate
baabi'in *v* obliterate
baabi'in *v* ravage
baabi'in *v* revoke
baabi'in,xasuuqid ama tirtirid *n* annihilate
baabi'iye *n* destroyer
baabuur (gaari) *n* auto
baabuur boolis *n* paddy wagon
baabuur meel dhigasho *n* parking
baabuur weyn *n* lorry
baabuur-gaab *n* low-rider
baabuurka barafka qaada *n* sledge
baabuurka dab-damiska *n* fire engine
baabuurka meydka lugu qaado *n* hearse
baacin *v* brandish
baad *n* extortion
baad *n* hush money
baadari *n* ecclesiaastic
baadari *n* pope
baadi *n* lost property
baahan *adj* famished
baahan *adj* hungry
baahan *adj* needy
baahay *adj* rampant
baahi *n* need
baahi *n* wants
baahis *n* dissemination
baahsan *adj* far-flung
baajin *v* call off
baakad *n* packet
baal shimbireed *n* quill
baalasha-isha *n* eyelashes
baaldi *n* bail
baaldi *n* bucket
baaldi *n* pail
baaldi-muggiis *n* pailful
baalkaa-biyood *n* dragonfly
baalle *n* pylon
baaluq *n* puberty
baaluqnimo *n* maturity
baanasho *n* after-care
baan-dhayn *v* shuffle
baanyo *n* tub
baanyo *n* water-closet
baaq *n* cue
baaq sir ah *n* code
baaqi *n* remnant
baaqiga qaado *phr* keep the change
baaquli *n* bowl
baar *n* pub
baar *n* restaurant
baarashuud *n* parachute
baarid *v* ferret
baarid *v* inspect
baarid *v* investigate
baaris *n* check
baaris *n* inspection
baaris *n* probe
baaris *n* quest
baaris *n* research
baaris xeel-dheer *n* scrutiny
baaritaan *n* inquisition
baaritaan *n* investigation
baaritaan ama kala dhig-dhigid *n* analysis
baarlamaan *n* parliament
baaruud *n* gunpowder

baasaboor *n* passport
baashaal *n* pastime
baasiin *n* gasoline
baasin *n* petrol
baaskiil *n* bicycle
baaskiil *n* bike
baasto *n* pasta
baasto *n* spaghetti
baasto makarooni *n* macaroni
baaxad weyni *n* immensity
baayactan *n* bargain
Baaybal *n* Luke
babaay *n* papaya
babasho *v* flap
babbasho *v* flutter
bacadle *n* bazaar
bacool *n* snail
bacramin *v* fertilize
bacrin ah *adj* fecund
bacrin ah *n* fecundity
bacrin ahaanshaha *n* fertility
bad *n* seenic
bad maquure *n* auqanaut
badan *adj* considerable
badan *n* lot
badan *deter* many
badan *adj* numerous
badanaa *adv* mostly
badanaa *adv* much
badanaa *adv* often
badar *n* grain
badasho *n* accretion
badasho *v* proliferate
bad-baadin *n* deliverance
bad-baadinta hantida *n* salvage
bad-baadinta hantida *n* salvation
bad-baadinta hantida *v* save
bad-baadiye *n* lifesaver
bad-baadiye *n* savior
badbaado *n* rescue
bad-baadsan *adj* secure
badda hoosteeda *adj* submarine
baddal u ah *n* counterpart
baddalaad *n* conversion
baddalaad *n* replacement
baddal-keedii *n* lieu
badeeco *n* commodity
badeeco *n* merchandise
badeeco *n* product
badeeco *n* stock
badeel *n* spade
badelid ama isbadelid *v* alter
badhan *n* button
badin *v* pad out
bad-maax *n* sailor
bad-maax *n* seaman
badnaan *n* proliferation
bad-weyn *n* ocean
baga *n* hooray
baga *(inter)* hurray
bahal weyn oo Maraykanka laga helo oo xamaaratada lugu tiriyo *n* alligator
bahal xajmi wayn oo dab neefsada *n* dragon
bahalaw *n* rabies
bahalow *n* hydrophobia
bahal-yar *n* guinea pig
bajin *v* affright
bajin *n* deterrent
bakayle *n* coney
bakayle *n* leveret
bakayle *n* rabbit
bakhaar *n* depot
bakhaar *n* pantry
bakhaar *n* storeroom
bakhaar *n* warehouse
bakhaar-haye iskuul *n* steward
bakhayl *n* miser
bakhayl *adj* miserly

bakhayl ah *adj* stingy
bakhshiish *n* gratuity
bakhti *n* carrion
bakhti cune *n* scavenge
bakhtiyaa-nasiib *n* lottery
bakhtiyaa-nasiib *n* raffle
balaastig-adag *n* vinyl
balaatiin *n* platinum
balaayo *n* plague
balal *n* flare
balanbaalis *n* butterfly
ballaar *n* wide
ballaaran *adj* catholic
ballac *n* width
ballan *n* promise
ballan dhigasho *n* rendezvous
ballanqaad *n* assurance
ballanqaad *n* commitment
ballanqaad guur; siin *v* betroth
ballanta waqtigeeda yimaada *adj* punctual
ballaqan *adj* agape
balli *n* puddle
bam *n* bomb
bam qarxa *n* bombshell
ban *n* valley
bandhig *n* showpiece
ban-dhig *n* exhibition
ban-dhig *n* introduction
bandhig-badeeco *n* showroom
bandow *n* curfew
bangalo *n* bungalow
bangi *n* bank
banjar *n* puncture
banjarid *v* blow out
bannaan *adj* blank
bannaan *n* grounds
bannaan *adj* hollow
bannaan *adj* vacant
bannaan-bax *n* rally
bannaanka *n* forecourt
bannaanka *adj* outdoor
bannayn *v* clear away
bannayn *n* clearance
banooni-baraf *n* snowball
baqal *n* mule
baqalyo *n* vulture
baqanaya *adj* afraid
baq-baqaaq *n* parrot
baqdin leh *adj* eerie
baqdin-la'aan *adj* dauntless
baqdin-la'aan *n* impunity
baqid *v* scare
bar *n* blotch
bar *n* fleck
bar *n* mole
bar *n* speck
bar *n* spot
bar kafee ah *n* freckle
baraakadyada *n* quotation mark
baraashirix *n* marking
baraashirix *adj* opalescent
baraashirix *n* polka dot
baradho *n* potato
baradho shiilan *n* French fries
baraf *n* ice
baraf *n* show
baraf daboolo *v* ice over
baraf ka qaadid *v* defrost
baraf ku-dul orod *v* ice-skate
baraf la-xiriira *adj* glacial
baraf qalbacle *n* snowflake
baraf yara dhalaalsan *n* slush
barafasoor *n* professor
baraf-dhac *n* snowfall
baraf-diid *n* antifreeze
barafoobid *v* freeze
baraf-qulqulaya *n* glacier
baraf-sabbaynaya *n* floe
barafuun *n* perfume

baragaraat *n* paragraph
bara-kac *n* displacement
barakayn *v* sanctify
barakaysan *adj* holy
barakaysan *adj* sacred
bara-kaysnaan *n* holiness
bara-kicin *v* displace
barako *n* sanctity
baralaays *n* paralysis
barar *n* swelling
bararid *v* distend
bararid *n* distension
bararid swell
bararsan *adj* puffy
barasaab *n* governor
barasha qadiimiga *n* archaeology
barashada jir dhiska *n* physical education
barashada macnaha ereyada *n* semantics
barashada makaanikada *n* mechanics
bara-tamid *v* compete
barax *n* dilution
barbarad *adj* preschool
barbarooni - khudrad *n* green pepper
bar-barro ah *adj* parallel
bar-dhammaadka safarka *n* destination
bar-doodamid *v* frolic
bardoodan-badan *adj* frisky
bareeg *n* brake
bareeg-gacmeed *n* handbrake
bareele *n* stretcher
bareeso *n* receptacle
bareeso gelin *v* plug in
bari *n* east
bari *n* posterior
barid *v* teach
barida *n* buttock
bariga *adj* eastern
bariga Aasiya *n* orient
Bariga Dhexe *n* Middle East
bari-guduud *n* radish
bariis *n* rice
barinimo *n* innocence
baris *n* induction
barkad *n* reservoir
barkad *n* pool
barkin *n* headrest
barkin *n* pillow
barkin dheer *n* bolster
bar-kulan *n* juction
bar-libidh *n* vanishing point
barmiil *n* cask
barnaamij *n* program
barnaamij furan *n* talk show
baroor *v* learn
baroor *n* wail
baroorasho *v* mourn
baroorasho *v* sob
baroorasho *v* weep
baroor-diiq *n* mourning
barqo *n* forenoon
barroosin *n* quay
barta-bartamaha *n* focal point
barta-bartamaha *n* focus
bartamaha *prep* amid
bartamaha *pref* midst
bartamaha *n* nucleus
bartamaha dariiqa *n* roadway
bartamaha shaagga *n* hub
bartanka *n* centre
barwaaqoobay *adj* prosperous
barwaaqoobid *v* prosper
barwaaqoobid *n* prosperity
bar-waaqosooranka *n* commonwealth
barxan *adj* watered-down

barxid *v* adulterate
barxid *v* dilute
barxid *v* water down
baryid *v* beg
bas *n* bus
bas yar *n* minibus
basaas *n* informer
basaasan *adj* chapped
basaas-nimo *n* espionage
basal *n* onion
bas-baas *n* pepper
bas-baas guduud *n* paprika
basbaas leh *adj* peppery
bas-bass *n* chili
bashaash *adj* outgoing
bashin-dhawr *n* lip balm
batante *n* patent
batari *n* battery
batiikh *n* cantaloupe
batiikh *n* melon
baxnaanin *v* rehabilitate
baxnaanis *n* rehabilitation
baxsade *n* defector
baxsasho *n* defection
baxsasho *v* get away
baxsasho *v* run away
bax-sasho *v* elude
bax-sasho *v* escape
bayaamin *v* proclaim
bayaan *n* proclamation
bayaan ahaansho *n* clarity
bay'ada aad ku nooshahay *n* ambience
bayloot *n* aviator
beddelaad *v* change
beddelid *v* reset
beddelid *v* transfer
been *adj* faithless
been *n* hoax
been ah *adj* bogus
been ah *adj* phony
been sheegaya *v* lying
been-abuur *adj* counterfeit
been-abuurid *v* falsify
beenayn *v* disprove
beenayn *v* refute
beenin *v* deny
beenloow *n* liar
been-sahlan *n* fib
beer *n* field
beer *n* garden
beer *n* plantation
beer ama cilmiga beeraha *n* agriculture
beer waraab *n* irrigation
beer waraabin *iri-geyt* irrigate
beer xoolaad *n* ranch
beeraleey *adj* peasantry
beer-darayn *adj* extravagant
beerdaro *adj* uneconomic
beer-falasho *n* farming
beer-fale *n* peasant
beer-jiko *n* kitchen garden
beer-kutaal - xammeeti *n* gall bladder
beer-nugayl nacasnimo ah *adj* soppy
beertii bebi Aadan *n* Eden
beer-yaro *n* pancreas
beri ah *adj* innocent
beri ka ah *v* acquit
berisamaad *adj* palmy
beri-samaad *n* heyday
bersad *n* lounge
bey *n* grey
beyd *n* stanza
beyd *n* verse
bidaar leh *adj* balding
bidci *n* heretic
bidco *n* heresy

bidix *adj* left
bidix-jire *n* left fielder
biigooyin u yeelid *v* pleat
biimo *n* venture
biin *n* safety pin
biinan *n* paranoia
biinge *n* table tennis
biir *n* beer
biisa *n* pizza
bijaamo *n* pajamas
bikaaco *n* lens
bikranimo *n* virginity
bikro *n* virgin
bikro ahaan *adj* virginal
bil *n* calendar month
bil *n* crescent
bil *n* month
bil kasta *adj* monthly
bilaabasho *phr* kick in
bilaabid *v* began
bilaabid *v* begin
bilaabid *v* enter into
bilaabid *v* initiate
bilaabid *v* launch into
bilaabid *v* start
bilaash *n* freebie
bilaash ah *adj* gratuitous
bil-buuxo *n* fullmoon
bilic *n* grace
bilicsan ama qurux la wiriira *adj* aesthetic
bililiqo *n* loot
billabid *v* commence
billad *n* medal
billadda filimada *n* Oscar
billadle *n* medallist
biloow *n* commencement
biloow *n* elements
biloow - dhawaan-dhalad *adj* inchoate
biloow ah *n* beginner
biloow ah *adj* incipient
biloowga hore *n* gambit
bilow *n* inception
bilowga *n* outset
bilowga hawl culus *n* zero hour
bilowgii *adv* originally
bini-aadan *n* mankind
bir *n* metal
bir *n* steel
bir ku dahaarid *v* galvanize
bir meel ku dhegan *n* rail
bir-biriq *n* gleam
bir-birqaya *adj* glittering
bir-birqid *v* glint
bir-birqid *v* sparkle
bir-birqid *v* twinkle
bir-dabanabeed *n* magnetism
bir-danab *n* magnet
biririf-qado *n* lunch break
biro ama teed *n* grille
bir-qabto *n* tongs
birta suunka laga xiro *n* buckle
birtaawo *n* frying pan
birtaawo *n* skillet
bir-taawo *n* griddle
birta-calanka *n* flagpole
bisad dhal ah *n* kitten
bisad dhal ah *n* kitty
bisha *n* November
bisha Maajo *n* May
bistoolad *n* pistol
bistoolad *n* revolver
bistoolad weyn *n* magnum
bistoon *n* piston
bixid *v* depart
bixid *v* leak out
bixid *v* pull out
bixid ama bax *v* get out
bixin *v* dispense

bixin *v* give away
bixin *v* give out
bixin *v* hand out
bixin *v* pay
bixis *n* emission
bixitaan *n* agress
bixiye *n* giver
biya-bax *n* orgasm
biyo *n* aqua
biyo *n* water
biyo cusbaysan *adj* saltwater
biyo dhex gelid *v* immerse
biyo duljoog *n* life guard
biyo gantaal ah *n* geyser
biyo ku gubasho *v* scald
biyo-bax *n* ejaculation
biyo-celis *adj* water resistant
biyo-cells *n* embankment
biyo-dhac *n* cascade
biyo-dhac *n* cataract
biyo-gelid *n* blister
biyo-mareen *n* strait
biyoobis *n* liquefaction
biyo-raacin *v* rinse
biyo-raacis *n* flush
biyo-xireen *n* dike
bocor *n* pumpkin
bog *n* page
bogaadin *n* acclamation
bogaadin *n* compliment
bogaadin *n* compliments
bogsan og *adj* resilient
bogsasho *v* heal
bogsasho *v* recover
bogsasho *v* recuperate
bohol *n* cavern
bohol *n* pit
boholyoobid *v* yearn
bokhshad *n* envelope
boobe *n* machine gun
booc-boocsi *v* bully
bood *v* jump
boodaa *n* jumper3
boodada *adj* athletic
boodada sare *n* high jump
boodboodid *v* flicker
bood-boodid *n* caper
booddada dheer *adj* long jump
boog *n* ulcer
boojo *n* bowling
booker *n* poker
bool *n* bolt
bool *n* screw
booli qariye *n* receiver
booliquute *n* plunderer
boolis *n* constable
boolis *n* cop1
booliska caalamiga ah *n* interpol
booli-wadad *n* joy ride
boolon-boolada *n* drake
boolonboollo *n* duck
boomaato *n* ointment
boombalo-yar *n* doll
boonbalo *n* puppet
booqasho *v* call on
booqasho *v* visit
booqasho *n* visitation
boor leh *adj* dusty
booraan *n* abyss
boorash *n* gruel
boorash *n* porridge
boorrin *v* encourage
boorso *n* portfolio
boorso *n* purse
boorso ardey *n* satchel
boorso kolay u eg *n* duffel bag
boorso kolay u eg *n* dust
boorso safar kit bag
boorso yar *n* pouch
boorsooyin *n* luggage

boor-tirtire *n* duster
boos-celin *v* reserve
boos-celis *n* reservation
boos-celis samaysasho *n* booking
boostaale *n* mail man
boostaale *n* postman
boosteejo *n* station
boosteejo tagsi *n* taxi-stand
boosto *n* mail
boosto-qaddiman *adv* postpaid
bootin *n* leap
bootinta iwm *n* acrobat
bootinta sare iwm *adj* acrobatic
booyad *n* tanker
boqol *n* hundred
boqolkiiba *adv* percent
boqolleey *n* perdentage
boqor *n* king
boqor waddamo badan *n* emperor
boqorad *n* queen
boqoreed *adj* royal
boqornimo *n* royalty
boqor-tooyo *n* kingdom
boqor-tooyo *n* realm
boqortooyo ah *n* monarchy
boqoshaa *n* fungus
boqoshaa *n* mushroom
boqrid *v* enthrone
borotiin *n* protein
borseed ah *n* prelude
botoomada *n* keyboard
bowd *n* hedge
bre *n* dripping
bu'da isha *n* eyeball
bu'da isha *n* iris
budo ah *adj* powdered
budo-suugo *n* curry powder
bukaan *n* sufferer
bukaan socod eegto *n* clinic
bukaan-jiif *n* inpatient
bukhaarin *v* calcine
bulaalid *v* flourish
bulaan *n* tumult
bullaacad warshadeed *n* effuent
bullaacad-saaris *n* drainage
bulshada *n* Master of Arts
bulshay ah *adj* convivial
bulshay-ah *adj* gregarious
bulsheyn *v* socialize
bulsho wada-nool *n* commune
bulsho-diid *adj* anti-social
bulukaati *n* costume jewellery
buluug *n* blue
buluug khafiif ah *n* ultramarine
buluug madow *n* navy blue
bumbo *n* grenade
bun *n* coffee
bunni *n* brown
buntukh *n* gun
buntukh *n* shotgun
bur *n* batter
bur *n* flour
buraash *n* canteen
buraash-rinji *n* paintbrush
burburaya *adj* collapsible
bur-burid *v* shatter
burburin *v* destroy
burburin *v* zap
bur-burin *v* mash
bur-burin *v* smash
burcad *n* cheese
burcad *n* gang
burcad *n* Mafia
burji *n* charisma
burji *n* zodiac
burjiga *n* leo
bur-qasho *v* gush
burqo-noqosho *v* curdle

buruko *n* wig
burush *n* brush
bus-bus *n* chicken pox
bushkuleettile *n* cyclist
buskud *n* cookie
buste *n* blanket
butaacin *v* squirt
buud *n* boot
buufimo *n* bellows
buufin *v* puff out
buufin *v* spray
buug *n* editor
buug aruuris *n* scrapbook
buug kalbaddiisu *n* paperback
buug la deris *n* bibliophile
buug maab ku sawiran yahay *n* atlas
buug masawirada lugu aruuriyo *n* album
buug shactiro *n* comic book
buug sheeko ah *n* novel
buug-bangi *n* passbook
buug-sannadeed *n* yearbook
buul *n* hut
buul shimbireed *n* nest
buun-buunin *v* exaggerate
buunbuunis *n* exaggeration
buundo *n* causeway
buundo *n* fly-over
buuq *n* fracas
buuq *n* noise
buuq badan *adj* noisy
buuq badan *adj* rowdy
buur *n* hill
buur *n* mountain
buur yar *n* mound
buuraleey ah *adj* mountainous
buuran *adj* obese
buuran *adj* stout
buuro *n* butter
buur-yar *n* hummock
buuryo *n* foreskin
buusbuusid *v* squash
buus-buusmid *v* crumple
buusnaan *n* dent
buuxa *adj* full
buuxa *adj* heaped
buuxa *adj* packed
buuxa *adj* packed out
buux-badni *n* congestion
buux-dhaaf *n* saturation
buuxi taangiga *v* tank up
buuxid *v* teem
buuxin *v* fill
buuxin *v* fill up

C

caabbi *n* resistance
caabbi *adj* resistant
caabiyid *v* repel
caadada kahor *adj* premenstrual
caadaysi *v* accustom
caaddil *adj* just
caadi *adj* normal
caadi *adj* ordinary
caadi *adj* prevailing
caadi *adj* usual
caadi ahaan *adv* normally
caado *n* custom
caado *n* folklore
caado *n* menstruation
caado ah *adj* customary
caado-dhowr *n* Tampax
caafimaad *n* health
caafimaad-qab *n* fettle
caag *n* plastic

caag *n* rubber
caagga *n* bumper
caajis *adj* passive
caajis - qof shaqo neceb *n* layabout
caajis ah *adj* lazy
caajisan *adj* bored
caajisnimo *n* sloth
caalami ah *adj* international
caalamka *adj* cosmic
caalamka *n* cosmos
caalim *n* scholar
caalin ah *adj* learned
caalinka afafka *n* linguist
caalwaa *n* frustration
caal-waayid *v* frustrate
caami *n* layman
caan *n* celebrity
caan *n* eminence
caan *adj* legendary
caan ah *adj* eminent
caan ah *adj* famed
caan ah *adj* popular
caan ah *adj* prominent
caanaqub *n* porcupine
caannimo *n* popularity
caano *n* milk
caano-fadhi ah *n* yoghurt
caanood *adj* milky
caanoole *n* milkman
caan-raac *n* paparazzi
caaq *n* dolt
caaqil ah *adj* intellectual
caaqil ah *adj* sagacious
caarad *n* point
caaridid *v* demur
caaridid *v* disapprove
caaridid *v* oppose
caaridis *n* disapproval
caariyid *n* drift
caaro *n* spider
caaro *n* tarantula
caaryid *v* ebb
caashaqid *v* enamored
caashaqsan *adj* infatuated
caasi ah *adj* impious
caasinimo *n* impiety
caata ah *n* slender
caato ah *adj* skinny
caato ah *adj* slim
caawa *n* tonight
caawimaad badan *adj* helpful
caawin *v* help
caawin ama gargaarid *v* assist
caawiye *n* ausiliary
caay *n* invective
caayid ama aflagaadayn *v* abuse
cabaad *n* howl
cabaad *v* yowl
cabaadid *v* blubber
cabaadid *v* scream
cabaadid *v* whine
cabaadid *v* shriek
cabasho *n* gripe
cabasho *v* kvetch
cabasho badni *adj* querulous
cabbayn *v* cram
cabbid-gal *adj* potable
cabbir *n* measure
cabbir qiyaasta dhumucda *n* size
cabbirid *v* gage
cabbirka boqorka *adj* king-size
cabbitaan *n* beverage
cabbitaan *n* drink
cabbitaan iyo cunto fudud *n* refreshment
cabbitaan sida kookada *n* soda
cabburid *v* congest
cabqari *n* genius
cabsi *n* horror

cabsi cuqdadeed *n* phobia
cabsi qaba *adj* insecure
cabsi-leh *adj* dreadful
cabsi-leh *adj* fearsome
cabsi-leh *adj* horrendous
cabsi-weyn *n* dread
caburid *v* stifle
cad *adj* evident
cad *n* nugget
cad *adv* plainly
cad *adj* undisguised
cad *adj* vivid
cad *adj* white
cad baraf ah *n* ice cube
cadaab *n* hell
cadaadin *v* compress
cadaadin *v* repress
cadaadin ama saxariirin *v* persecute
cadaadis *n* compression
cadaadis *n* pressure
cadaadis *adj* repressive
cadaadis saaran yahay *adj* pressed
cadaadis-badan *adj* high-pressure
cadaadiska dhiigga ee qofka *n* blood pressure
cadaawad *n* antagonism
cadaawad *n* vendetta
cadaawe *adj* hostile
cadaawe-nimo *n* hostility
cadaawo-nacayb *n* ill-will
cad-ceedda isu-dhigid *v* sunbathe
caddaalad *n* justice
caddaalad ah *adj* equitable
caddaalad darro *n* injustice
caddaan ah *adj* plain
caddaatay *adj* proven
caddayn *v* bleach
caddayn *n* clarification
caddayn *n* elucidation
caddayn *v* profess
caddayn *n* proof
caddayn *v* prove
caddayn *v* substantiate
caddayn ama carrabka ku adkayn *v* assert
caddayn ama carrabka ku adkayn *n* assertion
caddeeye *n* liquidator
caddibaad *n* persecution
cadho dhaw *adj* short-tempered
cadho dhaw *n* slice
cadow *n* antagonist
cadow *n* enemy
cadow *n* foe
cad-yar *n* scrap
cafin *v* forgive
cafin *v* remit
cafis *n* absolution
cafis guud *n* amnesty
cag *n* foot
cagaar *adj* green
caga-baruur *n* cub
cagafta afka *n* bulldozer
cagta hoosteeda *adv* underfoot
cagta xayawaanka *v* paw
cagta-cad *n* sole
cahdi *n* appointment
cajal *n* cassette
cajal *n* tape recording
cajalad *n* tape
cajiib *n* curiosity
cajiib *adj* queer
cajiib ah *adj* eccentric
cajiib ah *n* marvel
cajiib ah *adj* phenomenal
cajiib ah *adj* stupendous
cajiib ah *adj* vagary

cajiin *n* dough
cajiin *n* pastry
cajimid *v* kneed
cajuusad *n* crone
cakaw *n* earlobe
cakirnaan *n* labyrinth
calaacalid *v* grouch
calaamad *n* ideogram
calaamad *n* mark
calaamad *n* sign
calaamad burji *n* capricorn
calaamad marin *v* mark off
calaamadda *n* logo
calaamadeeye *n* marker
calaamatu-su'aal *n* question mark
calaamo-jacayl *n* love bite
calal *n* rag
calalin *v* chew
calan *n* ensign
calan *n* flag
calan *n* pennant
calanle *n* linesman
caleema saarid *v* inaugurate
caleemasaar *n* coronation
caleema-saar *adj* inaugural
caleemo *n* foliage
caleemo *n* leaves
caleemo badan *adj* leafy
caleen *n* leaf
caleen *n* leafage
calool *n* belly
calool *n* stomach
calool weyne *n* paunch
calool xumaan *v* bellyache
calool-adayg *adj* imperturbable
calool-fadhi *n* constipation
calool-kujirta *n* entrails
calool-xumayn *v* embitter
calool-xun *adj* fretful
caloosha jilciya *n* laxative
calyo *n* spit
camal *n* temper
camal xun *adj* cranky
camali *adj* hands-on
cambaar *n* eczema
cambaarayn *n* affront
cambaarayn *v* condemn
cambaarayn *n* criticism
cambaarayn *v* criticize
cambaarayn *n* critique
cambaarayn *v* denounce
cambaarayn *n* denunciation
cambaruud *n* pear
cammuud *n* sand
cammuud *n* silt
canaadi ah *adj* obstinate
canaan *n* rebuke
canaan *n* talking to
canaanasho *v* chew out
canaanasho *v* reprimand
cananaas *n* pineapple
canbe *n* mango
canbuur hurdo *n* nightgown
candhuuf *n* saliva
canqow *n* tarsus
canqow *n* ankle
canshuur *n* taxation
canshuur dhaaf *adj* duty-free
canshuur-bixinta *n* customs
canshuur-celin *n* tax return
canshuurid *v* tax
canshuurta dakhliga *n* income tax
cantalyaa *n* stork
caqaayad *n* chassis
caqabad *adj* insuperable
caqiido *n* canon
caqiido *n* creed
caqiido *n* doctrine
caqiido *n* dogma
caqli badan *adj* intelligent

caqli badni *n* intellect
caqli gal *adj* credible
caqli gal *n* logic
caqli iyo taxadar-badani *n* discretion
caqli-badan *adj* canny
caqli-badan *adj* smart
caqli-daciif *adj* feeble-minded
caqli-dhimman *adj* retarded
caqliga geli kara *adj* logical
caqli-galnimo *n* rationalism
caqli-xun *adj* imprudent
caraf *n* scent
caraf leh *adj* scented
cararid *v* flee
cararid *v* scamper
cararid *v* scarper
cararid *v* scoot
cararid *v* scurry
cararis *n* evasion
carayn *n* challenge
caraysan *adj* furious
caraysan *adj* malcontent
Carbeed *adj* Arabian
carbis *n* recruitment
carburettor *n* carburetor
carbuun *n* earnest money
carceera-leh *adj* hazy
carceero *n* hase
carceero *n* haze
cargo *adj* unripe
cariish *n* cottage
cariish *n* shed
carjaw *n* cartilage
carjaw *n* gristle
carmalo *n* widow
caro *n* huff
caro *n* rage
caroonaya *adj* angry
carqalad *n* encumbrance
carqaladayn *v* disrupt
carqaladayn *v* hinder
carqaladayn *n* hindrance
carqaladayn *v* impede
carqaladayn *n* inconvenience
carrabka gambaleelka *n* clapper
carra-guurid *v* erode
carrasan ah *adj* fertile
carro *n* earth
carro *n* soil
carro-nafaqeeye *n* fertilizer
carro-rogid *v* cultivate
carro-rogid *n* cultivation
carrorrog *n* plough
carruur dhalid *n* childbirth
carruurnimo *n* childhood
caruus *n* groom
cashayn ama qadayn *v* dine
casho *n* supper
casho ama qado *n* dinner
casiir *n* juice
casilid *v* abdicate
casri ah *adj* contemporary
casriyayn *v* modernize
casriyayn *v* update
casumaad *n* invitation
casuumad *n* banquet
casuumid *v* invite
casuur *n* magenta
cawaan *n* heathen
cawaan *n* pagan
cawaandi *adj* arrogant
cawaanimo *n* barbarian
caweys *n* nightclub
cawl *n* antelope
cawro *n* loins
cawro-qaawin *n* indecent exposure
caws *n* grass
caws *n* hay

caws jarid *v* mow
caws-leey *n* grassland
cay *n* gibe
cay ah *adj* scathing
cayayaan *n* insect
cayayaan *n* pest
cayayaan yar *n* lacewing
caydnaan *n* deprivation
cayilaad *n* obesity
cayilid *v* fill out
cayillan *adj* corpulent
cayillan *adj* plump
cayimid *v* designate
cayimid *v* specify
caymis *n* insurance
cayrin *v* chuck out
cayrin *n* expulsion
cayrin *v* kick out
cayro *n* pursuit
cayr-sasho *v* run after
caytin *v* insult
ceeb *n* shame
ceeb ah *adj* shameful
ceejin *v* garrotte
ceejin *v* strangle
ceejin *v* throttle
ceel *n* waterhole
ceel *n* well
ceelka baasiinka laga gato *n* petrol station
ceeriin *adj* crude
ceeriin *adj* raw
ceeryaamo *n* mist
celin *phr* keep out
cibaaro *n* novelty
cida bolon-boolada *n* quack
cida eeyga *v* bark
cida idaha *v* bleat
ciddi *n* fingernail
cidla' ciirsila *n* backwoods
cidla joog *n* recluse
cidla lugu xooray *adj* desolate
cidloonaya *adj* lonely
ciid leh *adj* sandy
ciidaanyo *n* horde
ciidamada cirka *n* air force
ciidamada qalabka sida *n* armed forces
ciidamo *n* forces
ciidamo ah *n* legion
ciidan *n* military
ciidan kal-kaalid *adj* paramilitary
ciidan u-qorid *v* enlist
ciidanka badda *n* navy
ciidda Kiristaanka *n* yule
ciidda kiristanka *n* X-mas
ciidda Masiixiga *n* Christmas
ciiddahooyo *n* motherland
ciilad-la'aan *n* faultlessness
ciil-qab *n* grievance
ciil-qab *adj* resentful
ciiryaama-leh *adj* foggy
ciiryaamo *n* fog
cilaaqaad *n* rapport
cilin *n* dwarf
cillad *n* defect
cillad *n* failing
cillad *n* flaw
cilladeeye *adj* captious
cillaysan *adj* defective
cillaysan *adj* flawed
cilmaani *adj* secular
cilmaaninimo *n* secularism
cilmi *n* lore
cilmi *n* science
cilmi falaga *n* astrology
cilmiga barashada bulshada *n* sociology
cilmiga bulshada *n* social science
cilmiga cunto karinta *n* cookery

cilmiga dhaqaalaha *n* economics
cilmiga duuliyanimada *n* aviation
cilmiga fir-gudbinta *n* genetics
cilmiga kiimikada *n* chemistry
cilmiga xiddigiska ama meerayaasha sare *n* astronomy
cilmi-nafsi *n* psychology
cilmi-nafsi la xirirta *adj* psychological
cilmiyaysan *adj* scientific
cimilada *n* climate
cimilo fiican *adj* genial
cimlaag *adj* huge
cimlaaq *adj* ginormous
cimlaaq *n* leviathan
cimri *n* lifetime
cimri dheeri *n* longevity
cimri-dheer *adj* durable
cimri-dherer *n* durability
cimri-gaaban *adj* ephemeral
cinab *n* grape
ciniinnimo *n* impotence
cinwaan *n* heading
cinwaan *n* title
cinwaan-labaad *n* subtitle
cinwaan-maqaal *n* headline
cinwaan-siin *v* entitle
ciqaab *adj* penal
ciqaab *n* punishment
ciqaab dil ah *n* capital punishment
ciqaab leh *adj* punishable
ciqaab marin *n* prosecution
ciqaabid *v* castigate
ciqaabid *v* penalize
ciqaabid *v* punish
cirbad caaraddeed *n* hairbreadth
cirfiid *n* monster
cirfiid *n* villain
cirfiid *n* demon
cirfiid ah *adj* demonic
cirib *n* heel
cirib-dheer *n* high heels
cirib-tirid *v* eradicate
cirib-tirid *n* eradication
cirib-tirid *v* extirpate
cirif *n* pole
ciriiri *adj* narrow
cirjeex *n* jupiter
cirka *n* sky
cirkasoodhac *n* precipitation
cirra-leh *adj* hoary
cirrid *n* gum
cir-weyni *n* gluttony
ciwaan *n* address
ciyaal-maamo *n* mama's boy
ciyaar *n* game
ciyaar *n* play
ciyaar *n* sport
ciyaar badan *adj* playful
ciyaar khamaar *n* roulette
ciyaarid *v* kidding
ciyaaro *n* games
ciyaarta *n* skiing
ciyaarta kubbadda cagta *n* football
ciyaar-tooy *n* player
ciyaar-tooy *n* sportsman
ciyidda dibiga *v* bellow
ciyoow *n* apace
cod *n* cadence
cod *n* sound
cod *n* sound
cod *n* voice
cod aan xabeeb lahayn *adj* bass
cod bixinta doorashada *n* poll
cod dheer *n* roar
cod dheer ah *adj* strident
cod fool-xun leh *adj* raucous
cod macaan leh *adj* melodious

codayn *n* phonetics
cod-bixiye *n* constituetn
cod-dhinacyeed *adj* lateral
cod-macaan *adj* dulcet
codma-gudbiye *adj* soundproof
codma-gudbiye *adj* soundproof
codsade *n* applicant
codsasho *v* call in
codsasho *v* implore
codsi *n* request
cod-xanniban *adj* voice-less
coon *n* midget
cududaar *n* excuse
cududaar leh *adj* apologetic
cududaar leh *adj* justifiable
cududaar leh *n* justification
cudur *n* disease
cudur *n* illness
cudur *n* malady
cudur dilaa *n* AIDS
cudur qaba *adj* infected
cudurka neefta ama naqaska *n* asthma
cuf *n* density
cuf *n* mass
cuf is-jiidad *n* gravity
cufan *adj* dense
cufaysan *adj* padded
cufnaan *n* denseness
cukan *adj* repressed
culaab *n* burden
culaab ku siyaadin *n* loading
culays *n* weight
culaysin *v* encumber
culus *adj* cumbersome
culus *adj* heavy
culuunta siyaasadda *n* political science
cunaa *n* eater
cunaqabatayn *v* blockade
cuna-qabatayn dhaqaale *n* embargo
cuncun leh *adj* itchy
cunid *v* eat
cunno-fure *n* appetizer
cuntada *n* basin
cuntamaya *adj* palatable
cunto *n* food
cunto badanaa *n* cornflakes
cunto caafimaadka u daran *n* junk food
cunto ka-soomis *n* hunger strike
cunto kasta cuna *adj* omnivorous
cunto qaadasho nidaamsan *n* diet
cunto xumo *n* malnutrition
cunto xumo *n* meal
cunto-badeed *n* seafood
cunto-fudud *n* snack
cunto-karinta *n* cuisine
cuntub *n* suite
cunug *n* brat
cunug *n* child
cunug *n* kid
cunug yar *n* babe
cuq *v* incubate
cuqaal *n* nobility
cuqdad ka qabid *adj* paranoid
curad *adj* eldest
curcur *n* wrist
curis *n* composition
curis *n* essay
curiyaha kaarboon *n* carbon
curiye *n* element
curiye bir ah *n* zinc
curiye hawo ah *n* hydrogen
curiye hawo ah *n* oxygen
curriye *n* manganese
curshe *n* reactor
curyaamin *v* disable

curyaamin *v* sabotage
curyaaminaya *adj* disruptive
curyaan *n* cripple
cusbaysan *v* salted
cusbaysan *adj* salty
cusbo leh *adj* saline
cusbo leh *n* salt
cusboonaysiin *v* recondition
cusbooneysiin *v* freshen
cusbooneysiin *v* renew
cusbooneysiin *adj* innovative
cusbursan *adj* made up
cusho *n* padding
cusub *adj* new
cutub *n* chapter
cutub *n* unit
cutub maraakiib ah *n* fleet
cuud *n* incense

D

da' *n* age
daab sida kan faaska *n* shaft
daabac *n* crochet
daabac *n* embroidery
daabac ku samayn *v* embroider
daabacaad *n* edition
daabacaad-qormo *n* lithography
daabicid *v* print
daacad ah *adj* bona fide
daacad ah *adj* candid
daacad ah *adj* earnest
daacad ah *adj* honest
daacad ah *adj* sincere
daacad ah *adj* staunch
daacad ah *adj* steadfast
daacad ah oo qalbi-xaaran *adj* down to earth
daacad u *adj* loyal
daacad u-hadla *adj* forthright
daacaddi *adv* honestly
daacadnimo *n* loyalty
daacadnimo *n* sincerity
daacadnimo ah *adj* heartfelt
daacadnimo ah *n* honesty
daacadnimo ah *adv* sincerely
daaca-qurun *n* flatulence
daaci *n* preacher
daaco *n* belch
daacuun-calooleed *n* cholera
daad *n* deluge
daad *n* flood
daadasho *v* effuse
daad-gurayn *n* evacuation
daagad *n* window
daah *n* curtain
daah *n* drapes
daah *n* screen
daah ka qaadid *n* announcement
daah ka qaadid *v* expose
daah-fur *adj* ground breaking
daahid *v* tarry
daahin *v* retard
daa'in *n* eternity
daa'in ah *adj* eternal
daajin *v* graze
daal leh *adj* wearing
daalacasho *v* browse
daalacde *n* browser
daalid *v* exhaust
daalid *v* tire
daallan *adj* washed-out
daamur *n* tar
daan-daan *v* stagger
daandaan-sasho *v* provoke
daanyeer *n* chimpanzee
daanyeer *n* monkey
daaq *n* pasture

daarad *n* veranda
daarid *v* switch on
daarid *v* put on
daasad *v* can
daas-gade *n* grocer
daash *n* terrain
daaska baadka *n* grocery store
daas-khamro *n* liquor store
daa'uus *n* peacock
daa'uusad *n* peahen
daawade *n* observer
daawade *n* onlooker
daawade *n* spectator
daawade *n* viewer
daawashada dalxiska *n* sightseeing
daawasho *n* observation
daawasho *n* spectacle
daawasho *v* watch
daawayn *n* medication
daawayn *n* therapy
daawayn *n* treatment
daawayn khaas ah *adj* intensive care
daawayn laysku daaweeyo irbado jirka lugu mudo *n* acupuncture
daaweyn *adj* remedial
daaweyn-kooxeed *n* group therapy
daaweynta jirka *n* physiotherapy
daawo *n* drug
daawo *n* medicine
daawo *n* remedy
daawo dadka seexisa *n* opium
daawo dareere *n* chloroform
daawo kiniini *n* antibiotic
daawo ku darid *v* medicate
daawo leh *n* curative
daawo leh *n* cure
daawo samaynta iwm *n* camphor
daawo u qorid *v* prescribe
dab *n* fire
dab ah *adj* fiery
dabaaji *n* deposit
dabaaji *n* indemnity
dabaalasho *v* bathe
dabaalasho *v* swim
daba-case *n* carrot
dabacsan *adj* floppy
dabacsan *adv* lamely
dabacsan *adj* lax
dabacsan *adj* loose
dabadeed *adv* then
daba-gal *adj* reactive
daba-galid *v* follow
dabaggaalle *n* squirrel
dabagibin *n* tailbone
dabakaayo *n* kiosk
dabakha koowaad *n* first floor
dabakhadda hoose *n* lower class
dabakhad-sare *n* gentry
dabakha-hoose *n* ground floor
dabaqa kore *n* upstairs
dabaqad *n* category
dabaqadda dhexe *n* middle class
dabar *n* fetter
dabar *n* shackle
dabar *v* tartar
dabayi *n* polio
dabayl *n* blast
dabayl *n* storm
dabayl baraf wadata *n* blizzard
dabayl leh *adj* stormy
dabayl-barafeed *n* snowstorm
dabbaaldeg *n* festival
dabbaaldegid *v* celebrate
dabbaaldegid *n* celebration
dabbakhid *v* enforce
dabbirid *v* cope

dabcan *adv* naturally
dab-celis *adj* fireproof
dabci-qalafsan *adj* offish
dabci-xun *adj* crabby
dab-damiye *n* extinguisher
dab-damiye *n* firefighter
dab-damiye *n* fireman
dabeecad *n* behaviour
dabeecad *n* character
dabeecad *n* disposition
dabeecad *n* personality
dabeecadda *n* nature
dab-gaarsiin *v* singe
dabiici ah *adj* elemental
dabiici ah *adj* natural
dabin *n* snare
dabin *n* trap
dabirid *v* make out
dab-kulaal *n* fireside
dabool *n* cozy
daboolan *adj* capped
daboolaya *v* overlap
daboolid *v* enshroud
dabool-nal *n* lid
dacaayad *n* propaganda
dacaayad *n* stereotype
dacaayadayn *v* satirize
dacal *n* hem
dacas *n* slipper
daciibci ah *adj* inborn
daciif-ah *adj* frail
daciifin *v* enervate
daciifin *v* impair
daciifin *v* weaken
daciifnimo *n* weakness
dacwad *n* indictment
dacwayn *v* sue
dacwayn ama eedayn *v* accuse
dacweyn *v* impeach
dacweyn *v* indict
dacwo *n* accusation
dacwo *n* impeachment
dacwo *n* litigation
dad *n* folk
dad *n* people
dad ama wax is dhinac socda *adj.* abreast
dad badan *n* crowd
dad ka buuxo *adj* crowded
dad sameeyey *adj* man-made
dadaal *n* effort
dadaal *n* exertion
dadaalid *v* endeavor
dadaalsiyaasadeed *n* activism
da-dajin *v* hasten
dadcun *n* cannibal
dadcun *n* man-eater
dad-cun *adj* ferocious
dadcunimo *n* cannibalism
dad-dilaya *adj* homicidal
dadka ingiriiska *n* English
dadka meel degen *n* inhabitant
dad-qal *n* ogre
dadqalid *v* cannibalize
dadweyne *n* pupulace
dad-weyne *n* population
dafcad *n* batch
dafid *v* grab
dafid *v* snarl
dafo *n* hawk
dafter *n* copybook
dagaal *n* combat
dagaal *n* fight
dagaal *n* nine
dagaal *n* scuffle
dagaal *n* war
dagaal fudud *n* skirmish
dagaal gardaro ah bilaabid *n* aggression
dagaal jecel *adj* bellicose

dagaal neceb *n* pacifist
dagaal ooge *n* warlord
dagaal qabow *n* cold war
dagaal sokeeye *n* civil war
dagaalamaya *v* warring
dagaalame *n* fighter
dagaaleed *adj* warlike
dagaal-shiinays *n* kung fu
dag-dagsan *n* onrush
dahaar *n* canopy
dahaar *n* casing
dahaar *n* cover
dahaar *n* facing
dahaar *n* wadding
dahaar saarid *v* insulate
dahaaran *adj* packaged
dahaarid *v* encase
dahaarid ama xijaabid *n* insulation
dahab ku dheehid *v* gild
dahalid *v* beget
dahsoon *adj* obscure
dahsoonaan *n* obscurity
dakhar *n* contusion
dakhli *n* income
dakhli *n* revenue
dakhli lacageed *n* proceeds
dal *n* country
dalab *n* demand
dalab *adj* made-to-measure
dalab *n* petition
dalacsiin *v* promote
dalag *n* crop
dalbar *n* midland
dalbasho *v* call for
daldalan *v* chatter
daldalan *v* gibber
dal-dalid *v* crucify
dal-daloolada jirka *n* pore
daliig *n* streak
daliil *n* evidence
daliil *n* manifestation
daliil *n* reasoning
daliil-haye *n* catalog
dallaalaha saamilayaasha *n* stockbroker
dallaal-caymis *n* insurance broker
dallacaad *n* promotion
dallad *n* parasol
dallad *n* umbrella
dallicid *v* hoist
dalool *n* aperture
dalool *n* hole
dalool *n* vent
dalool wax ka baxaan *n* outlet
daloolin *v* prick
dalooliye *n* gimlet
daloolka sanka *n* nostril
dalool-quful *n* keyhole
dalxiis gaaban *n* picnic
dalxiise *n* tourist
dalxiise *n* vacationer
dalxiise *n* visitor
dalxiis-gaaban *n* wanderings
damaaci *adj* grasping
damaaci *adj* greedy
damaashaad *n* gala
damac *n* covet
damac *n* greed
damac-badni *n* cupidity
dambas *n* ash
dambas *n* dross
dambi *n* crime
dambi *n* guilt
dambi *n* misdeed
dambi baare *n* investigator
dambi ku soo oogid *v* inculpate
dambi ku soo oogid *v* prosecute
dambi ku waayid *n* acquittal
dambiil *n* basket

dambiile *n* criminal
dambiile *n* malefactor
dambiile *n* offender
dambiile *n* offense
dambiile *n* perpetrator
dambiile ah *adj* guilty
dambiile da'yar *n* young offender
dambiilenimo *n* malefaction
dambiile-soosaar *n* Identification parade
dambi-tirid *v* exonerate
dameer *n* ass
dameer *n* donkey
dameer-farow *n* zebra
damiin ah *adj* dull
damiin ah *n* dunce
damiir *n* conscience
damiir fiican leh *adj* scrupulous
damin *v* douse
damin *v* extinguish
damin *adv* off
damin *v* put out
damin *v* quench
dammaad *n* dizziness
dammaanad-qaade *n* guarantor
dammaano *n* guarantee
danab *n* electricity
danabayn *v* electirfy
danab-dhaliye *n* generator
danabka korontada *n* current2
dananid *v* neigh
danayn *v* eager
danbaab badan *adj* sinful
danbaabe *n* sinner
danbas *n* soot
danjire *n* ambassador
daqiiqad *n* minute
darafka *adv* edgewise
darafka *n* edging
darajo *n* grade
darajo ka dhimid *v* downgrade
darajo reer boqor *n* esquire
darajo sare *adj* noble
daran *adj* drastic
daran *adj* severe
darawal *n* chauffeur
darawal *n* driver
darawal *n* motorist
darawalka *adj* hit-and-run
daray-ah *adj* fresh
darbaal *n* canvas
darbi-jiif *n* bum
dardarid *phr* knock over
dareemayaasha *n* senses
dareeme *n* nerve
dareen *n* sensation
dareen *n* sense
dareen aad u daran ka muuqdo *adj* soulful
dareen ama xaraarad aad u daran *n* passion
dareen and u daran ka muuqdo *adj* soulful
dareen badan *adj* sensitive
dareen kacsi abuuraya *adj* sexy
dareen la' *adj* insensitive
dareen la'aan *n* analgesia
dareenka qofka *n* hunch
dareenka qofka *n* instinct
dareenka qofka *n* intuition
dareen-shahwo kicin leh *adj* sensual
dareere *n* fluid
dareere *n* liquid
dareere *n* pulp
dareere ka dhigid *v* liquidize
dareerid *n* exodus
dariig *n* way
dariiq *n* pathway
dariiq wareeg ah *n* detour

dariiq-baddalasho *n* tack
dariiqo *n* sect
dariq xirid *v* barricade
daris *n* neighbour
darmaan *n* colt
darmaan *n* filly
darmaan *n* foal
daroogayste *n* junkie
daroogo *n* dope
daroogo *n* narcotic
daroori *adj* garrulous
darroor *n* leakage
darsi *n* lesson
daruur *n* cloud
daruuri ah *adj* necessary
daruuri ah *adj* requisite
daruuro leh *adj* cloudy
darwiish *n* dervish
daryeel *n* care
daryeel *n* conservation
daryeel la' *adj* neglect
daryeelid *v* care for
dastuur *n* constitution
dastuuri ah *adj* constitutional
dawaarre *n* tailor
dawaco *n* fox
dawaco u-eg *adj* foxy
dawakhaad *n* vertigo
dawakhid *v* stun
dawakhid *v* stupefy
dawakhsan *adj* dizzy
dawakhsan *adj* giddy
dawladda dhexe *adj* federal
dawo anti-biyootiko ah *n* penicillin
daxal *n* rust
daxal *v* tarnish
daxalaystay *adj* rusty
dayacan *adj* derelict
dayacan *adj* neglectful
dayacid *v* neglect
dayac-tir *n* maintenance
dayax *n* moon
dayaxa *adj* lunar
dayax-gacmeed *n* satellite
daymasho *v* borrow
dayn lugu leeyahay *v* owe
dayn lugugu leeyahay ama baaqi *n* arrears
dayn-qabe deynsane *n* borrower
dayr afar-gees ah *n* quad
dayrin *v* disown
dayuurad *n* aeroplane
dayuurad *n* aircraft
debaaji *n* down payment
debac-san *adj* gentle
debcin *v* loosen
de-dejin *v* expedite
deegaan *n* domicile
deegaan *n* environment
deegaan-dhowre *n* environmentalist
deegaanka *adj* environmental
deeq *n* endowment
deeq *n* granny
deeq *n* largesse
deeq *n* offering
deeq-bixye *n* donor
deeqsinimo *n* bounty
deeqsinimo *n* generosity
deeqsinimo *adj* generous
deeqsinnimo *adj* bountiful
deeq-waxbarasho *n* scholarship
deer ku nool Ameerika *n* elk
degaan *n* accommodation
degaan *n* residence
degaan *n* settlement
degaan bannaan *n* vacant possession
degan *adj* composed

degan *adj* easy-going
degan placid
degan *adj* quiescent
degan *v* reside
degan *adj* steady
degan oo macquul ah *adj* dispassionate
deganaan *adj* resident
deg-deg *n* hurry
deg-deg ah *adj* rash
deg-degid *v* rush
deg-degsiinyo *n* rapidity
deg-degsinyo *n* haste
degenaaansho haysta *adj* landed
degenaan *n* composure
deggan *n* low tide
deggan *adj* pacific
deggen *adj* relaxed
degid *v* nestle
degid *v* occupy
degid *v* settle
degmo *n* county
degmo *n* district
degsan *adj* fixed
dejin *v* dispose
dejin *v* pacify
dejin *v* populate
dejin *v* soothe
dejiye *n* sedative
deked *n* port
deked *n* seaport
deked *n* wharf
dembi *n* sin
dembi gelid *v* perpetrate
dembi ku xukumid *v* convict
dembi xukumis *n* conviction
dembi-baare *n* detective
demin *v* hang up
demin *v* switch off
derbi aan laga gudbi karin *n* barrier
derbiqurxis *n* paperhanger
derejo sare gaarsiin *v* ennoble
deymin *v* lend
deyn *n* credit
deyn *n* loan
deyn *n* mortgage
deyn lala daahay *adj* overdue
deyn qaran *n* nationla debt
deynle *n* creditor
deynsheeg *n* promissory note
deyr *n* courtyard
deyr ama teed biro ah *n* railing
dhaaadhac *n* descent
dhaafid *v* overtake
dhaar *n* oath
dhaar qoraal ah in waxaasi run yihiin *n* affidavit
dhaawac *n* gash
dhaawac *n* injury
dhaawac *n* lesion
dhaawicid *v* hurt
dhaawicid *v* injure
dhab *adj* real
dhab *adj* serious
dhab ah *adj* solemn
dhab ah *adj* veritable
dhab ahaan *adv* seriously
dhab-ah *adj* genuine
dhaban *n* cheek
dhabar-xanuun *n* lumbago
dhabbac *adj* prone
dhabbac *adj* prostrate
dhabbe *n* footpath
dhabbe *n* path
dhabqin *v* heckle
dhabxanagle *n* palatal
dhac *n* piracy
dhac *v* plunder

dhac *n* robbery
dhac - boob *n* heist
dhacdhac *n* oscillation
dhacdo *n* episode
dhacdo *n* event
dhacdo *n* incident
dhacdo *n* occurrence
dhacdo ama sheeko faah faahsan *adj* anecdotal
dhacid *v* occur
dhac-saalsan *adj* fagged
dhacsan *adj* outdated
dhacsiin *v* elucidate
dhadhaab *n* rock
dhadhamaya *adj* savory
dhadhan *n* flavour
dhadhan fiican *adj* delectable
dhadhan sare leh *adj* delicious
dhadhan-fiican *adj* luscious
dhado *n* dew
dhaga-adag *adj* disobedient
dhaga-adag *adj* recalcitrant
dhaga-beel *v* deafen
dhaga-culus *adj* hard of hearing
dhagar badan *adj* sly
dhagarlow *n* judas
dhagax *n* granite
dhagax *n* stone
dhagax kalyood *phr* kidney stone
dhagax qoris *v* knap
dhagaxda waaweyn iwm *n* jack hammer
dhagax-dixeed *n* pebble
dhaga-yare *n* clove
dhagayste ama daawade *n* audience
dhageyste *n* listener
dhago *n* eardrops
dhakafaarid *v* bewilder
dhakafaarid *n* bewilderment
dhakhsasho *v* quicken
dhakhso *n* quick
dhakhso *adj* rushed
dhakhso ah *adv* quickly
dhakhso u cunid *v* devour
dhakhtarka carruurta *n* pediatrician
dhaksho leh *adj* rapid
dhakso ah *adj* prompt
dhaktar *n* physician
dhalaal kore *n* gloss
dhalaalay *adj* molten
dhalaalaya *adj* luminous
dhalaalaya *adj* lustrous
dhalaalaya *adj* shiny
dhalaalaya oo sulub ah *adj* glossy
dhalaal-badan *adj* gaudy
dhalaalid *v* melt
dhalaalid *v* melt away
dhalaalid *n* shine
dhalaalin *n* fusion
dhalaalin *v* polish
dhalaalin ama caddayn *v* burnish
dhalan *adj* inbred
dhalanteed *n* illusion
dhalasho *n* birth
dhalasho *v* born
dhalasho *n* nativity
dhal-dhalaalid *v* glitter
dhaleecayn *n* libel
dhalid *v* procreate
dhalid *v* reproduce
dhalid *v* yield
dhalin *v* generate
dhalis *n* procreation
dhalliil raadis badan *adj* critical
dhalliil-raadiye *n* critic
dhallin yaro *n* youth
dhallin-yar *n* youngerster
dhallinyaro *adj* young

dhalmo-deys *n* menopause
dhalmo-yarayn *n* birth control
dhalo *n* bottle
dhalo-yar *n* vial
dhammaad *n* end
dhammaad *n* ending
dhammaad *n* finis
dhammaad la'aan *n* infinity
dhammaadka *adj* eventual
dhammaan *adj* entire
dhammaansho *n* corrosion
dhammayn *v* finish
dhammayn *v* knock off
dhammayn *v* pack up
dhammayn *v* wade through
dhammaystiran *adj.* absolute
dhammays-tiran *adj* exhaustive
dhan u dhuuban *adj* tapered
dhanaan ah *adj* sour
dhanaan ah *adj* sour
dhanbaal *n* epistle
dhanbaal-qaade *n* courier
dhanka bari u jeeda *adj* eastward
dhanka bariga *adj* easterly
dhanka bidix *adj* leftward
dhanka gadaale *adj* rearward
dhanka hooyo *adj* maternal
dhanka hore *adj* frontal
dhanka kale u rogan *adj* inverse
dhanka sare *adj* outer
dhaqaajin *v* flick
dhaqaajin *v* kick-start
dhaqaajin *v* move
dhaqaajin *v* propel
dhaqaajin ama kicin *v* activate
dhaqaajin ama wadid *v* actuate
dhaqaala-badan *adj* frugal
dhaqaala-badan *n* frugality
dhaqaalayn *v* economize
dhaqaale *n* economy
dhaqaale ahaan *adv* economically
dhaqaale leh *adj* economical
dhaqaaleed *adj* economic
dhaqaale-yaqaan *n* economist
dhaqaaqid *v* pull away
dhaqamo-badan *adj* multicultural
dhaqan *n* heritage
dhaqan *n* manners
dhaqan *n* tradition
dhaqan duwan *n* idiosyncrasy
dhaqan toosan leh *adj* prim
dhaqan weerare *n* iconoclast
dhaqanka ku dhagan *adj* conventional
dhaqanka ku dhagan *n* culture
dhaq-dhaqaajin *v* waggle
dhaq-dhaqaaq *n* motion
dhaq-dhaqaaq *n* movement
dhaqid *v* wash
dhaqmi-kara *adj* washable
dhar *n* attire
dhar *n* costume
dhar *n* garment
dhar (labbis) *n* clothes
dhar dhammaaday *n* cast-off
dhar xiran *adj* clad
dharbaaxid *v* clout
dharbaaxo *n* slap
dhar-dabaal *n* bathing suit
dhar-dhillo *adj* tarty
dhareeid *v* drool
dhareerid *v* salivate
dhargid *v* sate
dharjin *v* satiate
dharka hoos-gashiga ee dumarka *n* lingerie
dharka hurdada *n* pyjamas
dharka inta gacmaha daboosha *n* sleeve
dharka qubeyska *n* bathrobe

dhar-tole *n* weaver
dhawaan *adv* newly
dhawaan *adv* shortly
dhawaanahan *adv* recently
dhawaan-dhalad *n* coinage
dhawaaq *n* squawk
dhawaaq dheer *adj* loud
dhawaaqid *v* yelp
dhawaga la xiriira *adj* sonic
dhawaq gaaban *n* click
dhawr *deter* several
dhawrid *v* conserve
dhawrid *n* keeping
dhawrid *v* preserve
dhawrsan *adj* chaste
dhawrsan *adj* conservative
dhawrsan *adj* intact
dhawrsanaan *n* chastity
dhawrsoon *adj* prudish
dhaxal *n* legacy
dhaxal sugan *n* heir apparent
dhaxan *adj* chilly
dhaxle *n* heir
dhaxlid *v* inherit
dhayal-ah *adj* frivolous
dheddignimo *n* femininity
dhedo *n* frost
dheecaan badan *adj* juicy
dheecaanka dhirta *n* sap
dheef-mareen *adj* digestive
dheef-shiid *n* digestion
dheef-shiidid *v* digest
dheeh *n* enamel
dheehan *adj* encrusted
dheehid *v* encrust
dheelaas *n* festivity
dheel-dheel ah *n* foolery
dheelli *n* imbalance
dheelli-tir *n* equilibrium
dheemman *n* diamond
dheer *adj* long
dheer *adj* tall
dheer - yara-dheer *adj* longish
dheeraad *n* leeway
dheeraad *adj* spare
dheeraad ah *adj* extra
dheerayn *v* elongate
dheerayn *n* elongation
dheerayn *v* lengthen
dheg *n* ear
dhegayso *v* listen
dheg-dheg *n* goop
dheg-nuugsi *v* eavesdrop
dhego *n* earring
dheg-xanuun *n* earache
dhereg-dhaafin *v* glut
dherer badan *adj* lengthy
dherer-dherer *adv* longways
dhererka *n* length
dhex gelin *v* penetrate
dhexaltooyo *n* inheritance
dhexda *n* center
dhexda *adj* central
dhexda *n* middle
dhex-darid *v* dip
dhex-dhexaad *adj* neutral
dhexdhexaad ah *n* modest
dhex-dhexaad ah *adj* equable
dhex-dhexaadiye *n* arbiter
dhex-dhexaadiye *n* arbitrator
dhex-dhexaadiye *n* intermediary
dhexdooda *prep* between
dhexe *adj* intermediate
dhexgal *v* infiltrate
dhex-gelin *v* insert
dhex-gelin ku-darid *v* involve
dhex-kujir *v* enclave
dhex-kujir *n* keep-away
dhex-roor *n* diameter
dhextaal *adj* intervening

dhib *n* curse
dhib badan *adj* nagging
dhibaato *n* difficulty
dhibaato *n* mess
dhibaato *n* plight
dhibaato *n* problem
dhibaato faraha la galid *v* embroil
dhib-badan *adj* daunting
dhib-badan *adj* difficult
dhib-badan *adj* fiendish
dhib-badnaan *n* complication
dhibbane *n* persecutor
dhibbane *n* victim
dhibbow *n* recruit
dhibco *n* score
dhibco ku rayn *v* chalk up
dhibic *n* dot
dhibic *n* drop
dhibic roob *n* raindrop
dhibic yar *n* glob
dhibic-tobanle gelin *v* decimalize
dhibid *v* irk
dhici kara *adj* probable
dhicid *v* expire
dhicid *v* flop
dhicid *v* rob
dhici-kara *n* contingency
dhicitaan *n* demerit
dhicitaan *n* expiration
dhicitaan *n* setting
dhidib *n* stake
dhidid *n* perspiration
dhidid *n* sweat
dhidid-dhowr *n* antiperspirant
dhididid *v* perspire
dhigaha *n* longitude
dhigid *v* lay
dhigid *v* put
dhihid *v* say
dhiibid *v* hand in
dhiig bixid *v* bleed
dhiig bixid *n* blood
dhiig leh *adj* bloody
dhiig yaraan *n* anaemia
dhiig-caddaad *n* leukemia
dhiig-dhowr *n* pantyliner
dhiig-kar *n* high blood pressure
dhiig-qabow *adj* cold-blooded
dhiinsoole *n* quilt
dhiiri-gelin *n* encouragement
dhiirrasho *v* embolden
dhiirri-galiye *n* stimulus
dhillay *n* gigolo
dhillo *n* prostitute
dhimasho *v* die
dhimasho *n* mortality
dhimasho *v* perish
dhimid *v* reduce
dhimman ama doorsan *adj* impaired
dhinac *n* flank
dhinaca isku haya *prep* alongside
dhinaca ku haya *adv* near by
dhinac-dhinac *adv* sideways
dhinbil *n* spark
dhin-bil *n* ember
dhinte ah *adj* mortal
dhiqle *n* bedbug
dhir *n* plant
dhir *n* vegetation
dhir mirood *n* cereal
dhir yar-yar *n* grove
dhirayn *v* afforest
dhirayn *n* reforestation
dhirayn *n* seasoning
dhircunto *n* coriander
dhireed - geedo *adj* herbal
dhirif *n* tantrum
dhirri-gelin *v* cheer
dhirta *n* curry

dhirta *n* forestry
dhirta aan midhaha bixin *adj* barren
dhirta badda hoosteeda *n* seaweed
dhirta cuntada sida xawaaj ama xawaash *n* spice
dhis bira-ah *n* gantry
dhisid *v* build
dhisid *v* construct
dhis-jaranjaro *n* scaffolding
dhismaha ama guryaha qaybta dhulka ka hoosaysa *n* basement
dhismo *n* building
dhismo *n* construction
dhismo ama meel dadka *n* air terminal
dhismo weyn oo ah *n* institution
dhismo-dheer *n* skyscraper
dhismo-xafiiseed *n* office building
dhitayste *n* depositor
dhito *n* hoard
dhogor-leh *adj* furry
dhogorta shimbiraha siiba baalashooda *n* plumage
dhoobo *n* clod
dhoobo *n* mud
dhoobo *n* studge
dhoobo ka samaysan *n* ceramic
dhoobo ka samaysan *n* clay
dhoobo ka samaysan *n* earthenware
dhoofin *v* export
dhoofinta *n* exportation
dhoofitaan *v* departure
dhooqayn *adj* muddy
dhooqaysan *n* slime
dhooqaysan *adj* slimy
dhooqo *n* quagmire
dhooqo *n* quick sand
dhoshoq *adj* saturated
dhoshoq ah *adj* soggy
dhowrsan *adj* restrained
dhudhun *n* forearm
dhufaanid *v* neuter
dhufays *n* bunker
dhufays teed *n* rampart
dhufeys *v* entrench
dhug u-yeelasho *v* heed
dhuguc *adj* mellow
dhul degaan *adj* residential
dhul yara godan *n* lowland
dhul-ballaaran *n* estate
dhul-bare *n* equator
dhul-gariir *n* earthquake
dhul-goosi ah *adj* feudal
dhulka *v* engulf
dhulka *n* ground
dhulka dhisme jaamacadeed ama kulleej *n* campus
dhulka is-dhigid *v* grovel
dhulka ku ridid *v* knock down
dhul-sare *n* highland
dhululubo *n* cylinder
dhul-weyne *n* mainland
dhumin *v* lose
dhumucda *n* girth
dhunjin *v* get down
dhunjin *v* gulp
dhururuq *n* penny
dhurwaa *n* hyena
dhutin *v* limp
dhuudhi *n* flea
dhuujin *v* screw up
dhuukin *v* tramp
dhuumad *n* hiding
dhuumaha biyaha *n* plumbing
dhuumanaya *adj* evasive
dhuumasho *v* sneak

dhuun ama tuubbo *n* pipe
dhuun yar *n* straw
dhuuni *n* glutton
dhuuqid ama nuugid *v* absorb
dhuux *n* marrow
dhuxul *n* charcoal
dhuxul *n* coal
dib isugu-habayn *v* readjust
dib u cusbooneyn *n* renewal
dib u dhalasho *n* rebirth
dib u dhigid *v* delay
dib u dhigid *v* put back
dib u habayn *v* adorn
dib u kireysi *n* leaseback
dib u samayn *adv* afresh
dib u saxid ama dib u hagaajin *v* amend
dib u-dhigid *v* defer
dib u-faagasho *v* flinch
dib uga noqosho *v* back off
dib u-guursi *v* remarry
dib uhabayn *n* restoration
dib u-habayn *v* realign
dib u-hayn *v* hold back
dib u-hubayn *v* rearm
dib u-jahayn *v* redirect
dib u-maxkamadayn *v* retry
dib u-nidaamin *v* rearrange
dib u-noqod *v* ricochet
dib u-noqosho *v* go back
dib u-samayn *n* reconstruction
dib usoo bixid *v* reappear
dib usoo booda *v* bounce
dib u-xusid *v* hark back
dibadda *adj* external
dibadda *prep* out
dibadda *prep* outside
dibe *n* bull
dibi *n* ox
dibi *n* yak
dib-jir *n* waif
dibloomaasi *adj* diplomatic
dibloo-maasi *n* diplomat
dibloomaasiyad *n* diplomacy
dibloomo *n* diploma
dib-qallooc *n* scorpion
dib-u bixin *v* repay
dib-u bixin *n* repayment
dib-u ciyaarid *v* replay
dib-u cusboonaysiin *v* renovation
dib-u dhalinyaraan *v* rejuvenate
dib-u dhicid *v* recur
dib-u dhisid *v* rebuild
dib-u eegid *n* reappraisal
dib-u faagasho *v* recoil
dib-u fakarid *v* reconsider
dib-u gocasho *n* retrospect
dib-u gurasho *v* relapse
dib-u gurasho *v* retreat
dib-u habayn *n* reformation
dib-u habayn ku samayn *v* reform
dib-u habayn ku samayn *v* renovate
dib-u hagaajin *v* repair
dib-u helid *v* regain
dib-u helid *v* retrieve
dib-u hubin *v* review
dib-u hubin *v* revise
dib-u kulmid *v* reunite
dib-u laabasho *v* recede
dib-u noqosho *n* reversal
dib-u-buuxin *v* replenish
dib-u-dhigid *v* postpone
dib-u-dhisid *v* reconstruct
dib-ugu laabasho *v* revert
dib-uhabayn *v* furbish
dib-usaaxiibid *n* rapprochement
dib-u-samayn *v* redo
dibu-socod ah *adj* reactionary
dib-usoo boodid *v* rebound

dib-usoo noolaan *v* revive
dib-usoo noolayn *v* resurrect
dib-u-warshadayn *v* recycle
didin *v* estrange
didmo *n* rampage
didmo *n* stampede
difaaca jirka ee cudurrada *n* immune system
difaaceed *adj* defensive
difaacid *v* defend
difaacid *n* defense
digaag *n* poultry
digaag dhal ah *n* chick
digaag dhal ah *n* chicken
digaagad *n* hen
digasho *n* jeering
digiiran *n* guinea fowl
digiiran *n* pheasant
digiiran dhedig ah *n* guinea hen
digir *n* bean
digniin *n* caveat
digniin ah *adj* cautionary
digri *n* doxology
digsi-suugo *n* saucepan
digtoon *adj* alert
digtooni *n* attention
diiddan *adj* disiclined
diiddan *adj* loath
diiddan *adj* reluctant
diiddan *adj* unwilling
diidid *v* disclaim
diidid *v* refuse
diidis *v* jib at
diidmo *v* balk
diidmo *n* objection
diidmo *n* refusal
diidmo ah *adj* negative
diidmo-cad *n* defiance
diihaalsan *adj* destitute
diihaalsan *n* destitution
diilimo leh *n* pinstripe
diillin ama daliigya leh *adj* striped
diillin midab ah *n* stripe
diin *n* religion
diin ahaan *adv* religiously
diinaamiko *n* dynamics
diineed *adj* religious
diinimo *n* dynamo
diinomo *n* alternator
diinta Yuhuudda *n* Judaism
diiq *n* cock
diiq *n* rooster
diir *n* rind
diir-diir *n* grub
diirran *adj* lukewarm
diirran *adj* warm
diiwaan *n* register
diiwaan ama buug lugu aruuriyo gabayo *n* anthology
diiwaan gelin *v* record
diiwaan-gelin *n* registration
diiwaan-haye *n* registrar
dil *v* kill
dil *n* killing
dil *adj* sanguinary
dilaa *n* killer
dilaa ah *adj* lethal
dil-dilo *n* weal
dilid *v* bump off
dilid *v* execute
dilid *n* execution
dilid *v* slay
dilid maxkamad la'aan *v* lynch
dillaac *n* rift
dillaacid *v* hatch
dillaacin *v* crack
dillaacin *n* leak
dillaacin *v* slash
dillaacin *v* slit
dilmiga bulshada *n* civics

dimoqraadiyad *n* democracy
dinta Kristaanka *n* Christianity
dirgi ah *adv* scarcely
dirid *v* consign
dirid *v* dispatch
dirid *v* peel
dirid *v* send
dirindiir *n* caterpillar
dirindiir-xariireed *n* silkworm
dirir *n* feud
diris *n* consignment
dirqi *adv* narrowly
dirqi kugu ah *adj* compulsive
Diseembar *n* December
diwaanka weyn ee xisaabaadka *n* ledger
dixiri *n* worm
diyaafad-fiican *adj* hospitable
diyaafadin *v* accommodate
diyaar u ah *adv* readily
diyaar u ah *adj* ready
diyaarad *n* airplane
diyaarad *n* plane
diyaarad-fuul *n* boarding pass
diyaarad-rakaab *n* jumbo jet
diyaarad-yar *n* glider
diyaarad-yar *n* light aircraft
diyaar-garayn *adj* preparatory
diyaar-garoow *n* preliminary
diyaar-garoow *n* preparation
diyaargarow *n* mobilization
diyaarin *v* prepare
diyaarin, meel-dhigid *v* set
diyaarsan *adj* prepared
diyaarsan *adj* ready-made
dodadle-nnimo *n* polygamy
dogor *n* wool
doob ahaansho *adj* celibate
doobbiyad *n* laundress
dood *n* polemic
dood badan *adj* contentious
doofaar *n* hog
doofaar *n* pig
doofaar *n* swine
doofaar yar *n* piglet
dool *n* migrant
doolshe - keeg yar *n* maid of honour
doon *n* boat
doon shiraac leh *n* sailboat
doona *v* shall
doon-doonid *v* scour
doon-doonid *v* seek
doon-wade *n* cox
doon-yar *n* dinghy
doon-yar oo dheeraysa *n* cutter
door *n* role
doorasho *n* choice
doorasho *v* choose
doorasho *v* elect
doorasho *n* election
doorasho *v* opt for
doorasho *n* polling
doorasho *n* vote
doorasho ku guuleysasho *n* landslide
doorasho-guud *n* general election
doorsasho *n* preference
doorshaan *n* beetle
doorte *n* elector
doqon *n* goon
doqon *adj* silly
doqonimo *adj* vacuous
doqosh *adj* rambling
doqosh ah *adj* rickety
dowdar *n* hobo
dowddar *n* vagabond
dowddarnimo *n* fecklessness
dowlad-milateri *n* junta
dubaaxin *n* spasm

dubbe-yar *n* gavel
dubid *v* roast
dublad *n* funnel
duco *n* benediction
duco *n* invocation
dudumin *v* pull down
duduudasho *v* redden
duf *n* fluff
dufan *n* grease
dufan-dhowr *n* apron
dufan-leh *adj* greasy
dufan-yar *n* low fat
duf-leh *adj* fluffy
dufnid ama wasakhayn *v* smear
dufta *n* fur
dugaad *n* beast
dugsi *n* school
dugsi tacliin sare oo loogu tala galay waxbarasho gaar ah *n* academy
dugsiga hoose *n* elementary school
dugsi-sare *n* high school
dugsiyeed *adj* academic
dugsiyeed *adj* scholastic
duhurkii *n* midday
duhurkii *n* noon
dukaamaysi *v* shopping
dukaan *n* shop
dukaan weyn oo laamo badan iska leh *n* department store
dukaan xadid *v* shoplift
dukhayn *v* bombard
dukumantaariyo *adj* documentary
dukumeenti *n* document
dul fuulid *prep* onto
dul saaran *prep* on
duleel *n* cavity
dulin *n* parasite
dullayn *v* humiliate
dullinimo *n* degradation
dullinimo *n* humiliation
dulman *adj* down-trodden
dulman *adj* oppressed
dulmi badan *adj* oppressive
dulmiloow *n* oppressor
dulmin ama aflagaadayn *v* offend
dulmin ama aflagaadayn *v* oppress
dulmin ama aflagaadayn *n* oppression
dulqaad *n* forbearance
dulqaad *n* patience
dulqaad la'aan *n* intolerance
dulqaad leh *adj* patient
dulqaad yeelasho *n* bear with
dul-qaadasho *u* abide
dulqaad-yar *adj* fractious
dulsaar *v* impose
dulsaar *n* increment
dumaashi *n* sister-in-law
dumid *v* collapse
dumin *v* demolish
dumnad *n* domino
dun *n* floss
dun *n* strand
dun *n* thread
dun-dumin *n* demolition
dun-dumin *v* raze
duq ah *adj* elderly
duq ah *n* hag
duqa *n* mayor
duqayn *v* crash
duqayn *v* crush
duqayso *n* bomber
duqnimo *adj* decrepit
duqun *n* millet
durbaan *n* drum
durbaan-garaace *n* drummer
dur-duro *n* cambol

durid *v* inject
durid *v* main line
duris ama mudis *v* injection
duruuf qalafsan *n* adversity
dusha *n* top
dusha ka mar-marin *v* dab
dusha saqafka *n* rooftop
duub *n* roll
duub *n* turban
duubid *n* recording
duubid *v* wrap
duuduubid *v* furl
duuduubmid *v* crinkle
duuduub-qosol *n* laugh lines
duuf *n* mucus
duufaan *n* gale
duufaan *n* hurricane
duug *adj* shabby
duug ah *adj* secondhand
duugduuge *n* masseur
duugid *v* massage
duulid *v* fly
duulid *v* soar
duulitaan *n* flight
duuliye *n* pilot
duullaan *n* raid
duumo *n* malaria
duur *n* bush
duur *n* forest
duur *n* jungle
duur-xulid *v* equivocate
dyer afar-gees ah *n* quadrangle

E

ebar *adj* null
eber *n* cipher
eber *n* naught
eber *n* zero
ebyan *adj* consummate
edab darro *n* impoliteness
edboon *adj* courteous
edboon *adj* decorous
edboon *adj* polite
ed-boon *adj* genteel
edeb *n* courtesy
edeb daran *adj* impolite
edeb daran *adj* rude
edeb darro *adj* impertinent
edeb darro *adj* insolent
edeb darro ah *adj* raunchy
edeb darroab *adv* rudely
edeb-daran *adj* cheeky
edeb-daran *adj* discourteous
edeb-daran *adj* ungracious
edeb-darro *n* rudeness
edeb-laawe *n* yahoo
ee *adj* cardiac
ee *prep* of
ee abtir-siinyo *n* genealogical
ee afka *adj* oral
ee akhlaaqeed *adj* ethical
ee amiirnimo *adj* princely
ee aragga *adj* optical
ee baabuureed *adj* vehicular
ee badda *adj* marine
ee boostada *adj* postal
ee boqoreed *adj* regal
ee bulsho, bulshanimo *adj* social
ee caafimaad *adj* medical
ee caano *adj* lactic
ee cad-ceedda *adj* solar
ee caloosha *adj* gastric
ee carruureed *adj* childish
ee cirifyada *adj* polar
ee codeed *adj* vocal
ee dareen leh *adj* sensory

ee dhul-gariir *adj* seismic
ee fadhi ah *adj* sedentary
ee falsafadeed *adj* philosophical
ee fasax *adj* sabbatical
ee ganacsi *adj* commercial
ee gobol *adj* provincial
ee guur *adj* marital
ee hore *adj* previous
ee hore *adj* prior
ee indhaha *adj* optic
ee jacayl iyo raaxa leh *adj* romantic
ee jinsiyadeed *adj* racial
ee la xulay *adj* selective
ee lacageed *adj* monetary
ee laf-dhabarta *adj* spinal
ee madaxwayne *adj* presidential
ee maqal *adj* auditory
ee maskaxda *n* cerebral
ee maskaxda *adj* mental
ee milateri *adj* martial
ee miyi *adj* rustic
ee murqaha *adj* muscular
ee neefsiga *adj* respiratory
ee nool *adj* organic
ee qan-jirada *adj* glandular
ee samada *adj* celestial
ee sanka *adj* nasal
ee saxiro leh *adj* pictorial
ee shacabka *adj* civil
ee shaqada *adj* occupational
ee shaqaynaya *adj* operative
ee shucuureed *adj* sentimental
ee siyaasadeed *adj* political
ee wareegga *adj* revolving
ee weyn *adj* senior
ee xaflad *n* ceremonial
eebbe *n* creator
eed *n* allegation
eedayn *v* blame
eedayn *v* charge
eedayn *v* reproach
eedayn - danbi-saaris *n* imputation
eedaysane *n* defendant
eeddo ama habaryar *n* aunt
eedsiin *v* pay for
eeg *n* anemia
eeg *n* anesthetize
eeg arose
eeg *n* bunk
eeg *v* dowse
eeg *v* dug
eeg *adj* grey
eeg *adj* indigenous
eeg *n* junky
eeg *v* lent
eeg dispatch *n, v* despatch
eeg inquire *v* enquire
eeg inquiry *n* enquiry
eeg keep *v* kept
eeg know *v* knew
eeg sawirkan hoose *n* delft
eegis *n* preview
eek lahayn *adj* impartial
eex *n* partiality
eey yar *n* puppy
eeyad *n* bitch
ehel *n* flesh and blood
ehel *n* folks
ehelnimo *n* kinship
elektaroon *n* electron
elektaroonig *adj* electronic
engejin *v* dehydrate
eray-abuur *n* coin
erey *n* word
ereyo *n* lexis
ergey *n* delegate
ergey *n* emissary
ergey *n* envoy

ergo *n* deputation
ergo *n* mission
eryasho *v* chase
eryasho *v* pursue
eryid *v* cast out
ey *n* dog
ey-duur *n* hound
eyga dadka haga *n* guide dog

F

faafay *adj* rife
faafid *n* outbreak
faafin *v* disseminate
faafin *n* publication
faafin *v* publish
faaf-reebe *n* censor
faaf-reebe *n* censorship
faafsan *adj* diffuse
faahfaahin ama fududayn *n* amplification
faahfaahin safar ku saabsan *n* itinerary
faahfaahsan *adj* detailed
faa'iido *n* profit
faa'iido *n* profitability
faa'iido badan leh *adj* lucrative
faa'iido guud *n* gross profit
faa'iido khayaamid *v* rake off
faa'iido leh *adj* advantageous
faa'iido leh *adj* profitable
faa'iido leh *adj* rewarding
faa'iido-darro *n* disadvantage
faal *n* prophecy
faalalis *v* ramify
faaliso ama faaliye *n* fortune-teller
faaliye ama qof wax-sheega *n* astrologer
faallo *n* comment
faallo *n* commentary
faan *n* boast
faan badan *adj* boastful
faanbiyid *v* rummage
faanbiyid *v* sumble
faanid *v* vaunt
faanin *adj* complimentary
faanin xad dhaaf ah *n* adulation
faanto *n* dune
faar *n* sediment
faas *n* chopper
faas ama gudin *n* axe
faashad *n* pad
faasid *adj* perverted
facshar *n* disgrace
facshar - sharaf-dhac *n* ignominy
fadaq *adj* naughty
fadeexad ah *adj* scandalous
fadeexayn *v* scandalize
fadeexo *n* scandal
fadfadsan *adj* pockmarked
fadhi *n* couch
fadhi *n* seat
fadhiga baararka *n* booth
fadhiya *adj* stagnant
faduul badan *adj* inquisitive
fagaare *n* forum
fahma badan *adj* perceptive
fahmid *v* comprehend
fahmid *v* understand
fakad *n* deserter
fakad *n* escapee
fakad *n* fugitive
fakar *n* thinking
fakhri *adj* poor
fakhri ka dhigid *v* impoverish
fakhri ka dhigid *n* indigence
fal *n* verb

fal muujinaya dareenka qofka *n* gesture
falag *n* galaxy
falaxgoodin *v* bluff
fal-dhan *adj* intransitive
falgal-de-dejiye *n* enzyme
fal-gargaare *adj* adverbial
fal-gargaare ama fal-kaab *n* adverb
fallaaganimo *n* hooliganism
fallaago *n* hooligan
fallaago *n* rebel
fallaago *n* rebellion
fallaar-ilays *n* ray
fal-safad *n* philosophy
fal-xun *n* disservice
famashiiste *n* druggist
fan ama farshaxan *adj* artistic
fanax leh *adj* gap-toothed
fanka muusiko ciyaarsiinta *n* opera
fanka quruxda *n* fine arts
fannaan *n* artiste
fantasyo *n* pomp
fantax *n* gap
faqiir *adj* impecunious
faqiir *n* pauper
faqiir *n* wretch
fara badan *adv* astronomical
fara-badan *n* myriad
fara-badan *n* umpteen
farac *n* offshoot
faragelin *v* interfere
faraley *n* rake
fara-maran *adj* empty-handed
farammugo *n* octopus
faraq-leh *adj* frilly
faras *n* horse
faras *n* knight
faras qoodh ah *n* stallion
faras yar *n* pony
faras-badeed *n* seahorse
farax *n* excitement
farax *n* exhilaration
farax *adj* merry
farax la marqaansan *adj* heady
faraxad-gelin *v* gladden
farax-gelin *v* enchant
faraxsan *adj* cheerful
faraxsan *adj* euphoric
faraxsan *adj* gay
faraxsan *adj* glad
faraxsan *adj* joyous
faraxsanaan *v* carry on
fara-xumee *v* molest
farcan *n* progeny
fardooley *n* cavalry
fareejo *n* blinkers
fargad *n* plaid
far-gashi *n* ring
fargeetada beeraha *n* pitchfork
fargeeto *n* fork
fariid *adj* savvy
fariisasho *v* sit
fariisasho *adj* stagnate
fariistay *v* sat
farmashiye *n* dispensary
farmashiye *n* drugstore
farmashiye *n* pharmacy
faro *n* fingerprint
farqi *n* difference
farqi *n* discrepancy
farqi *n* disparity
farriin *n* message
farriin-haye *n* voice mail
farsad-leh *adj* enchanting
farsamada wax qorista *n* carving
farsama-yaqaan *n* artisan
farsamo *n* technique
farsamo-badni *n* dexterity

farshaxan *n* art
farshaxanka *n* chirography
far-shaxanka wax qoridda *n* sculpture
farshaxan-yaqaanka was qora *n* sculptor
farta-sawiran *adj* hieroglyphic
faruur *n* harelip
farxad *n* enchantment
farxad *v* excite
farxad *n* finger
farxad *n* pleasure
farxad gelin *v* cheer up
farxad gelin *v* delight
farxad gelin *v* rejoice
farxad ka buuxdo *adj* joyful
farxad ka muuqato *adj* jubilant
farxad leh *adj* beatific
farxad sare *n* zest
farxad weyn *n* joy
farxad-gelin *v* enrapture
farxad-sare *n* bliss
farxid *v* exhilarate
far-yaro *n* little finger
fasaad *n* vice
fasahaadid *v* deprave
fasahaadid *n* depravity
fasal *n* class
fasal *n* classroom
fasax *n* leave2
fasax *n* recess
fasax *n* vacation
fasax aadid *n* outing
faseex *adj* sonorous
faseex ah *adj* fluent
faseexad *n* hinge
faseexnimo *n* fluency
fashal *n* fiasco
fashilaad *n* wash out
fashilmid *v* fall through
fashilmid *v* fizzle out
fatashid *v* ransack
fawdo *n* anarchy
faylasuuf *n* philosopher
fayodhawr *n* hygiene
fayodhawr ah *adj* hygienic
fayoow *adj* unbidden
fayras *n* virus
faysto *n* fiesta
faysto yuhuudeed *n* hanukkah
febraayo *n* February
feegaarid *v* doodle
feegaarid *v* scribble
feeiigan *adj* vigilant
feejigan *adj* cagey
feejigan *adj* careful
feejigan *adj* cautious
feejigan *adj* chary
feejigan *adj* circumspect
feejigan *adj* wary
feejigan *adj* watchful
feejignaan *n* vigil
feer *n* punch
feer *n* rib
feer la tuurid *v* knock out
feer yahan *n* boxer
feerayn *n* ironing
feertamid *n* boxing
feex *n* wart
ficil celin *n* reaction
ficilahaan *adj* virtual
fidaya *adj* expandable
fidi og *adj* pervasive
fidid *v* spread
fidin *v* extend
fidin *v* uncurl
fidis *n* diffusion
fidis *n* expansion
fidis *n* extension
fidna-wale *n* ringleader

fidna-wale *n* warmonger
fidsanaan *n* extent
fiican *adj* nice
fiid *n* evening
fiin *n* ridge
fiin fiiqan *n* escarpment
fiinta *n* apex
fiinta *n* crest
fiinta *n* culmination
fiinta *n* peak
fiinta *n* summit
fiinta *n* vertex
fiinta *n* zenith
fiiqan *adj* pointed
fiiqan *adj* sharp
fiiqfiiqan *adj* spiky
fiira dheeri *adj* observant
fiira-dheeri *n* foresight
fiir-fiirin *v* look around
fiiri *v* look
fiirin *v* behold
fiirin *v* gawk
fiirin *v* scan
fiisigis yaqaan *n* physicist
fiitamiin *n* vitamin
fikin *v* expand
fikrad ama ra'yi *n* idea
fikrad ballaaran leh *adj* liberal
fikrad khalad ah ka bixin *v* belie
fikrada guud sheegid *n* outline
fikradda guud *n* concept
fikradda guud *n* conception
fikradda guud *n* consensus
fikradda guud *n* notion
filid *v* suppose
filin *n* film
filin *n* movie
filin anshaxa u xun *n* blue movie
filin iwm *v* edit
filin kartuun leh ama jinijini leh *n* animation
fin *n* pimple
fin *n* zit
finan *n* acne
firaaqayn *v* vacate
firaaqo *n* vacancy
fir-ah *adj* genetic
fircoon *n* pharaoh
firdhaad *n* shrapnel
firdhaad ah *n* scattering
firdhin *v* dissipate
fir-fircoon *adj* dynamic
firfircoon ama wax qabad leh *adj* active
fir-fircooni helid *v* refresh
firqo diineed *n* cult
fisqi *n* obscenity
fitaax *adj* loose-fitting
fitaax ah *adj* spacious
fiyooliin *n* vietin
fiyuus *n* fuse
fog *adj* remote
fogaan *n* distance
fogaan *adj* distant
fogaan-arag *adj* longsighted
foocsanaan *n* bulge
fool *n* forehead
fool-dheer *n* tusk
foollo *n* neutral
fool-xumayn *v* disfigure
fool-xun *adj* drab
fool-xun *adj* hideous
fool-xun *adj* ugly
foorjari *n* forgery
foor-jayn *v* needle
foorjo - caay *n* name-calling
foorno *n* oven
foororin *v* invert
foororsi *v* stoop

footo-koobbi *n* Xerox
footosentisis *n* photosynthesis
fudayd *n* simplicity
fudud *adj* simple
fududayn *v* simplify
fududaysi *n* levity
fududaysi *adj* light weight
fufid *v* sprout
fulay *n* coward
fulaynimo *adj* craven
fuley ah *adj* faint-hearted
fuli-kara *adj* enforceable
fulin *v* carry out
fulin *v* fulfil
fulin *n* fulfilment
fulin *n* implementation
fulin *v* perform
fulin hawleed *n* performance
fulin la'aan *n* default
fuliye *n* executor
funaanad dhaxameed *n* pullover
funaanad-dhaxameed *n* jumper1
fur *n* stopper
furaha qasabadda *n* faucet
furan *adj* open
furasho *n* conquest
furdaamis *n* exorcism
fure *n* key
furfuran *n* openning up
fur-furan *adj* chummy
fur-furan *adj* expansive
fur-furan *n* extrovert
furfurid *v* dismantle
furfurid *v* unfurl
furfurid *v* unpick
fur-furid *v* unfold
furfurnaan *adj* ebullient
furfurnaan *n* openness
furid *v* unbuckle
furid *v* undo
furid *v* untie
furis-dhowr *adj* tamper-evident
furis-dhowr *adj* tamper-resistant
furitaan *n* lead-in
furitaan *n* opening
furniin *n* divorce
fursad *n* chance
fursad *n* opportunity
fursad *n* vantage
furuq *n* small pox
futo *n* asshole
fuulid *v* climb
fuulid *v* mount
fuulid *v* ride
fuulid ama kor u kicid *v* ascend
fuulitaan *n* ascent
fuundi *n* mason
fuursan *adj* bloated
fuusto *n* barrel
fuxshi *adj* obscene

G

gaaban *adj* short
gaabsi *n* love affair
gaadaa *n* stalker
gaaddo *n* pectoral
gaadid *v* ambush
gaadid *v* stalk
gaadiid *n* conveyance
gaagur *n* beehive
gaagur *n* hive
gaajaysan *adj* ravenous
gaajo *n* hunger
gaajo *n* starvation
gaajoonaya *v* starve
gaangeystar *n* ruffian

gaan-geystar *n* gangster
gaar ahaan *adv* particularly
gaar u-ah *adj* exclusive
gaar-ahaan *adj* especially
gaar-ahaan *adv* specially
gaari *n* car
gaari *n* coach
gaari *n* trolley
gaari *n* vehicle
gaari faras *n* calash
gaari ilmood *n* pram
gaarid *v* contrive
gaarid *v* get at
gaarid *v* reach
gaarifaras afar shaag leh *n* carriage
gaariga carruurta lugu riixo *n* stroller
gaari-gacan *n* barrow
gaari-gacan *n* cart
gaaritaan lib *n* achievement
gaaritaan lib *n* automobile
gaarsiin *v* convey
gaarsiin *v* infuse
gaas *n* kerosene
gaas *n* kerosine
gaashaan *n* armor
gaashaan *n* shield
gaashaan ama qalab *n* armour
gaashaanle dhexe *n* lieutenant colonel
gaashaanle sare *n* colonel
gaashiyeysan *adj* spotted
gaashiyo leh *adj* dappled
gaaska la shito *n* paraffin
gaas-tariko *n* gastritis
gaaya *n* hookah
gabadha labada qof ee is-qabta midkood dhalo *n* stepdaughter
gaba-gabayn *v* conclude
gabagabo *n* conclusion
gabal *n* piece
gabal *n* segment
gabal-dave *n* sunflower
gabar *n* girl
gabar *n* lass
gabar gashaanti *n* maiden
gabareey-maanyo *n* mermaid
gabarnimo *n* girlhood
gabay *n* poem
gabay *n* poetry
gabay la xarriira *adj* poetic
gabaydo *n* poetess
gabbaad *n* haven
gabbasho *v* dodge
gabiba *adv.* totally
gaboobay *adj* old
gaboobaya *adj* ageing
gabooye *adj* archer
gabyaa *n* bard
gabyaa *n* poet
gacan *n* bay
gacan *n* peninsula
gacan *n* radius
gacan ama wax gacan shabbaha *n* arm
gacan biya ah *n* inlet
gacan-dhaaf *infl* filch
gacan-gashi *n* glove
gacan-gashi *n* gulf
gacan-haadin *v* wave
gacan-nasiye *n* arm-rest
gacan-qaad *n* palmtop
gacantii-koowaad ah *adj* first-hand
gacan-yare *n* sidekick
gacma ka hadlid *v* gesticulate
gacma-gashi *n* gauntlet
gacmo-gaab *adj* sleeveless
gadaal *n* rear

gadaal celis *prep* behind
gadaal ka bixin *v* pay back
gadaale *adj.* aback
gadasho *v* purchase
gaddisan *adj* incongruous
gaddoomid *adv* overboard
gade *n* salesperson
gade *n* seller
gade *n* vendor
gadid *v* vend
gadood *n* mutiny
gafane *n* leech
gal *n* binder
gal *n* file2
gal *n* folder
galaan *n* gallon
galaas *n* tumbler
galab-gacmeed wargadaha isku-dhejiya *n* stapler
galabka xafiisyada ee yar-yar *n* stationery
galabnimo *n* afternoon
galajin *v* desiccate
galan-galcayn *v* wallow
galbeed *n* west
galcado *n* fortification
gal-ciyaareed *n* playpen
gal-galoolan *adj* curly
galid *v* get into
galka bistooladda *n* holster
galka toorreyda *n* sheath
gallayr *n* kestrel
galley *n* corn
galley *n* maize
galmo *n* sexual intercourse
gambaleel *n* bell
ganaax *v* fine
ganaax *n* penalty
ganac *n* gratification
ganacsade *n* businessman
ganacsade *n* merchant
ganacsade *n* trader
ganacsi *n* business
ganacsi *n* commerce
ganacsi *n* trade
ganacsi furan *n* free trade
ganacsi-aasaase *n* entrepreneur
ganacsiga *n* boom
ganbar *n* stool
ganid *v* hurl
ganjeello *n* gate
ganjeello *n* portal
gantaal *n* missile
gantaal *n* projectile
gar *n* beard
gar qaadid ama beshiisiin *n* arbitration
garaac *n* drubbing
garaac *n* knock
garaaca wadnaha *v* pulsate
garaace *n* knocker
garaacid *v* beat
garaacid - gelin *n* key in
garaacis *n* flogging
garaacis *n* typing
garaadka dahsoon ee qofka *adj* subconscious
garaado *n* rank
garaaf *n* graph
garaafo *n* carafe
garaafo *n* jug
garaafo *n* pitcher
garaash *n* garage
garab *n* shoulder
garabka bidix *n* left wing
garafaati *n* necktie
garan *n* tank top
garan *n* undershirt
garan-gar *n* hoop
garasho *v* know

garasho *v* perceive
garasho *adj* perception
garasho *v* realize
garasho *n* understanding
garasho ama fahan *n* cognition
garasho ama ogaal *n* cognizance
garawsi *v* recant
garba-nuuxin *v* shrug
garba-saar *n* shawl
gardadam-sasho *v* champ
gardaran ama dagaal badan *adj* aggressive
gargaar *n* aid
gar-gaarka deg-degga ah *n* first aid
gar-gariiraya *adj* shaky
gar-gariirid *v* shiver
gar-gariirid *v* shudder
gariir *n* tremor
gariirid *v* quake
gariirid *v* quiver
gariirin *v* vibrate
garin *v* camouflage
garka *n* chin
garoob *n* divorcee
garoon ciyaareed *n* playground
garoon ciyaareed *n* stadium
garoon dayuuradeed, gagi dayuuradeed, ama madaar *n* airport
garoon tartan *n* racetrack
garoon-baraf *n* ice rink
garraaninimo *n* clerical
garraaninimo *n* clerk
garruun *n* cudgel
garsoore *n* magistrate
garsoore ciyaareed *n* referee
garweyn *n* pickaxe
gar-yaqaan *n* lawyer
gasab *n* sugarcane
gate *n* buyer
gawricid *v* slaughter
gawricis *adj* cut-throat
gawtiyo leh *n* coarse
gayaxan *adj* stark
gaylo *n* shout
gebi ahaan *adv* outright
gebi-rogasho *n* slouch
geed *n* tree
geed bixiya midho la cunikaro *n* currant
geed curdan ah *n* sapling
geed hareed *n* elm
geed khudradeed *n* beet
geed la cuno *n* vanilla
geed ubax badan *n* orchid
geedaysan *adj* spicy
geeddi *n* caravan
geedka liin dhanaanta *n* lemon
geedo *n* herb
geed-saar *n* creeper
geenyo *n* mare
geeri *n* demise
gees *n* corner
gees *n* edge
gees *n* horn
gees *n* periphery
gees *n* side
gees iskadhigid *v* push aside
gees ka dhicid *v* keel over
geesaha ama nawaaxiga magaalada *n* outskirts
geesaha warqadda *n* margin
gees-bidix *n* left field
geesi *adj* gallant
geesi ah *adj* bold
geesi ah *adj* brave
geesinimo *n* bravery
geesinimo *n* courage
geesinimo *adj* courageous

geesinimo *adj* doughty
geesinimo *n* gallantry
geesinimo *n* valor
gef *n* faux pas
gef ama afxumo diinta loo geysto *n* profanity
gefid *v* err
gelid *v* enter
gelid *n* entry
gelid dal si loo qabsado *v* invade
gelin *v* tuck
geri *n* giraffe
get rid of - ka takhalusid *v* rid
gidaar *n* wall
girid *v* certify
girig ku dallicid *v* jack up
go'aan *n* abstraction
go'aan *adj* adverse
go'aan aan ka noqod lahayn *adj* adamant
go'aan adayg leh *adj* resolute
go'aan la xadhiidha *adj* judgmental
go'aansasho *n* determination
go'aansasho *v* determine
gobol *n* province
gobol *n* region
goboleed *adj* regional
gocosho *v* rankle
god *n* cave
godadle *n* polygamist
godadle *n* pothole
god-cusbo *n* salt mine
godob *n* grudge
godob *n* undercurrent
gofka wax sawira ama naqshadeeya *n* artist
gogoldhig *n* preface
golaha odayaasha *n* senate
golcas *n* gazelle
gole *n* council
gole-ciyaareed *n* circus
golxo leh: xoodan *adj* concave
goob *n* site
goob *n* venue
goobaabin ah *adj* round
goob-joog *n* eyewitness
goobo *n* circle
goobo *n* sphere
goobo ah *adj* spherical
goobo nuskeed *n* semicricle
goobo rubuceed *n* quadrant
gooboqayb *n* pie chart
goobta dagaalka *n* battlefield
googgarad *n* petticoat
goojo *n* drops
gool qof doonayo unuu gaaro *v* aspire
gooni u takooran *v* isolate
goonno *n* skirt
goorma *adv* when
goortii *n* while
gooyn *n* cut
gooyn *v* cut down
gooyn *v* excise
gooyn *v* prune
gorgor *n* eagle
gorgor dhal ah *n* eaglet
goriila *n* ape
goroyo *n* ostrich
gorrax *n* sun
gosha *n* crotch
goyan *adj* wet
goyn (jarid) *v* sever
gu *n* spring
guban *adj* parched
guban og *adj* inflammable
gubanaya *adj* afire
gubanaya *adj* burning
gubasho *n* combustion

gubasho yar *v* scorch
gubid *v* burn
gubid *v* sear
guda-eegis *n* laparoscopy
guda-gelin - durkin *v* indent
gudaha *adj* domestic
gudaha *adj* inner
gudaha *prep* inside
gudaha *n* interior
gudaha *adj* local
gudaha ah *adj* internal
gudbi kara *adj* communicable
gudbid, u dhiibid *v* pass
gudbin *v* get across
gudbinaya *adj* catching
gudbis *n* crossing
gudbiye *adj* permeable
guddi *n* committee
guddi *n* panel
guddoomiye *n* chairman
guddoon *n* verdict
gud-gudbin *v* hand on
gudid *v* circumcise
gudinta *n* blade
guduud *n* red
guduud dhalaalaya *adj* scarlet
guduud khafiif ah *n* pink
guduudan *adj* ruddy
guduudan *adj* sanguine
guduudane *n* lynx
guf *n* blockage
guf *n* plug
guiis *n* sub
gulukoos *n* glucose
guluub *n* bulb
gumaad *n* holocaust
gumaar *n* pubis
gumaarka la xarriira *adj* pubic
gumaysasho *v* colonize
gumeysi *n* colony
gumeysi (mustacmar) *n* colonialism
gumeysiga *n* colonial
gumeyste ama xukunkiis *adj* imperial
gummud *n* stub
gun dhow *adj* shallow
gunaanad *n* epilogue
gundhig *adj* basic
gunno *n* bonus
gunta *n* bottom
gunti xirasho *v* buckle down
guntiino *n* kanga
guntin *n* bundle
guntin *v* knot
gunuunuc *n* grumble
gunuunuc *v* murmur
gurasho *v* reap
guray - gurrane *n* lefty
gurbaan *n* kettledrum
gurey *n* leftie
guri *n* home
guri *n* house
guri *n* letting
guri dabakh ah *n* apartment
guri eey *n* kennel
guri ka-saarid *v* evict
guriga-martida *n* guest house
guri-joogto *n* housewife
gurrac *adv* anti-clockwise
gurracan *adj* cock-eyed
gurracan *adj* undignified
gurracan *adj* ungainly
gurran *adj* left-hand
gurxan *n* growl
guryan *v* mutter
gus *n* penis
guubaabo *n* exhortation
guud *n* general
guud *n* mainstream

guud ahaan *adj* universal
guud ahaan dadweynaha *n* popularly
guud-ahaan *n* generality
guud-ahaan ka-dhigid *v* generalize
guud-ahaansho *n* generalization
guud-bulbul *n* mane
guudka *n* exterior
guud-mar *n* hint
guuguule *n* cuckoo
guul *n* eclat
guul *n* success
guul *n* triumph
guul *n* victory
guul-darro *n* licking
guulevstay *adj* successful
guuleysi *v* succeed
guuleysi *v* wiin
guuleyste *n* winner
guumays *n* owl
guur *n* marriage
guur *n* matrimony
guur-guurasho *v* creep
guur-guurtay *n* crept
guuri kara *adj* mobile
guurid *v* move away
guurin *v* copy
guursaday *adj* married
guursasho *v* espouse
guursasho *v* web
guursi *v* marry
guux *n* drone
guux *n* grunt
guux *n* rumble
guux yar *n* buzz

H

haab-haabasho *v* grope
haab-haabasho *v* scrabble
haadaya *adj* flying
haadid *v* flit
haah *adv* yes
haajirid *v* emigrate
haajirid *v* migrate
haar *n* scar
hab *n* hug
hab *n* mechanism
hab *n* mode
hab *n* order
hab *n* style
hab ama dariiqo wax loo sameeyo *n* recipe
hab dhaqan *n* behave
hab kale ku hubin *v* cross-check
habaabid *v* stray
habaar *n* imprecation
habaarid *v* imprecate
habaas iwm *n* eddy
habacsan *adj* flabby
haba-yaraatee *adv* remotely
habayn *v* arrange
habayn *v* trim
habboonaan *n* convenience
habboonaansho *n* expediency
hab-dhaqan *n* demeanor
hab-dhaqan *n* mannerism
habdhood *n* archery
habeeyn dhax *adv* overnight
habeyn *n* night
habeyn kasta *adv* nihgtly
hab-jimicsi *n* yoga
habka *n* means
habka sifaynta *n* refinement

habka suuq-geynta *n* marketing
habka wax loo qabto *n* procedure
hab-maamuus *n* protocol
hab-nololeed *n* lifestyle
habsan ah *adj* belated
hab-siin *v* cuddle
hab-siin *n* embrace
had iyo jeer; mar kasta *adv* always
hadaf *n* objective
hadal *n* expression
hadal aan naxwe lahayn *adj* incoherent
hadal is-khilaafsan *n* paradox
hadal ku dhawaaqid *adv* aloud
hadal qurxoon *adj* lyrical
hadal yar oo xiisa leh *n* quip
hadal, khudbo *n* speech
hadal-asluubeysan *adj* euphemistic
hadal-badni *n* talkativeness
hadal-boobtayn *v (infl)* gabble
hadba gees u dhaqaaqid *v* oscillate
hadda *adv* freshly
hadda *n* juncture
hadda *adv* now
hadda *adv* presently
hadda ka-dib *adv* henceforth
haddeer *adv* immediately
haddii *conj* if
haddii *conj* only
haddii kale *adv* otherwise
hadiyad *n* gift
hadlid *v* speak
hadlid *v* talk
hagaajin *v* improve
hagaajin *phr* jazz up
hagaajin *v* perfect
hagid *v* navigate
hakad-dhibicle *n* semicolon
hakin *n* abeyance
hakin *v* adjourn
hakin *v* pause
hal *n* one
hal (kaliya) *adj* mono
hal abuur ah *adj* lyric
hal abuure *n* lyricist
hal dhan u socda *adj* one-way
hal kiilo *n* kilogram
hal kiilowaat *n* kilowatt
hal kilomitir *n* kilometer
hal mar boodid *v* bolt
halaaqo *n* yawn
halbawle *n* artery
halbeeg *n* yardstick
halgaadid *v* fling
halgan *n* struggle
halhaleel promptness
halka doonyahaasi ka baxaan *n* ferry
halkaan lasocda *adv* herewith
halkaan lasocda *adv* hither
halkan *adv* here
halkee *pron* where
halku dheg *n* motto
halkudheg *n* catch-word
hal-kudheq *n* slogan
hallayn *v* mar
hallayn *v* taint
hallayn *v* vulgarize
hal-mar *adv* forthwith
hal-marwada dhicid *v* coincide
halow-halow *n* walkie-talkie
hal-xiraale *n* riddle
halyeey *n* hero
halyeey-nimo *n* heroism
hamagsi *n* blunder
hambo *n* left overs
hammad *n* ambition

hammad badan *adj* ambitious
hamminaya *adj* reflective
hanaqaad *adj* grown up
hanasho *n* acquirement
hanbo *n* remains
hanboorrin *v.* boost
hanjabaad *v* blackmail
hannaan ama khiddad wax loo dejiyo *n* scenario
hannaan-socod *n* gait
hanqaraarac *n* centipede
hantaatac *n* waffle
hantaa-takhayn *v* hustle
hanti *n* holding
hanti *n* property
hanti *n* wealth
hanti ka qaadid *v* dispossess
hanti maguurto ah *n* real property
hanti-dhawr *n* controller
hanuun *n* guidance
har *n* shade
haraa *n* oddment
haraa *n* remainder
haraa *adj* remaining
haraa *adj* residual
haraa *n* residue
haraa *n* vestige
haraa *adj* vestigial
haraa burbur *n* ruins
haramcad *n* cheetah
haramcad *n* leopard
haramcad *n* panther
harame *n* weed
harayn *v* overshadow
haraysan *adj* shadowy
hardaf *n* canter
hardamid *v* butt
hardin *v* gore
hareerayn *v* encircle
hareerayn *n* siege
har-gab *n* flu
hargab - ifilo *n* influenza
hargab riiraxyo leh *n* hacking cough
harid *v* remain
harqaan *n* sewing machine
harqaanley *n* seamstress
harqadda barkinta *n* pillowcase
harqis *adj.* abundant
harreed *n* sideburns
hawada sare heehaabaya ama bidaya *adj* airborne
hawada u-tuurid *v* flip
hawl *n* task
hawl badan u baahan *adj* demanding
hawl gaar-ah *n* function
hawl ka dhuumasho *v* shirk
hawl karnimo muujin *v* knuckle down
hawl socota *n* process
hawlaha maamulka la xiriira *adj* administrative
hawlculus *n* undertaking
hawl-gab *n* retirement
hawl-gab ah *adj* retired
hawl-gabid *v* retire
hawl-karnimo *n* diligence
hawl-karnimo *adj* diligent
hawo *n* air
hawo ku-celcelin *v* juggle
hawo neecaw badan leh *adj* airy
hawo-gaaban *n* fad
hawo-kamaran *n* vacuum
hawo-qooye *n* humidifier
hay *inter* oops
hayaan *n* odyssey
haybad *n* prestige
haybadle *n* majesty
hayl *n* cardamom

hayn *n* custody
hayn *n* detain
hayn *v* keep
hayn *v* retain
hayn *n* retention
hay-sasho *v* have
hayste *n* holder
hebed ah *adj* docile
heblaayo *n* Jane Doe
heed *n* barley
heegan ah *adj* poised
heegan u ahaansho *v* stand by
heehaabid *v* hover
heer *n* degree
heer *n* level
heer *n* pitch
heer *n* standard
heer dhexe *adj* medium
heer hoose ah *adj* lowly
heer hoose ah *adj* mediocre
heer sare ah *adj* classic
heer sare ah *adj* high class
heer sare ah *adj* magnificent
heer-hoose ah *adj* undistinguished
heerka *n* caliber
heerka barafoobidda *n* freezing point
heerka ugu fiican *n* perfection
heerka-koowaad *adj* first class
heersare *adj* high-level
heer-sare *adj* first-rate
heer-sare *adj* high-grade
heer-sare *adj* posh
heer-sare ah *adj* exquisite
heer-sare ah *adj* spectacular
hees *n* anthem
hees *n* song
heesaa *n* singer
heesaa *n* vocalist
heesay *v* sang
hees-filin *n* soundtrack
hees-finin *n* soundtrack
heesid *v* sing
hektar *n* acre
hel *v* receive
helid *v* find
helid *v (infl)* gain
helid *v* obtain
helid *v* procure
helid *adj* received
helid ama u-keenid *v* get
helikobtar *n* helicopter
helitaan *n* procurement
heshiis *n* concord
heshiis *n* contract
heshiis *n* contraction
heshiis ama mucahado *n* accord
heshiis ama mucahado *n* agreement
heshiis-caymis *n* insurance policy
hibeyn *v* present
hibo u-leh *adj* gifted
hiddo *n* heredity
hiddo-wade *n* gene
hijro *n* emigration
hijro *n* migration
hikaadin *v* spell
hikaadin *n* spelling
hilib *n* flesh
hilib *n* meat
hilib badan *adj* meaty
hilib idaad *n* mutton
hilib lo'aad *n* beef
hilib-ah *adj* fleshy
hilibka doofaarka *n* pork
hillaac *n* lighting
hilmaamid *v* forget
hilmaan *n* oblivion
hilmaan-badan *adj* forgetful
hilmaansan *adj* oblivious

hiloow *n* nostalgia
himmad-habsan *adj* down-hearted
hindhis *v* sneeze
hindisaa *adj* imaginative
hindisaad *n* invention
hindise *n* inventor
hindisid *v* invent
hingo *n* hiccup
hinjin ama soo-jiidid *v* heave
hinraagid *v* wheeze
hir *n* tide
hirgalin *v* implement
hishiin *v* reconcile
hishiis *n* pact
hishiis gaarid *v* clinch
hishiiska kiro oo guri *n* lease
hiwaayad *n* hobby
hiyi-waalasho *v* hanker for
hoggaamin *v* lead
hoggaamin *v* preside
hoggaamin ama maamulid *n* auspices
hoggaamiye *n* chief
hoggaamiye *n* leader
hoggaan *n* leadership
hoggaan ku qabasho *v* lasso
holac *n* blaze
holac ama dab meel qabsaday *adj.* ablaze
hoonbaro *n* dolphin
hoorid *v* seep
hoormoon *n* hormone
hoos *adv, n* down
hoos *n* shadow
hoos *adv* under
hoos u degid *v* descend
hoos u dheerayn *v* deepen
hoos u dhicid *v* degenerate
hoos u dhicid *v* plummet
hoos u dhigid *v* put down
hoos u dumid *v* cave in
hoos u godmid *v* sag
hoos u hayn *v* keep down
hoos u qoslid *v* chuckle
hoos u-dhicid *v* detract
hoos u-dhicid *v* fall off
hoos u-dhicid *v* go down
hoos yaal (xaga hoose) *prep* beneath
hoose *n* underneath
hooseeya *adj* low
hoos-jooge *n* protégé
hoosteesad *n* stewardess
hoos-udhac *n* downfall
hoos-udhac *n* eclipse
hoos-u-dhac dhaqaale *n* recession
hooy *n* dwelling
hooy *n* shelter
hooyanimo *n* motherhood
hooyo *n* ma
hooyo *n* mama
hooyo *n* mother
hooyonimo *n* maternity
horay *adv* onwards
horay loo gooyey *adj* predetermined
horay u rarid *v* carry forward
horay u wadid *v* proceed
hordhac *n* foreword
hor-dhac *adj* introductory
hore *n* fore
hore *adj* former
hore *adv* forth
hore *n* front
hore *adv* previously
hore *adj* retrospective
horey loo yiri *adj* aforesaid
horey loo yiri *adv* ahead
horgale *n* prefix

horin *n* squad
hor-jooge *n* foreman
hor-kacay *v* led
hor-mar *n* head start
hor-marin *v* prepay
hormuud jaamacadeed *n* dean
horor *n* predator
horor-ah *adj* fierce
horudhac *n* preamble
horumar *n* improvement
horumarid *v* get ahead
horumariye *n* developer
horu-marsan *adj* progressive
horusocod *n* advance
horusocod *n* progress
horu-socodnimo *n* progression
Horyaal *adj* leading
hor-yaal *n* champion
horyaalnimo *n* championship
hoy la magan-galo *n* refuge
hoyga qof ku noolyahay *n* abode
hub *n* weapon
hub ama qalab ciidan *n* armament
hub ka dhigid *v* disarm
hubaal *adj* certain
hubaal *n* certitude
hubaal *adj* positive
hubaal *adj* surely
hubaal ah *adv* positively
hubanti *n* certainty
hubid *adj* sure
hudheel *n* hotel
hudheelle *n* hotelier
hud-hud *n* hoopoe
hufan *adj* flawless
huguri *n* esophagus
hujuumid *adj* offensive
hummaag *n* silhouette
hummaag noqod *v* reflect
hummaag noqod *n* reflection
hummaag-noqod *n* reflex
hunguri *n* gullet
hunguri *n* oesophagus
hunu-hunulayn *v* mumble
hurda *adj* asleep
hurdada oo laga tooso *v* awake
hurdaysan *adj* sleepy
hurdo *n* sleep
hurdo *n* slumber
hurdo gaaban *n* nap
hurdo ka toosid *v* awaken
hurgumid *v* fervor
hurin *v* inflame
hurin *v* kindle
hurin *v* stoke
hurumarin *n* furtherance
huruudi *adj* yellowy
huruufid *v* scowl
huteel yar *n* inn
huteel-caawiye *n* bellboy
huur *adj* stuffy
huuri *n* canoe
huuri *n* kayak
huuri *n* raft
huuri *n* rowboat

I

ib *n* nipple
ibliis *n* fiend
ida-jire *n* shepherd
idan-siin *v* go ahead
ideologies *n* ideology
idil *adj* comprehensive
ido *n* sheep
ifafaale *n* phenomenon

if-bixiye *adj* fluorescent
iftiimin ama ilaysin *v* illuminate
iftiin *n* light
iftiin *n* lighting
igaar *n* son
ihaano ah *adj* contemptuous
iibin *v* sell
iibka *adj* sales
iibsi *v* buy
iid ah *adj* festive
iidaan *n* flavoring
iidaan-saladh *n* salad dressing
iidhehqore *n* copywriter
iin *n* shortcoming
ikhtiraac *n* discovery
ikhtiraace *n* innovator
ikhtiyaar *n* option
iksu-dhufasho *n* multiplication
ilaa *conj* till
ilaa waqtigaas *adv* meanwhile
ilaahi ah *adj* divine
ilaa-jyo *prep* until
ilaalayn *v* oversee
ilaalin *v* guard
ilaalin *n* preservation
ilaalin *v* protect
ilaalin *v* safeguard
ilaalin ah *adj* protective
ilaaliye *n* guardian
ilaaliye *n* keeper
ilaaliye *n* warden
ilaalo *n* patrol
ilaalo *n* scout
ilaalo *n* sentry
ilaalo *adv* since
ilaa-xad *adv* fairly
ilays ma gudbiye *adj* opaque
ilays-dareeme *adj* photosensitive
ilayska dayaxa *n* moonlight
ilayska xiddigaha *n* starlight
ilayska xiddigaha *n* stream
ilbax ah *adj* open-minded
ilbaxnimo *n* civilization
il-bixid *v* civilize
il-daran *adj* forlorn
ilig *n* teeth
ili-kuwareertay *n* horizon
il-jabin *v* blink
ilka-caddayn *v* smile
ilkaha isku-xoqid *v* gnash
ilkaha la xiriira *adj* dental
illin *n* gateway
illin *n* way out
illin, irrid *n* entrance
illin, irrid *n* exit
illin, irrid *n* eye
ilma sheydaan *n* imp
ilma-galeen *n* uterus
ilma-galeen *n* womb
ilmo garac ah *n* bastard
ilmodhalis *n* obstetrician
il-wax-ka soo baxaan *n* source
il-wax-ka soo baxaan *n* source
imaan kara *adj* potential
imaanaya *n* coming
imaanaya *adj* incoming
imaansho *v* come in
imaansho ama soo caga dhigasho *n* arrival
imaaraad *n* emirate
imbiraadooriyad *n* empire
imbiryaaliyad *n* imperialism
imtixaamid *v* examine
imtixaan *n* examination
imtixaanid *v* analyse
imtixaanid *v* interrogate
in aad timaadid *v* arrive
in badan *adv* repeatedly
in qof diinta masiixiga *v* baptize
in yar *n* bit

in yar *adj* petty
in yar *adv* slightly
in yar *adv* less
ina-adeer *n* cousin
in-badan dhaca *adj* frequent
indha habeeno *n* myopia
indha la' *adj* blind
indha-adayg *n* bravado
indha-adayg *n* effrontery
indha-caseeye *n* yellow fever
indha-guduudsi *v* doze
indhaha la xiriira *adj* ocular
indhaha-u-roon *adj* ravishing
indhakuul *n* kohl
indha-kuul *n* eyeshadow
indhasaab *n* blindfold
indha-uroon *n* looker
indhayaqaan *n* ophthalmologist
in-dheer garad *n* oracle
indheer-garad *adj* sage
indheer-garad *adj* shrewd
indheer-garad ah *adj* prudent
indho ka jeedin *v* avert
indho ku-gubid *v* glower
iniin *n* pip
iniin *n* seed
Injiil *n* Gospel
injineer *n* engineer
injir *n* lice
injir *n* louse
inkastoo *conj* although
inkiraad *n* denial
inkiraad *n* negation
inkirid *v* gainsay
inkirid *v* negate
insaan *n* human
in-saaninimo *n* humanitarian
insaaniyad *n* humanism
in-saaniyad *n* humanity
inta yar *n* minority
in-yar *adv* fractionally
irbad *n* needle
is bahaysi *v* ally
is barbar dhigis *n* comparison
is daahirin *n* ablution
is dhinac dhigid *v* juxtapose
is hortaag *v* defy
is hortaagid *v* prevent
is khilaaf *n* disagreement
is reeb-reeb *n* quarter final
isaga *pron* he
isa-soo xaadirin *v* check in
isa-suuxin *n* possum
is-baabi'in *n* self-destruction
isbahaysi *n* alliance
isbahaysi *n* coalition
isbarasho *v* acquaint
is-barbar dhig *n* simile
is-barbar dhigis *n* contrast
is-barid *v* introduce
isbataal *n* hospital
isbataal-dhigid *v* hospitalize
is-bedbeddal *n* flux
is-bedbeddela *adj* kaleidoscopic
isbed-bedel *n* mutation
isbed-bedelaya *adj* inconsistent
is-beddel *n* fluctuation
is-beddel *n* metamorphosis
is-beddeli og *adj* capricious
isbiimayn *n* suicide
is-burin *n* contradiction
is-burinaya *adj* contradictory
isbuunyo *n* sponge
is-cajabin *n* conceit
is-cajabin *n* narcissism
is-cajabin *n* self-satisfaction
is-cajabin *adj* vain
is-cajabiyey *adj* cocky
is-carruurayn *phr* kid around
is-casilid *v* resign

is-casuume *n* gate crasher
is-celin *n* inhibition
isdaba-joog ah *adj* persistent
isdaba-joog ah *n* procession
is-dejin *n* cool down
is-dhaafsi *n* exchange
is-dhacdiidin *v* laze
is-dheelli-tirid *v* offset
is-dhex daadin *v* disorganize
is-dhiibid *v* capitulate
is-dhiibid *v* give in
is-difaac *n* self-defence
is-difaacid *v* fend off
is-difaacid *v* fight back
is-edbin *n* self-discipline
is-fahmid *v* get along
is-gaarsiin *n* communication
is-gaarsiin *n* communications
is-gooya *v* intersect
isgooys *n* intersection
isguursi *n* intermarriage
isha-baalkeeda *n* eyelid
is-haysta *adj* compact
isir *adj* lineal
isireyn *n* factorize
iska caabiyid *v* resist'
iska dhaga tirid *v* ignore
iska dhaga tirid *v* brush-off
iska xoorid *v* cast aside
iska yeelyeel *v* affect2
iskaa u dharag *n* buffet
Iska-adkaan *n* restraint
iska-adkaan *n* self-control
iska-adkaan *n* self-restraint
iskaamiinto *n* exhaust
iskaashato *n* cooperative
iskaba daaye *adv* paradoxically
iskaba daayoo *phrv* let alone
iska-caadi ah *adj* casual
iska-deyn *v* forego
iska-deyn *v* refrain
iska-horimaad *n* confrontation
iska-jir *n* keg
iska-jir *adj* watch out
Iskala bixbin *v* limber
iskala-bixin *v* recline
iska-muuqda *adj* obstrusive
iska-nebcaan ama iska jeclaan aan sabab lahayn *n* prejudice
iska-xoorid *v* discard
iska-yeelid *v* simulate
iska-yeelyeelid *v* pretend
iska-yee-yeel *n* imitation
is-khilaafsan *adj* discordant
iskiis u-shaqayste *n* freelance
iskiis-u shaqaysta *adj* self-employed
isku adeeg *adj* self-service
isku celcelin *n* average
isku dar *n* admixture
isku dar, wadar *n* aggregate
isku dardarid *v* concoct
isku dare *n* adder
isku dayid ama tijaabin *v* attempt
isku dhammaad *n* rhyme
isku dhex-yaacid *v* dishevel
isku hagaajin ama isku toosin *v* adjust
isku kaadin *n* bed-wetting
isku mid *adj* identical
isku mid-ah *adj* same
isku qasid *v* jumble
isku qaylin *n* altercation
isku qoys ah *adj* akin
isku soo laabid *v* loop
isku tallaalis *n* crossbreed
isku ururay ama isku tagay *v* accumulate
isku ururid ama isu tagid *v* assemble

isku xeerid *v* close in
isku xire *n* linkage
isku xirid *v* link
isku xirid *n* package
isku xirid laba shay ama isku dhaiin *v* adhere
isku xir-xiran *adj* complex
isku xir-xiran *v* conjugate
isku-aadmid kadis ab *n* coincidence
isku-baahan *adj* interdependent
iskudar *n* concoction
isku-dar *n* combination
isku-dar *n* paste
isku-daran *adj* delirious
isku-daran *n* dory
isku-darid *v* combine
isku-darid *v* integrate
isku-darsamid *v* confederate
isku-dhac *n* percussion
isku-dhehmo *n* homonym
isku-dhex daadsanaan *n* clutter
isku-dhexyaac maskaxeed *n* sehizophrenia
Isku-dhexyaac maskaxeed qaba *adj* schizophrenic
isku-dhicid *v* collide
isku-dhicis *n* collision
isku-dhis *n* compound
isku-dulnoolaan *n* exploitation
isku-duwid *v* collate
isku-duwid *v* mobilize
isku-duwidda *n* choreography
isku-duwis *v* coordinate
isku-filan *adj* self-sufficient
isku-hab ka dhigid *v* standardize
isku-hagaajin *n* adjustment
isku-hallayn *v* depend on
isku-hallayn *v* lean on
isku-hallayn *adj* reliant
isku-hallayn *v* rely
isku-jinsi *n* generic
isku-jir *n* mixture
iskujir ka kooban *n* icing
isku-joog *n* ensemble
isku-kalsoon *adj* self-confidence
isku-kalsoon *adj* self-confident
isku-kalsoon *adj* self-confident
isku-kalsoon *adj* self-reliant
isku-kalsooni *n* poise
iskulad *n* negligence
isku-mar dhaca *adj* simultaneous
isku-marid *v* entwine
isku-qas *n* hash
isku-qas *n* medley
isku-qas fool-xun *n* farrago
isku-qase *n* mixer
isku-qasid *v* blend
isku-qasid *v* mix
isku-soo qonbobid *v* shrivel
isku-tallaab *n* cross
isku-tallaab marin *v* X out
isku-taxalujin *v* strain
isku-taxalujis *adj* painstaking
isku-tuurid *v* plunge
isku-ururay *adj* cumulative
isku-ururid *v* congregate
isku-waddan ah *n* compatriot
isku-xig *n* concatenation
isku-xiga *adj* consecutive
isku-xigxiga *n* sequence
is-kuxir *v* conjoin
isku-xir *n* connection
isku-xiran *adj* coherent
isku-xiran *v* correlate
isku-xire *n* liaison officer
isku-xirid *v* interlock
isku-xirid *v* put together
isku-xirnaan *n* cohesion
isku-xirnaan *n* organism

isku-xirnaansho *n* correlation
isku-xirxire *n* packer
isla markaas *conj* once
isla markaasna *adv* also
isla markiiba *adj* immediate
isla-falgelid *v* interact
isla-fiicni *adj* smug
isla-hadda *n* immediacy
isla-mar ah *adj* instantaneous
isla-markiiba *adj* instant
isla-markiiba *adv* simultaneously
islasocod *n* networking
islaweyn *n* bigot
Isla-weyn *n* snob
islaweyne *adj* chauvinist
isla-weyni *n* haughtiness
isla-weyni *adj* haughty
isla-weyni *adj* pompous
isla-weyni *adj* proud
is-le'eg *n* equal
is-le'eg *n* equation
is-le'eg *n* par
is-leh *adj* matching
is-lis *n* friction
is-maamul *n* autonomy
is-mashquulin *v* bustle
isnadaamis *n* herpes
Isniin *n* Monday
is-qabqabsi *n* affray
is-qeexaya *adj* self-explanatory
is-qiimeyn badan *adj* introspective
israaf *n* extravagance
is-sharfid *n* self-respect
is-sharfid *n* self-respect
istaag *v* stop
istaagid *v* heave to
istaagid *v* stand
istaajin *v* pull up
isteeg *n* steak
isteensal *n* stencil
isticmaale *n* user
isticmaalid *v* consume
isticmaalid *n* consumption
isticmaar *n* colonization
istikhyaar *n* free will
istiqaalo *n* resignation
istiraasho *n* kleenex
istiraasho *n* napkin
istiraatiiji ah *adv* strategic
istireex ama madadaalo *n* relaxation
istireexid *v* relax
is-tustus *n* show off
is-tustusid *v* flaunt
isu eg *adj* alike
isu ekaan, is shabihid *n* analogy
isu ekeeysiiye *n* impostor
isu soo-uruurin *v* glean
isu-dhiibid *v* submit
isu-doonanaan *n* engagement
isu-duwe *n* coordinator
isuduwis *n* coordination
isu-eg *v* jib with
isu-ekaan *n* correspondence
isu-ekaan *n* resemblance
isu-ekaansho *n* similarity
isugeynta xisaabta, isku-dar *n* addition
isugu yeerid *v* convene
isu-keenid *v* muster
isu-qiyaasid *v* compare
isu-qoslid *v* smirk
isu-soo *v* garner
isu-soo ururid *v* shrink
isu-tag *n* assemblage
isu-tag *n* consolidation
isu-tag *adj* corporate
isu-tag *n* merger
isu-tag ama isku-darsamid *n* amalgamation

Isu-urur ama xaflad *n* ritual
isu-ururin *v* compile
isu-uruurid *v* gather
is-waafaqsanaan *n* consonance
is-weydaarsi *n* interchange
isyaano *n* seniority
isyeel-yeel *n* pretense
itaal-daran *adj* lethargic
itaal-darri *n* lethargy
itaal-la'aan *n* disability
itaal-yare *n* underdog
ixtimaal *n* likelihood
ixtimaal *n* possibility
ixtimaal *n* probability
ixtimaal ahaan *adv* potentially
ixtiraam iyo sharaf weyn leh *adj* prestigious
iyo *conj* and

J

jaad *n* species
jaadkaas *n* ilk
jaahil *adj* ignorant
jaah-wareer *n* fluster
jaahwareerid *v (infl)* fuddle
jaah-wareerin *v* disorient
jaah-wareerin *v* unhinge
jaajaale *adj* zany
jaajuus *n* spy
jaakad (koodh) *n* coat
jaakad gacma go'an *n* jerkin
jaakad gacma-go'an ah *n* cloak
jaakad roobeed *n* raincoat
jaakad roobka celisa *n* macintosh
jaakad-dabaal *n* life jacket
jaakad-dabaal *n* life vest
jaal *n* teammate
jaaliyad *n* community
jaalkaa *n* partner
jaalkaa aad wada ciyaartaan *n* playmate
jaalle *n* colleague
jaalle *n* yellow
jaalle *n* yellowcard
jaamacad *n* university
jaan *n* patch
jaandi *n* aluminium
jaantus *n* diagram
jaaw *inter* bye-bye
jab *n* chip
jab *n* fragment
jaban *spoken* kaput
jaban - la raqiisiyey *adj* knockdown
jaban ama qanax ah *adj* knackered
jabaq-celis *n* echo
jabhad *n* guerrilla
jabhad *n* partisan
jabin *v* breach
jabin *v* bust
jabin *v* defeat
jabi-og *adj* fragile
jabi-og *adj* frangible
jabitaan *n* fragility
jacayl *n* love
jadeeco *n* measles
jadwal *n* schedule
jadwalaysan *adj* tabular
jago hayihii hore *n* predecessor
jago u magacaabid *v* appoint
jahawareerid *v* confuse
jahawareerid *n* confusion
jahawareerin *v* addle
jajab *n* fraction
jajab *n* vulgar fraction

jajab ah *adj* fragmentary
jajab kala-badan *n* improper fraction
jajabaya *adj* flaky
jajabin *v* break down
ja-jabin burburin *v* crumble
jajabnaam *n* fragmentaion
jajuubid *v* coerce
jaldi adag *n* hardcover
jallaato *n* ice cream
jalleecid *v* glance
jalleecid *v* glimpse
jamasho *v* crave
jamasho *n* desire
jamasho *n* yen
jambari *n* prawn
jamhuuriyad *n* republic
janjeer *n* cant
janjeer *v* lean1
janjeera *adj* diagonal
janjeera *n* slant
jan-jeera *adj* steep
jan-jeerid *v* slope
jannaayo *n* January
janno *n* heaven
janno *n* paradise
jaqafka qashinka *n* litter bin
jaranjar *n* staircase
jaran-jar *n* stile
jaranjaro *n* stair
jaranjaro socota *n* escalator
jarcayn *v* palpitate
jarco *n* palsy
jariidad *n* gazette
jariimad *n* felony
jariir *n* granule
jar-jarid *v* mince
jarniin *n* clipping
jasaarnimo *n* ingratitude
jasiirad *n* island
jasiirad *n* isle
jasiirad ku nool *adj* islander
jawaab *n* response
jawaab-celin *v* reply
jawaab-doon *adj* questioning
jawaabi og *adj* responsive
jawaabid *v* answer
jawharad *n* gem
jaysh *n* army
jebin *v* overwhelm
jebin *v* suppress
jebin *v* vanquish
jebiso *n* pythuon
jeclaan *n* endearment
jeclaan *v* like1
jecleysiin *v* enamor
jecleysiin *v* endear
jeeb siibe *n* pickpocket
jeeb siibe *n* pocket
jeebbo *n* handcuffs
jeebbo *n* manacle
jeedaalin *n* outlook
jeedal *n* whip
jeedin *v* turn
jeeg *n* cheque
jeega-jeegayn *n* backstroke
jeegarayn *n* reconciliation
jeeni *n* foreleg
jeenyo *n* fore foot
jeer *n* hippopotamus
jeermis *n* germ
jeermis-dile *n* germicide
jeermiska cudurka dhaliya *n* infection
jeermis-reeb *n* antiseptic
jeermis-tirid *v* disinfect
jees-jees *v* derision
jees-jees *adj* derisory
jees-jees badan *adj* sardonic
jeeso *n* chalk

jeex maro ah *n* ribbon
jeexdin *n* cleavage
jeexdin *n* groove
jeexdin *n* slot
jeexid *v* rip
jib *n* sale
jibaad *n* groan
jibaaxid *n* barge
jibiso *n* boa
jid *n* route
jid xirid *v* obstruct
jid-baysan *adj* ecstatic
jidbo *n* ecstasy
jidbo-jacayl *adj* gaga
jidbo-jacayl *n* infatuation
jidka *adv* en route
jiho *n* direction
jiidid *v* trail
jiidis *v* drag
jiid-jiidis *v* manhandle
jiifsasho *v* lie
jiil *n* generation
jiilicsan *adj* soft
jiim *n* gym
jiim *n* gymnasium
jiin *n* bracelet
jiin *n* gin
jiinyeer *n* zipper
jiin-yeer *n* zip
jiin-yeer furid *v* unzip
jiiq-jiiq leh *adj* creaky
jiir *adj* lean2
jiir *n* mouse
jiir *n* rat
jiiraan *n* neighbourhood
jiiro-digsi *n* compact disk
jikada *n* galley
jiko *n* kitchen
jilaa *n* perfromer
jilba-jabsi *v* kneel
jilcin *v* soften
jilfax-ah *adj* gnarled
jilicsan *adj* delicate
jilicsan *adj* downy
jilitaan *n* rendition
jil-jilicsan *adj* gelatinous
jillaab *n* hook
jillaafood *v* stumble
jimce *n* Friday
jimicsi *n* aerobics
jimicsi *n* gymnastics
jin *n* jinn
jin *n* phantom
jinac *n* ant
jinni *n* elf
jinni *n* jinni
jinni u eg *adj* ghostly
jinsi *n* gender
jinsi *n* sex
jinsi ahaan *adv* racially
jinsi, tartan *n* race
jinsiyeed *adj* ethnic
jir ahaan *adv* bodily
jir ahaan *adv* physically
jira *n* being
jira *adj* existent
jiraya *adj* everlasting
jirdhis *n* body building
jir-dhisid *v* exercise
jir-dhisnaan *n* fitness
jirid *v* exist
jirigaan *n* vat
jiriiricood *v* tingle
jiritaan *n* eixstence
jiritaan *n* entity
jirka *n* body
jirka qofka *n* figure
jirran *adj* ill
jirran *adj* sick
jirrasho *v* ail

jirrid *n* bole
jirrid *n* stem
jirrid *n* taproot
jirriqaa *n* grasshopper
jirro *n* sickness
jirro fudud ama xanuun sahlan *n* ailment
jirro saamaysay *v* afflict
joodari *n* mattress
joog *n* height
joogga qofka *n* stature
joogid *v* stay
joogitaan *n* presence
joogsi *n* full stop
joogtayn *n* consistency
joogto ah *adj* permanent
joogto ah *adj* perpetual
joogto ah *n* regular
joogto ahaansho *n* constancy
joogto ahaansho *n* constant
joojin *v* abate
joojin *v* abolish
joojin *v* cease
joojin *n* cessation
joojin *v* desist
joojin *v* intercept
joojin *phr* jack in
joojin *v* obviate
joojin *v* quit
joojin *v* restrain
joojin *v* waylay
joojin (xirid) *v* close down
joojin wax socda *v* discontinue
joomatari *n* geometry
jows *n* nutmeg
jubbad dheer *n* overcoat
jug *n* bruise
jugley *n* bustard
jumlad, xukun *n* sentence
jumlo *adj* gross
jumlo gaaban *n* clause
jumlo gaaban *n* phrase
juquraafi-yaqaan *n* geographer
juquraafi-yaqaan *n* geography
juudaan *n* leprosy

K

ka aaminbaxsan *adj* cynical
ka aarsasho *v* retaliate
ka amar-diidid *v* disobey
ka baaraan-dag *n* contemplation
ka baaraandeg *n* deliberation
ka baaraandegid *v* meditate
ka baaraan-degid *v* contemplate
ka baaraan-degid *v* ponder
ka badan *adv* more
ka badbadin *v* adulate
ka baddalid *v* convert
ka baddalid *v* shift
ka badin *v* overdo
ka bajin *v* deter
ka baqid *adj* scared
ka baxsasho *v* desert
ka bax-sasho *v* get out of
ka bayrid *v* diverge
ka biqid *v* quail
ka bixin *v* defray
ka bixis *n* recantation
ka caagganaan *n* abstinence
ka caagid *v* abstain
ka cadhaysiin *v* anger
ka caqli badin *v* outsmart
ka caraysin *v* displease
ka da' weyn *adj* elder
ka dabcin *v* commute
ka dhanbalmid *v* derive

ka dhashay *v* accrue
ka dhawaajin *v* clank
ka dheeree *phr* keep away
ka dherjin ama ka buuxin *v* imbue
ka dhex gelid *v* interrupt
ka dhigan *phr* account for
ka dib *prep* after
ka didsan *adj* leery
ka doorasho *v* select
ka door-bidid *v* prefer
ka duwan *adj* different
ka duwan *adj* distinct
ka duwanaan *v* differ
ka fahmid *v* infer
ka fahmid *v* make of
ka fakarid *v* cogitate
ka fakarid *v* conceive
ka fakarid *v* consider
ka ficil celin *v* react
ka fiican *adj* better
ka fiican *adj* preferable
ka fiijin *v* startle
ka fog *adv* afar
ka fog *adj* away
ka fogaansho *v* shun
ka fujin *v* detach
ka furid *v* disconnect
ka furid ka saarid *v* disengage
ka gacan sarrayn *v* prevail
ka gariirin *v* convulse
ka gariirin ama gilgilid *v* jolt
ka go'an *adj* detached
ka go'l kara *adj* deductible
ka go'id *v* dissociate
ka go'naan *n* detachment
ka gooni ah *adj* abstracted
ka gooyn *v* lop
ka gudbid *prep* across
ka guulaysi *v* overcome
ka helid *n* relish
ka hoose *adj* lower
ka hooseeya *adj* below
ka hooseyn *n* inferiority
ka hor *pref* prior to
ka hor *adv* beforehand
ka hor dhicid *v* precede
ka horimaansho *v* contravene
ka hortag *n* prevention
ka hortag *n* protection
ka hor-tag *n* avoidance
ka hor-tag ama ka fogaansho in wax dhacaan *v* avoid
ka hortagid *v* counteract
ka jarid *v* subtract
ka jawaabid *v* respond
ka joojin *v* inhibit
ka kooban *v* consist
ka kooban *n* contents
ka koobid *v* compose
ka koobma *v* contain
ka koobmid *v* comprise
ka koreeya *prep* above
ka leexsan *adj* divergent
ka maqsuudin *v* gratify
ka maran *n* devoid
ka miro dhalin *v* fructify
ka muuqda *adj* salient
ka niyad-go'ay *adj* disenchanted
ka noqosho *v* retract
ka ogaansho *v* elicit
ka qaadid *v* deprive
ka qaadid *v* divest
ka qaadid *v* remove
ka qajilsiin *v* disconcert
ka qancin *v* reconcile to
ka qayb qaate *n* participant
ka qayb-gale *n* entrant
ka qaybgalid *v* attend
ka qayb-qaadasho *v* participate

ka sarraysa madaxa qofka *adj* overhead
ka shakiyid *v* doubt
ka sheekayn *v* narrate
ka sheexid ama ka xishood *adj* ashamed
ka shisheeya *prep* beyond
ka sii-deyn *v* discharge
ka soo bilowday *v* originate
ka soo taagan *n* poke
ka soo taagan *v* protrude
ka soo xigasho *v* quote
ka soo-bixid *v* emanate
ka tagid *v* omit
ka tanaasulid *v* renounce
ka tanaasulid *v* waive
ka taxadarid *n* precaution
ka tira badan *v* outnumber
ka toobad keenid *adj* penitent
ka toobad keenid *v* repent
ka waabasho *v* cringe
ka waanin *v* dissuade
ka walaacsan *adj* anxious
ka xanaajin *v* irritate
ka xanaajin *v* madden
ka xanaaqid *v* resent
ka xayuubin *v* strip
ka xumaansho *n* disappointment
ka xumaansho *adj* sorry
ka xumaansho *adj* sorry
kaaahiyo ah *adj* repugnant
ka-aar gudasho *v* avenge
kaabayaasha dhaqaale *n* infrastructure
kaabba-galaas *n* monitor
kaabinet *n* kitchen cabinet
kaabsal *n* capsule
kaadi *n* urine
kaadi-dhiig *n* hematuria
kaadi-hays *n* bladder
kaadi-sonkorow *n* deabetes
kaadshid *v* urinate
kaafi ah *adj* sufficient
kaafi-ah *adv* enough
kaaga *pron* your
kaah *n* glimmer
kaahaya *adj* incandescent
kaah-fal *adj* radioactive
kaahid *v* glow
kaaki ah *adj* khaki
kaalay *v* come
kaaliye *n* aide
kaaliye ama caawiye *adj* assistant
kaalmayn *v* provide for
kaalmaysasho *n* recourse
kaankaro baar *n* pap smear
kaar *n* card
kaar laysu diro *n* postcard
kaarat *n* carat
kaarat *n* karat
kaarboheydareyt *n* carbohydrate
kaari *n* conductor
kaarid *v* sting
kaarta-kaboon *n* carbon paper
kaartuun *n* caricature
kaartuun *n* cartoon
kaas *conj* that
kaasha-wiito *n* screwdriver
kaasiino *n* casino
kaayaga ama taayada *deter* our
kab *n* shoe
kaba sii daran *adj* above all
kabaal *n* lever
kabadasho *v* exceed
ka-badbadin ah *adj* flattering
ka-badin *v* excel
kabaha buudka ah ee ciyaaraha *n* sneaker
kabal-yeeri *n* waiter
kaban *n* guitar

kaban garaace *n* guitarist
kaba-qaad *ame* kiss ass
kabatole *n* cobbler
kabbasho *v* sip
kabid *v* mend
kabid-dhaqaale *v* subsidize
kabiir *n* prefect
ka-bixid *v* get off
kabo *n* footwear
kabo caag ah *n* galosh
kabo maqaar ah *n* loafer
kabo-tole *n* shoemaker
kabsar *n* parsley
kabuubyo *adj* numb
kabuubyo *n* numbness
kacaan *n* revolution
kacaan ah *adj* revolutionary
kacaansan *n* radical
kacdin *n* gallop
kacdood-san *adj* hysterical
kacdoon *n* fomentation
kacsaan *n* stress
kacsan *adj* hacked-off
kacsan *adj* hyper
kacsan *adj* keyed up
kacsan *adj* screwed up
kacsan *adj* strained
kacsan *adj* tense
kac-sanaanta *n* hysteria
kacsiabuure *adj* aphrodisiac
kacsi-leh *adj* erotic
kada loobsi *v* squat
kada-loobsi *v* hunker
ka-darid *v* regress
kadayn *v* forbear
ka-dhalasho *v* ensue
ka-dhexgalid *v* interject
ka-dhuumasho *v* evade
kado ah *adv* accidentally
ka-duwan *adj* exceptional
kafaala-qaadid *v* sponsor
kafaaro-gud *n* penance
ka-fakasho *v* extricate
kafan *n* shroud
kafan - cayaar *adj* jocular
ka-fog *adj* faraway
ka-fog *adv* further
kaftan *n* banter
kaftan *n* railery
kaftan ah *adj* facetious
kaftan ama khatal *n* jig
ka-goyn *v* incise
ka-haajirid *v* forsake
ka-helid *v* detect
ka-hodmin *v* enrich
kahor *prep* before
ka-ilaalin *v* ward off
kajan *adj* Ironic
kajan *n* irony
kajan *n* sarcasm
kajan ah *adj* sarcastic
ka-jeedin *v* distract
ka-joojin *v* wean
kakaaw *n* cocoa
ka-kicid *v* get over
kal *n* pestle
kala baxsan *adj* outstretched
kala dillaacin *v* rend
kala diris *v* disband
kala durugsan *adv* apart
kala fir-dhid *v* scatter
kala firirsan *adj* scattered
kala go' *n* interruption
kala goyn *v* cleave
kala nooc-nooc ah *adj* assorted
kala qabasho *v* pull apart
kala qayb-qaybin *n* segmentation
kala rogid *adj* reverse
kala saarid *v* arbitrate
kala soocid *v* segregate

kala wareegid *v* confiscate
kala wareegis *n* confiscation
kalaab qoobka *n* discotheque
kala-bixid *v* dislocate
kala-bixid *v* stretch
kala-bixin *v* unroll
kala-daadad *n* disintegration
kala-daadasho *v* disintegrate
kala-daadin *v* disarrange
kala-daatay *adj* dilapidated
kala-dhanbalis *n* fission
kala-duwan *adj* dissimilar
kala-duwan *adj* diverse
kala-duwanaansho *n* differential
kala-duwanaansho *n* distinction
kala-duwanaansho *n* diversity
kala-eryid *v* disperse
kala-firdhin *v* dispel
kala-firirsan *adj* sparse
kala-furan *adj* gaping
kala-gadisan *adj* heterogeneous
kala-garasho *v* distinguish
kalago *n* separation
kala-go *n* dissolution
kala-googo'an *adj* sporadic
kala-jaad ka dhigid *v* diversify
kala-jab *n* rupture
kala-jebin *v* break
kala-jebin *v* split
kala-leexda *adj* forked
kala-qaadid *v* gape
kala-qaybsi *n* partition
kala-saarid *n* classification
kala-saarid *v* differentiate
kala-saarid *v* discriminate
kala-saarid *v* separate
kala-sarrayn *n* hierarchy
kalasooc *n* assortment
kala-sooc *n* taxonomy
kala-soocan *adj* classified
kala-soocid *v* assort
kala-soocid *v* classify
kale *adv* else
kale *pron* other
kali *adj* singular
kali ah *adj* single
kali ahaansho *n* privacy
kaligi-taliye *n* dictator
kali-talin *n* autocracy
kalitashi *n* dictatorship
kaliya *adj* lone
kaliya *adj* only
kal-kaaliye caafimaad *n* nurse
kal-kaaliye caafimaad *n* paramedic
kalkaaliye-sharci *n* paralegal
kalluumayste *n* fisher
kalluumayste *n* fisherman
kalluun *n* chub
kalluun *n* fish
kalluun *adj* fishy
kalsooni *n* confidence
kal-sooni qaba *adj* confident
kaltanka curiyayaasha *n* periodic table
kalxan *n* collarbone
kalxan *n* scapula
kalxan *n* shoulder blade
kalyaha u dhaw *adj* adrenal
kaman *n* fiddle
kambas *n* compass
kamma *adj* inadvertent
kammilaya *adj* complementary
kanaal *n* canal
kanaal *n* channel
kanaal hoos u janjeera *n* chute
kaneeco *n* mosquito
kanguuro *n* kangaroo
kaniisad *n* church
kaniisad ka xaaraan-tinimayn *v*

excommunicate
kaniisad yar *n* chaqpel
kaniisadeed *adj* ecclesiastical
kansar *n* cancer
ka-qaadasho *v* take up
ka-qayb qaadasho *n* involvement
ka-qaybqaadad *n* participation
ka-qaylin *v* rail against
karaahiya ah *adj* obnoxious
karaahiyaysi *v* abhor
karaahiyo *adj* abhorrent
karaahiyo *adj* accursed
karaahiyo *n* disgust
karaahiyo *n* revulsion
karaahiyo ah *adj* hateful
karaahiyo ah *adj* odious
karaamaysan *adj* charismatic
karaamaysan *n* sacred cow
karaamee *v* bless
karaamo tirid *v* desecrate
karantiil *adj* quarantine
karar *n* downpour
karatee *n* karate
karbaashid *v* flog
ka-reebid *v* exclude
ka-reebis *n* exception
ka-reebis *n* exemption
karhasho *v* detest
karin *v* cook
kariye *n* cooker
karkarin *v* boil
kar-karin *v* poach
karoon *n* krona
karti *n* talent
karti ama awood qof wax ku qaban *n* ability
karti iyo awood *adj* competent
karti-leh *adj* enterprising
kartoon *n* carton
kas *adj* deliberate
ka-saarid *v* expel
ka-saarid *v* extract
ka-saaris *n* exlusion
kasamaymid *v* constitute
kashifaad *n* disclosure
kashifid *v* disclose
kashifid *v* divulge
kashifid *n* revelation
kasoo dhanbalmay *adj* derivative
kasoo rayn *v* look up
kasoobax *n* abscess
kasoobax weyn *n* carbuncle
kasta *adj* every
katabaan *n* peg
ka-takhalusid *v* ditch
kawaanle *n* butcher
kawnka *n* univrse
ka-xanaajiin *v* exasperate
kayd *n* savings
kayd *n* storage
kayd maaliyadeed *n* treasure
kaydin *v* stockpile
kaydin *v* store
kaydiye *n* saver
kaydsi *v* lay in
kayga *pron* my
kayn ama jiq yar *n* shrub
kbaranbaro *n* cockroach
kedis *n* quiz
kee *pron* which
keeg-burcadeed *n* cheesecake
keeg-kareem *n* jelly roll
keenay *v* brought
keenid *v* conduce
kelbed *n* pliers
keli ah *adj* solitary
keli ama keli ahaansho *adv* alone
kelinimo *n* solitude
kelli *n* kidney
kgabar-saaxiib *n* girlfriend

khaa'in *n* crook
khaa'in *n* rascal
khaa'in *n* rogue
khaa'inimo *n* dishonesty
khaanad *n* drawer
khaarajin *v* liquidate
khaas *n* especial
khaas ah *adj* particular
khaas ah *adj* private
khaas ah *adj* special
khabiir *n* connoisseur
khabiir *n* expert
khabiir *n* specialist
khabiir ah *adj* versed
khad *n* ink
khadka ku taagan *adj* on-side
khadka soke *n* inside lane
khafiif ah *adj* flimsy
khafiyad *n* pulley
khal *n* vinegar
khalad *n* error
khalad *n* mistake
khalad *adj* wrong
khalad doqonimo ah *n* goof
khalad u fahmid *v* misunderstand
khaldid *n* bungle
khal-khalid *v* rave
khamaar *n* gamble
khamarji *n* gambler
khamri culus *n* liquor
khamri xoor badan leh *n* champagne
khamri yacab *n* boozer
khamri-yacab *n* drinker
khamro cabbid *v* booze
khaniis ama khaniisad *n* homosexual
kharaar *n* acerbity
kharaar *adj* bitter
kharash-garayn *v* expend
kharash-garayn *n* expenditure
kharash-garayn *v* spend
kharashka-dejinta *n* landing charge
khariidad *n* chart
khariidad *n* map
kharriba *n* vandalism
kharriban *adj* messy
kharribid *v* spoil
khasaarin *v* fritter
khasaaro *n* loss
khasaaro *n* wastage
khasaaro dhimasho *n* casualty
khasaaro-celin *v* recoup
khasab *n* compulsion
khasab *n* constraint
khasab ah *adj* compulsory
khasbid *v* compel
khashiin *n* hick
khasiis ah *n* ignoble
khasnadda qoriga ee rasaasta *n* magazine
khatal *n* guile
khatal *n* ruse
khatalid *v* defraud
khatalid *v* hoodwink
khatar *n* hazard
khatar *n* peril
khatar *n* risk
khatar ah *adj* dodgy
khatar ah *adj* risky
khatar gelin *v* imperil
khatar leh *n* menace
khatar-ah *adj* hazardous
khatar-gelin *v* endanger
khawaaf *n* drifter
khayaal *n* delusion
khayaal *adj* fictitious
khayaal *n* figment
khayaali *n* fiction

khayaali ah *adj* fictional
khayaalka horumarka cilmiga *n* science fiction
khayaanalow *adj* insincere
khayaano *n* duplicity
khayaano *n* fraud
khayaano *n* scam
khayaano-ah *adj* fraudulent
khaymad *n* teepee
khayraad *n* resource
khibrad *n* experience
khibrad iyo ilbaxnimo sare leh *adj* sophisticated
khiddad *n* format
khiddad *n* ploy
khiddad *n* scheme
khiddadayn *v* rig
khilaaf *n* conflict
khilaaf *n* controversy
khilaaf *n* discord
khilaaf *n* dissension
khilaaf *n* dissent
khilaaf *n* strife
khilaafsan *prep* afoul of
khilaawo *n* meditation
khiyaamid *v* pad
khudaar *n* vegetable
khudaar dhexda *n* cauliflower
khudbo diini ah *n* sermon
khudbo-jeediye *n* speaker
khudrad-gade *n* greengrocer
khudrad-miir *n* juicer
khulaafo *n* caliphate
khusayn *v* concern
khusaysa *prep* regarding
khuuro *n* snore
kicid *v* get up
kicin *v* rouse
kicin *v* waken
kicin *v* stimulate
kicin ama baraarujin shacuurta dadweynaha *v* agitate
kicitimid *v* set off
kidfid *v* chop
kifaayo ah *n* plenty
kiimiko *n* chemical
kiimiko cuntada ka ilaalisa is-beddelka *n* preservative
kiimiko yaqaan *n* chemist
kiish *n* carrier bag
kiish *n* case
kiish muggiis *n* sackful
kiniini *n* quinine
kiniini *n* tablet
kirayeste *n* lessee
kireysan *adj* rented
kirikidh *n* cricket1
kirli *n* kettle
kirli ama dhari *n* billy
kiro-qaate *n* lessor
kish yar *n* sachet
kitaab *n* book
kitaab *n* scripture
kitaar *n* viola
kiyaawo *n* spanner
kkonton *n* fifty
kondam *n* condom
koob *n* cup
koob dheg leh (fujaan) *n* mug
kooban *n* summary
koobbe *n* trophy
koobbi ka qaadid *v* photostat
koobe *n* isobar
koobid *v* embody
koofeer *n* coiffure
koofiyad *n* cap
koofiyad *n* hat
koofi-Yahuudeed *n* yarmulke
kooka-koola *n* coke
kookeyn *n* cocaine

koolkoolin *v* coddle
kool-koolin *v* dote
kool-koolin *v* pamper
koollada duuban *n* scotch tape
koollo *n* glue
koonbo *n* canister
koonfur *n* south
koonfur galbeed *n* southwest
koonfur-bari *n* southeast
koonfureed *n* southern
koonka *adj* global
koontada xisaabta bangiga *n* bank account
koon-taroolka *n* checkpoint
koontrabaan *n* contraband
kooras *n* course
koore *n* pendant
koore *n* saddle
kootarabaanid *v* smuggle
koowaad *n* first
koox *n* group
koox *n* team
koox hoobolo ah *n* chorus
koox muustiko tunta *n* orchestra
koox wada-shaqaysa *n* crew
kooxayn *n* grouping
kor *prep* over
kor *adv* up
kor ahaansho *n* deity
kor gashi *n* overalls
kor u hayn *v* keep up
kor u kacaya *adj* ascending
kor u qaadid *v* lift1
kor usoo-dhifasho *v* hitch up
kordhid *v* increase
kordhin *v* eke
korid *v* develop
korid *v* evolve
korid *v* grow
korin *v* foster
korin *v* nurture
koritaan *n* development
koritaan *n* growth
kormeere *n* inspector
koron ka dhigid *v* castrate
koronnimo *n* castration
koronto ku-dilid *v* electrocute
koronto-yaqaan *n* electrician
kor-u wareegay sanaya *n* spiral
kow-iyo-toban *n* eleven
kow-iyo-tobnaad *adv* eleventh
koyto *n* newcomer
ku *prep* to
ku adkaysasho *v* persist
ku adkaysi *v* insist
ku ballamid *v* meet up
ku bax-sasho *v* get away with
ku boodid *v* pounce
ku boorrin *v* induce
ku boorrin *v* inspire
ku caajisid *v* bore
ku cel-celin *v* reiterate
ku celin *v* repeat
ku ciciyaarid *v* play with
ku daba-darid *v* tack on
ku dacwoodid *v* claim
ku dadaalid *n* strive
ku darid *v* include
ku darid *v* put into
ku darsamid *v* merge
ku dayasho *v* emulate
ku dayasho *v* imitate
ku dayde *n* imitator
ku dhaafid *v* leave behind
ku dhabooqid *n* blob
ku dhagan *adj* clinging
ku dhagid *v* cling
ku dhakhsasho *v* rattle through
ku dhashay *adj* congenial
ku dhawaad *adv* almost

ku dhawaaqid *v* pronounce
ku dhaygagid *v* ogle
ku dhaygagid *v* stare
ku dheggan *v* abut
ku dhejin *v* pin on
ku dhex darid *n* inclusion
ku dhicid *v* run into
ku dhufasho *v* hit/hit
ku dhufasho *v* multiply
ku dhufasho *v* wallop
ku dhuumasho *v* lurk
ku fiican *adj* adept
ku fiican *adj* adroit
ku filan *adj* adequate
ku gacan sayrid *v* rebuff
ku garaacid *v* bump
ku guuley-sasho *v* pull off
ku guuleysi *v* carry off
ku habboon *v* befit
ku habboon *adj* convenient
ku haboon *adj* appropriate
ku jees-jeesid *v* deride
ku jees-jeesid *v* mock
ku jees-jeesid *v* scoff
ku joojin *v* leave off
ku ka-kabin *v* shove
ku kalsoonaan *v* reckon on
ku khasbid *v* constrain
ku khasbid *v* nail down
ku khilaafid *v* disagree
ku khiyaamid *v* beguile
ku kicid *v* revolt
ku luuqayn *v* croon
ku maadsi ah *adj* satirical
ku meel-gaar ah *adj* provisional
ku meeraysi *v* prowl
ku naanaysid *v* dub
ku nool *v* inhabit
ku noolaansho *v* dwell
ku qabaasho masawir *v* zoom in
ku qancin *v* persuade
ku qiimayn *v* cost
ku qoslid *v* ridicule
ku qoslid *v* sneer
ku qoslid *v* snigger
ku qufulid *v* lock in
ku raacid *adj* affirmative
ku raacid *v* agree
ku rakibid *v* install
ku saabsan *prep* about
ku safid *v* lay out
ku samaysan *adj* built-in
ku saxasho *v* choke
ku sii wadid *v* maintain
ku soco *v* keep on
ku soo biirid ama wax isku darsamay *n* accession
ku soo dhawaansho *v* approach
ku soo dhex boodis *phr* jump in
ku soo dhicid *v* occur to
ku tabarrucid *v* contribute
ku tabarrucid *v* donate
ku takhasusid *v* major in
ku talin *v* recommend
ku tiirin *v* prop
ku tiirsan *prep* against
ku tiirsanaan *n* dependence
ku tiirsane *adj* dependent
ku waajib yeelid *v* obligate
ku wareegid *v* rotate
ku xadgudbid *v* infringe
ku xambaarid *v* impel
ku xanniban *adj* stranded
ku xidhnaan *v* attach
ku xiga *adj* adjacent
ku xiga *adj* next
ku xiga *adj* subsequent
ku xiran *v* depend
ku xiran *adj* affiliated
ku xirid *v* connect

ku yaabid *v* mesmerize
ku yaalla *adj* situated
ku yaraansho (ku yar) *adj* deficient
ku-aaminid *v* entrust
kubadda usha *n* baseball
kubbadda cagta *n* soccer
kubbadda kolayga *n* basketball
kubbadda miiska *n* ping-pong
kubbadda shabaqa *n* lawn tennis
ku-buuxin *v* fill in
ku-celin *v* recapitulate
ku-celin *n* rerun
ku-celis *n* encore
ku-dagid *v* fall on
ku-dhagid *v* fasten on
ku-dhammaansho *v* end up
ku-dhaygagid *v* glare
ku-dhejin *v* embed
ku-dhicid *v* flunk
ku-digasho *v* gloat
ku-dirqin *v* fob off
ku-dirqin *v* foist
kudis *v* mate
ku-dulnoolaan *v* exploit
kuf *n* caste
kufsade *n* rapist
kufsasho *n* rape
kufsi-kooxeed *n* gang rape
ku-khatalmid *v* fall for
kul *n* heat
kulan *n* congress
kulan *n* gathering
kulan *n* get together
kulan *n* reunion
kulan *n* session
kulan - wadahadal *n* meeting
kulan ama shir rasmi ah *n* convocation
kulan qarsoodi ah *n* assignation
kulan waraysi *n* interview
kulan weyn ama isku ururid *n* assembly
kulansiin *v* converge
kulayl badan *adj* scorching
kul-dhaliye *n* heater
kullad *n* helmet
kulleeti *n* collar
kulleeti *n* neckline
kulli *adj* all
kulli *n* entirety
kulli *adj* inclusive
kulli *adj* undivided
kulliyad *n* college
kul-siin *n* heating
kulul *adj* heated
kulul *adj* hot
kulul *adj* hot-blooded
kulul *adj* torrid
kumaandoos *n* commando
kumbiyuutar *n* PC
kumbuyuutar *n* computer
ku-meegaarid *v* encompass
ku-naqshadayn *v* emboss
kunbuuxo *n* millennium
ku-noolaansho *v* get by
ku-qaybsane-safaaradeed *n* attache
ku-qorid *v* inscribe
ku-qosid *v* laugh at
kuraankur *n* knee cap
kuraasta iwm *n* castor
kuraaxaysi *v* luxuriate
kurdad *n* frock
kursi *n* chair
kursi fadhi *n* sofa
kursi raaxa *n* armchair
kursi raaxa-leh *n* easy chair
kursi-musquleed *n* commode
kurtun *n* stump

kurus *n* hump
kutaan *n* bug
kutiri-kuteen *n* canard
kutiri-kuteen *n* hearsay
kutiri-kuteen *n* rumor
ku-tumasho *v* flout
kuu fiican *adj* advisable
kuuboon *n* coupon
kuul *n* bead
kuuli *n* carrier
kuur-kuursasho *v* fidget
kuus *n* lump
kuusan *adj* chunky
kuusan *adj* dumpy
kuusan *adj* stocky
kuus-kuus *n* meatball
kuwaas *pron* those
ku-xiga *adj* following
ku-xirid *v* enclose
ku-xirid *v* hitch
ku-xirid, ku-dhuujin *v* fix
ku-xirmid *v* affiliate

L

la akhrin karo *adj* readable
la aqoonsado *v* diagnose
la baddali karo *adj* convertible
la baddeli karo *adj* changeable
la bixiyey *v* paid
la buufin karo *adj* inflatable
la cuni karo *adj* eatable
la cuni karo *adj* edible
la cuniraashin *n* comestible
la cusbooneysiin karo *adj* renewable
la dib dhicid *adv* behindhand
la dib-dhicid *v* fall behind
la fahmi karo *adj* comprehensible
la iibin karo *adj* saleable
la jeclaan karo *adj* lovable
la jeclaysto *adj* cuddly
la kulmid *v* come across
la maarayn karo *adj* manageable
la maqli karo *adj* audible
la oddorosi karo *adj* predictable
la ogolaado ama la yeelo *v* accept
la qaad-qaadi karo *adj* portable
la qabatimo *v* adopt
la qabsaho *n* adaptation
la qabsasho ama u barasho *v* adapt
la qabte *adj* captive
la qabto *v* seize
la qaylin *v* exclaim
la rabo *adj* desirable
la rumaysan karo *adj* believable
la saaxiibid *v* befriend
la sameeyey *v* made
la sarrifi karo *adj* negotiable
la sawiran karo *adj* imaginable
la sheekaysi *v* converse
la soo bandhigi karo *adj* presentable
la soo xaaqo *n* abortion
la sugo *v* await
la talin *v* advise
la taliye *n* adviser
la taliye *n* consultant
la taliye *n* mentor
la tashi *v* consult
la tirin karo *adj* countable
la wadaago *adj* communal
la wareegid *v* annex
la wareegid *v* impound
la wareegid *v* subjugate

la wareegid *v* takeover
la xadhiidha af-tahanimo *adj* rhetorical
la xaqiijiyo ama la caddeeyo *v* attest
la xarriira dabka *adj* igneous
la xiriira *adj* kinetic
la xiriira *adj* relevant
la xiriira bukaan eegidda *adj* clinical
la xiriira maaliyadda *adj* fiscal
la xirira *adj* apropos
la xirira *adj* pertient
la xirira daawo samaynta *adj* pharmaceutical
la xiririd *v* contact
la yaab leh *adj* marvellous
la yaabid *v* amaze
la yaabid *v* flabbergast
la yaqaan *adj* known
la yeeli karo *adj* admissible
laabato *n* crease
laabato, jalaqley *n* flection
laabmaya *adj* flexible
laab-qarrar *n* heartburn
laabta ama gaadada *n* bosom
laac *n* greenery
laad *v* kick
laadhuu *n* dice
laaji *n* alien
laakiin *conj* but
laalaab *n* convolution
laa-laabid *v* fold
laalan *adj* pending
laaluush-qaate *n* venal
laamays *n* ramification
laami *n* bitumen
laan *n* branch
laan *n* genre
laanta socdaalka *n* immigration
laasim *v* ought
laastiko *n* garter
laastiko ah *adj* elastic
lab *n* male
lab *adj* masculine
lab iyo qas *n* nuisance
laba baraakat *n* parenthesis
laba geesood *adj* bipartite
laba guursi *n* bigamy
laba sariir oo is dulsaaran *n* bunk bed
labaad *deter* second
laba-alifle *n* corporal
laba-asbuuc *n* fortnight
laba-boqlaad *n* bicentenary
labac-labac *adj* weak-willed
labada is-qabta midkood *n* spouse
laba-geesood *adj* bilateral
laba-labayn *v* dither
laba-labayn *v* hesitate
laba-labaynaya *adj* hesitant
laba-laboow *n* hesitation
labaniyad *n* custard
laban-laab *n* double
laba-qoraal *n* double entry
laba-sannadle *adj* biennial
labbis *n* apparel
labbis-gaar ah *n* garb
labbis-jecel *adj* dressy
labeeb *adj* bisexual
labeeb *n* hermaphrodite
labeen *n* cream
labid, qasid *v* disturb
labisasho *n* dressing
la-bixiyey *adj* given
labo *n* couple
labo ah *adj* dual
labo u kala goyn *v* biscuit
lacag *n* money

lacag caddaan ah *n* cash
lacag faa'iido wadaag ah *n* commission
lacag iwm *v* gamble away
lacag ka bixin *v* debit
lacag ku damiinasho *v* bailout
lacag-bixis *n* payment
lacag-celin *v* refund
lacag-celis *n* rebate
lacag-dal *n* currency
lacag-dhitays *n* piggy-bank
lacag-haye *n* cashier
lacag-qaate *n* payee
lacagta la diray *n* remittance
lacala *conj* lest
la-dagaalid *v* fall out
ladan *adj* helathy
la-dhibsado *adj* irritatin
la-doonayo *n* wanted
laf *n* bone
lafa-gurid *v* dissect
lafa-guris *n* dissection
lafa-lafa ah *adj* scraggy
lafa-misig *n* pelvis
laf-dhabar *n* spine
laf-dhundhun *n* ulna
laf-madax *n* cranium
lafo *n* fossil
lafo-lafo ah *adj* scrawny
lafta dhabanka *n* cheekbone
lafta gumaarka *n* sacrum
lafta madaxa *n* skull
lafta-bowdada *n* femur
laftigeeda *pron* herself
laga arga-gaxo *adj* gruesome
laga baqo *adj* scary
laga caroodo *adj* repulsive
laga caroodo *adj* revolting
laga fiirsaday *adj* advised
laga hor-tegi karo *adj* avoidable
laga jawaabi karo *adj* answerable
laga raja qabo *adj* prospective
laga xumaado *adj* deplorable
laga yaabee *adv* perhaps
laga yaabo *adj* likely
laga-cafiyey *adj* exempt
lagama maarmaan *adj* imperative
laga-maarmo *adj* dispensable
lagdan-jabaan *n* jujitsu
lahaan *adj* own
lahaan *v* possess
lahaansho *n* possession
la-hayste *n* hostage
lahjad *n* dialect
la-kaalayid *v* fetch
lakab *n* layer
lakabayn *v* stratify
la-kulmid *v* encounter
lala socdo *v* move on
lallabo *n* nausea
lama filaan ah *adj* accidental
lamad *adj* dormant
lama-degaan *n* desert
lama-filaan ah *adj* spontaneous
lama-huraan *n* necessity
lambar *n* number
lambaro leh *adj* numerical
lambaro-leh *adj* digital
la-mid ah *adj* similar
lammaane *n* binomial
lammaane *n* pair
la-nool *adj* live-in
la-qabsi *v* acclimate
la-saaxiibid *v* hobnob
la-siri karo *adj* gullible
lasoo bax *n* retrieval
latacaal *n* pallliative
la-taliye *n* counsellor
la-wareege *n* assignee
lawga *n* knee

laws *n* peanut
laxan *n* melody
la-xiriira have to do with
laxle *n* wasp
la-yeeli karo *adj* feasible
layli sarkaal *n* cadet
layn *phr* kill off
layn *v* massacre
lays qaadsiin karo *adj* contagious
layska deyn karo *adj* negligible
laysku beddelan karo *adj* interchangeable
laysku hallayn karo *adj* dependable
lebbis *n* dress
leeb ama falaadh *n* arrow
leefid *v* lick
le'eg, ku-habboon *adj* fit
leexad *n* diversion
leexasho *v* deflect
leexin *v* divert
leexo *n* cyclone
leexo *n* seesaw
leh *v* belong
leh qaab su'aaleed *adj* interrogative
leh qaybo badan *adj* multiple
lehe *n* owner
leydi *n* rectangle
leydi ah *adj* oblong
leydi ah *n* rectangular
lib ku dhammayn *v* achieve
libaax *n* lion
libaaxad *n* lioness
libaàx-badeed *n* shark
libin *n* fruition
librid *v* disappear
librid *v* vanish
lid *n* opposite
lid ku ah *n* adversary
liddi *n* polarity
liddi ku ah *adj* contrary
lidis *n* disdain
liic-liicid *v* teeter
liidis *adj* derogatory
liil *n* fiber
liilan *n* filament
liilan *n* yarn
liis *n* list
liis warbixineed *n* check list
liis-cinwaanno *n* mailing list
liis-garayn *v* enumerate
liita *adj* prosaic
liita *adj* servile
liqid ama iska-qaadasho *phrv* lap up
liska tartamayaasha *n* league table
litir *n* liter
lix *n* six
lixaad *n* sixth
lixdan *n* sixty
lix-geesle *n* cube
lix-iyo-toban *n* sixteen
lix-iyo-tobnaad *n* sixteenth
lo' *n* cattle
lo' gisida Maraykanka *n* bison
lo' gisida Maraykanka *n* buffalo
lohod *n* oyster
lo'ley *n* cowboy
loo adkaysan karo *adj* bearable
loo beddeley *v* make over
loo isticmaali *adj* applicable
loo qaateen ah *adv* presumably
loo-cududaari karo *adj* excusable
loogu talo-galay *v* destine
loolan *v* battle
loollame *n* contestant
loollan *n* contest
loollan *n* duel

loo-shaqeeye *n* employer
loow-low ah *adj* senile
looxad *n* wallchart
lowlab ah *adj* doddering
lows *n* ground nut
lug *n* leg
lugagashi *n* pantyhose
lugaynaya *adj* afoot
lugeeye *n* pedestrian
lugo lulmoodo *v* lull
lugo-xanuun *n* footsore
lugu daro *prep* including
lugu dayan karo *adj* imitative
lugu farxo *adj* pleasing
lugu ganci karo *adj* conclusive
lugu guul daraystay *adj.* abortive
lugu hurdoonayo *adj* soporific
lugu kalsoonaan karo *adj* reliable
lugu leeyahay *adj* due
lugu qanci karo *adj* cogent
lugu qanci karo *adj* satisfying
lulid *v* sway
lulid *v* swing
lulmaysan *adj* dozen
lulmood *v* drowse
lulmood *n* drowsiness
lumay *v* lost
lumis *n* disappearance
lunsasho *v* embezzle
lunsi *n* embezzlement
luqad *n* lingo
luqad u-dhalad *n* native speaker
luqadda Yuhuudda *n* Hebrew
luqado-yaqaan *adj* multilingual
luqad-yaqaan *n* linguistician
luq-luq *n* gargle
luqun *n* neck
luudid *v* plod
luul *n* pearl
Luulyo *n* July

M

ma dhalays ah *adj* sterile
ma dhinte *adj* immortal
ma leh *n* nil
ma saasaa *ame* izzatso
ma xishoode *adj* impudent
maacuun *n* utensil
maad *n* drollery
maad *n* gag
maad *n* humour
maad *n* satire
maad leh *adj* funny
maaddi *adj* objective
maadlow *n* humorist
maah-maah *n* proverb
maah-maah *n* saying
maahsan *adj* incautious
maahsan *adj* stolid
maal *n* finance
maal *n* riches
maalaa'ig ama malag *n* angel
maalaa-yacni *adj* senseless
maal-galiye *n* financier
maal-galiye *n* investor
maalgelin *adj* gilt-edged
maalgelin *v* invest
maal-gelin *n* investment
maalin kulul *n* scorcher
maalin nasasho *n* sabbath
maalin-fasax ah *n* holiday
maalin-kasta *n* everyday
maalinta hooyooyinka *n* Mother's Day
maalinta lays xukumayo *n* judgement day
maalinta-qiyaame *n* doomsday
maalin-uun *adv* someday

maaliyadeed *adj* financial
maal-qabeenka *n* elite
maalqabeenka dhexe *n* bourgeois
maal-raac *adj* materialistic
maamul *n* administration
maamul *n* management
maamul ah *adj* managerial
maamulaha xafiis boosto *n* postmaster
maamule *n* administrator
maamule *n* manager
maamule ama diritoor iskuul *n* principal
maamule-dugsi *n* headmaster
maamulid *v* administer
maamulid *v* manage
maamulka *n* jurisdiction
maandariin *n* mandarin
maan-doorin *v* intoxicate
maan-dooriye *adj* intoxicating
maan-guuris *v* brainwash
maanta *adv* today
maanyada danabka *n* voltage
maaree *v* supervise
maareyn *n* supervision
maarshaal *n* marshal
Maarso *n* March
maaskaro *n* mask
maatar *n* matter
maaweelin *v* entertain
maaweeliye *n* entertainer
maaweelo *n* distraction
maaweelo *n* netertainment
mabda *n* principle
macaamiil *n* clientele
macaamiil *n* patron
macaan ah *adj* sweet
macadan *n* tin
macallin *n* instructor
macallin *n* teacher
macallin-iskuul *n* schoolmaster
macaluulin gaajo darteed *v* emaciate
macangag *adj* stubborn
macdan *n* mineral
macdan qaali ah *n* sapphire
macdan qodis *n* mining
macduun *n* curio
macduun *adj* sought-after
macduun *adj* sought-after
macmacaan *n* candy
mac-macaan laga sameeyo bur *n* pudding
macmacaan sare *n* confection
macmal luqadeed *n* language laboratory
macmiil *n* client
macmiil *n* consumer
macmiil *n* customer
macna badan leh *adj* ambiguity
macna darra ah *n* nonsense
macna darro ah *adj* pointless
macna-daran *adj* futile
macna-darro *n* clap-trap
macnayn *v* mean
macneeye *n* caption
macno darro *n* crap
macno-darro *n* futility
macooyo *n* mantis
macquul *adj* reasonable
macquul ah *adj* rational
macquul ah *adj* sensible
macriifo *n* acquaintance
macsanaan maskaxeed *adj* stressful
madaafiic *n* artillery
madadaalin *v* amuse
madadaalo *n* recreation
madadaalo ama maaweelo *n* amusement

madal *n* locale
madax *n* guvnor
madax *n* head
madax adag *adj* obdurate
madax foororin *v* bow
madax ruxid *v* nod
madax sare *n* chancellor
madax sare *n* dignitary
madaxa *n* butler
madaxa *n* scalp
madax-adag *adj* defiant
madax-adag *adj* headstrong
madax-adag *adj* intransigent
madax-adayg *n* obduracy
madax-farad *n* migraine
madax-furad *n* redemption
madaxfurasho *n* ransom
madaxkuti *n* bear
madaxkuti *n* boss
madaxkuti *n* panda
madax-weyne *n* president
madax-xanuun *n* headache
madbacad *n* printing press
maddiiddayn *v* hypnotize
maddiiddo *n* hypnosis
madfac *n* cannon
mad-hab *n* denomination
ma-dharge *adj* rapacious
ma-diide *adj* indulgent
ma-diide *n* yes-man
madiidin *n* factotum
mad-luun *adj* glum
madoow *n* black
madoow ah *adj* dusky
magaalada hoose *adj* downtown
magaalo *n* town
magaalo *adj* urban
magaalo laga guuray *n* ghost town
magaalo-madax *n* capital
magaalo-madax *n* city
magac *n* glory
magac ahaan *adj* nominal
magac madbacad *n* imprint
magaca *n* surname
magaca llaah *n* allah
magaca qofka *n* given name
magacaabid *v* name
magacaabid *v* nominate
magacaabid *n* nomination
magacaabid *n* noun
magaca-hore *n* forename
magaca-qofka *n* first name
magac-sheeg *n* name tag
magac-u-yaal *n* pronoun
magan-galyo siyaasadeed *n* asylum
magdin *v* tan
magdiye *n* tanner
magic la' *adj* anonymous
magoolid *v* germinate
magoolid *n* germination
magsiin *v* compensate
magsiin *n* compensation
ma-gudbe *n* underachiever
magudbiye *n* insulator
mahad celin *n* acknowledgement
mahadnaq *n* appreciation
mahad-naq *n* kudos
mahad-naq leh *adj* grateful
mahad-naq leh *n* gratitude
mahrajaan *n* pageant
majaajillo *n* comedy
majaajillo *n* slapstick
majarafad *n* shovel
majiirid *v* push forward
makaanig *n* mechanic
makarafoon *n* megaphone
makhaayad *n* bar
makhaayad-yar *n* diner

makiinad garka *n* razor
makiinadda dhulka beeraha lugu carro rogo *n* plow
maktabad *n* library
maktabad haye *n* librarian
mala-abaar ah *adj* hypothetical
malaawaal *n* conjecture
malab *n* honey
malaha *adv* probably
malawad *n* colon
malawad *n* rectum
malax *n* pus
malayn *n* assumption
malayn *v* guess
maldahan *adj* implicit
maldahan *adj* oblique
maldahid *v* implicate
maldahnaan *n* implication
male ah *adj* imaginary
malgacad weyn *n* ladle
malgan *adj* fey
maliiil ah *adj* bedridden
maliiil ah *adj* gaunt
malkhabad *n* kerchief
malmalaado *n* marmalade
mal-maloogid *v* scrawl
malo-abbaarid *v* postulate
malo-awaal *n* guesswork
mam-nuuc ah *adj* forbidden
mamnuucid *v* forbid
mam-nuucid *v* prohibit
mam-nuucis *n* abolition
mandaq *n* rationale
man-dheer *n* placenta
manhaj *n* curriculum
manhaj *n* syllabus
manyiikonimo *n* lechery
maqaal *n* article
maqaalka xanta *n* gossip column
maqaal-qore *n* columnist
maqaar *adv* leather
maqaar *n* skin
maqaar lamood *n* leatherette
maqaar leh *adj* sealy
maqal *n* hearing
maqal la xiriira *adj* audio
maqan *adj.* absent
maqan *adj* missing
maqane jooge *adj.* absent-minded
maqas *n* scissors
maqas weyn *n* shears
maqlid *v* hear
maquuf *n* immersion
mar *adj* once
mar hore *adv* already
mar kale *adv* again
maraamaysan *adj* sacrosanct
marag *n* soup
maran *adj* bare
maran *n* empty
maran *n* void
maraq *n* broth
maraq *n* gravy
maraq *n* soup
mararka-qaarkood *adv* sometimes
marawaxad *n* ventilator
Maraykan *n* pacific rim
Maraykanka *n* Uncle Sam
mardaddabaan *n* racketeering
marfish *n* shelf
marid *v* undergo
marin *n* passage
marin habaabsan *adv* astray
marin habow *n* aberration
marin-habaabin *v* delude
marka loo eego ama loo fiiriyo *prep* according to
markab *n* ship

markab dagaal oo weyn *n* battleship
markab fuulid *v* embark
markab ka soo degasho *v* disembark
markabka safarada dalxiiska *n* cruiser
marmar *n* marble
marmar *adv* occasionally
marmarin *v* rub
mar-marsiinyo *n* pretext
maro *n* cloth
maro ku-daahid *v* drape
maro luqunta lugu duubto *n* scarf
maro qiro-adag *n* felt
maroodi *n* elephant
maroodi la xariira *n* elephantine
maroojin *v* twist
maroojin *v* wring
marqaamid *v* freak out
marqaan kiciye *n* stimulant
marsho *n* gear
marsho *n* gear lever
marsho *n* gear stick
marsho-fudud *n* low gear
marti *n* guest
marti-galiso *n* hostess
marti-galiye *n* host
marti-gelin *n* hospitality
ma-rumaysane *n* unbeliever
marxalad *n* phase
marxalad *n* stage
marxaladahoo dhan *n* gamut
maryo *n* drapery
mas *n* snake
mas sumaysan *n* cobra
masaafay-sasho *v* elope
masaafo dheer *adj* long distance
masaafurin *v* deport
masaafurin *v* exile
masaafuris *n* deportation
masaajid *n* mosque
masabbid *n* calumny
masabidid *v* malign
masal *n* metaphor
masalle *n* prayer mat
masawir *n* illustration
masawir *n* photograph
masawir gacmeed *n* painting
masawir xiisa leh *n* pin up
masawir-abuur eedeysane *n* identikit
masawirada ku qurxoon *adj* photogenic
masawirada qaaqaawan *n* pornography
masawir-qaade *n* photographer
masharaaf *n* gutter
mashiin *n* machine
mashiin iwm *adj* mechanical
mashiin wax diyaarsan bixiya *n* dispenser
mashiinka *n* duplicator
mashiinka warqadaha lagu sawiro *n* photocopier
mashquul *adj* busy
mashquul ah *adj* engaged
mashquul-badan *adj* hectic
mashquulsan *adj* preoccupied
mash-quulsan *adj* engrossed
mash-quulsiin *v* engross
mashruuc *n* project
masiibo *n* cataclysm
masiibo *n* disaster
Masiixi *n* Christian
maskax *n* brain
maskax *n* mastermind
maskax *n* mind
maskax ahaan *adv* mentally

maskax fiican leh *n* intelligence
maskax ka wareerin *v* befuddle
maskax-fayow *adj* sane
maskax-furan *adj* receptive
maskax-gaabnimo *adj* cavalier
maskax-xumi *n* learning disability
maslaxo *n* conciliation
maslaxo *n* conciliatory
masruufe *n* provider
masruuf-gashaan *n* palimony
massafaysi *n* elopement
massiibo ah *adj* catastrophe
masuul *adj* responsible
masuul ah *adj* dutiful
masuul ka ah *adj* liable
masuul xafiiseed *n* official
mas'uuliyad *n* responsibility
masuuliyad darro *n* irresponsibility
mataan *n* twin
matagid *v* puke
matagid *v* vomit
matajiye *n* emetic
matalaad *n* representation
matalaad fool-xun *n* parody
matalid *n* behalf
matoor *n* engine
matoor *n* motor
matoor-baasiin *n* gasoline engine
matooriiste *n* machinist
matoor-naafto *n* diesel engine
matxaf *n* museum
mawduuc *n* topic
mawduuc *n* subject
mawduuc ka-bixis *n* digression
mawjad *n* microwave
mawjad *n* surge
mawjad raadye *n* radio wave
mawjad yar *n* ripple
mawjadayn *v* undulate
maxaa yeelay *conj* because
maxay *pron* what
maxaysato *adj* ragtag
maxbuub *n* beloved
maxbuus *n* arrestee
maxbuus *n* prisoner
maxbuus dagaal *n* prisoner of war
maxkamad *n* court
maxkamad *v* litigate
maxsuul *n* quotient
maya *adv* no
maya *prep* non
maya *adv* not
mayiikoole *n* lecher
maykarafoon *n* microphone
mayl *n* mile
meel *n* place
meel *n* position
meel *n* space
meel *n* space
meel baabuurta *n* car-park
meel barakaysan *n* sanctuary
meel barakaysan *n* scene
meel dalxiis *n* resort
meel dhiiqo ah *n* marsh
meel dhir iyo biyo leh *n* oasis
meel jid loo maro *n* access
meel ka qaadid oo meel kale geyn *v* bear
meel ku daahid *v* linger
meel ku daahid *n* location
meel ku xirid *v* pin down
meel kuhayn *n* detention
meel madow *n* umbra
meel saldhig iyo dayactir diyaaradeed ah *n* aerodrome
meel u dhigid *v* put aside
meel walba *adv* anywhere
meel walba jooge *adj* omnipresent

meel walba joogis *n* omnipresence
meelayn *n* placement
meel-dhaxmo *v* lay over
meel-dhaxmo *n* stopover
meeleeye *n* preposition
meel-kale *n* elsewhere
meel-kasta *adv* everywhere
meelna *adv* nowhere
meel-uun *adv* somewhere
meere *n* planet
meerin *n* incantation
meerin *v* rattle on
meerin *v* recite
meeris *v* orbit
meesha ay dhagaystayaashu fariistaan *n* auditorium
meesha ugu sarraysa *n* climax
meeshiisii ku celin *v* replace
meher *n* dowry
meherijaan *n* carnival
meherijaan *n* fete
meherka ka hor *adj* premarital
meyd *n* corpse
meyd gubid *v* cremate
meyd gubis *n* cremation
miciin lahayn *adj* helpless
miciin-daran *n* helper
miciinsad *v* resort to
mid labaad *pron* another
midab *n* color
midab *n* pigmentation
midab buluug madow xigeen ah *adj* purple
midab leh *adj* colored
midabaysan *adj* chromatic
midabaysan *adj* colorful
midabbaysan *n* poppy
midab-guurin *n* etiology
midabka kafeega ah *n* hazel
midabka qofka *n* complexion
midab-kala sooc *n* racism
midab-kala sooce *n* racist
midba kiisii *adj* respective
midba midka kale *pron* one another
midba-midka kale *adv* each other
midig *n* right
midigle *adj* right-handed
midiyaha iyo qalabka kale ee wax lugu cuno *n* cutlery
mid-kasta *pron* each
midkiiba *prep* per
midkood *n* component
midkood *pron* either
midkoodna *conj* neither
midnaba *conj* nor
midnimo *n* solidarity
midnimo *n* unity
midow *n* confederation
miir *n* filtrate
miire *n* colander
miire *n* cullender
miire *n* sieve
miirid *v* percolate
miiris *n* filtration
miis *n* lectern
miis *n* table
miisaamid *v* weigh
miisaan *n* scale
miisaaniyad *n* budget
miishaar *n* saw
miiska dukaanka *n* counter
miiska qoraalka *n* desk
miis-naxash *n* bier
milan khamro ah *n* cocktail
mile *adj* solvent
milid *v* dissolve
milkile *n* proprietor
milkiyad *n* ownership

milyan *n* million
mimikara *adj* soluble
min ka-saaris *n* hysterectomy
minaarad *n* minaret
minbar *n* platform
mindhicir *n* intestine
mindhicir *n* viscera
mindhicirka *n* bowel
mindhicirka-yar *n* small intestine
mindi *n* knife
mindi weyn *n* cleaver
minnaarad *n* beacon
minnaarad *n* lighthouse
minqax-badan *adj* hilarious
mira-dhalaya *adj* fruitful
mire *n* strainer
miririn *v* oxidize
miro *n* fruit
miro bahda batiwa ah *n* gourd
miro bahda loowska ah *n* almond
miro guduudan oo cinabka u eg *n* raspberry
miro yar-yar oo guduudan, oo macaan *n* strawberry
mishmish *n* apricot
misig *n* hip
misir *n* lentil
miski *n* musk
miskiin *adj* meek
mitaal ah *adj* ideal
mitir *n* meter
mitir ahaan *adj* metric
mitiriye *n* tape measure
mitro guduudan *n* cherry
mixnad *n* ordeal
miyi *adj* rural
miyir leh *adj* conscious
miyir-beel *n* coma
miyir-li'i *n* stupor
miyir-qab *n* sanity
miyir-qab ah *adv* sanely
miyir-qaba *adj* consciousness
miyir-qaba *adj* sober
moobah *adj* pungent
moodo *n* model
moodo *n* vogue
moodo ah *adj* stylish
moodo-yaqaan *n* stylist
moog *adj* insensible
moolka webiga *n* riverbed
moolka-badda *n* seabed
moolo *n* helix
moosid *v* tackle
mooto *n* motorcycle
mooto-yar *n* scooter
mooyaane *prep* except
mooye *n* mortar
mowqif-adag *n* hard line
mu'aamaro *n* collusion
mucaarad *n* dissident
mucaarad *n* insurgent
mucaarad *n* opposition
mucaarad ah *adj* rebellious
mucjiso *n* miracle
mudaharaad *n* demonstration
mudaharaad *n* riot
mudan in la xuso *adj* remarkable
mudane *n* Excellency
mudane *n* gentleman
mudane *n* mister
mudane *n* Mr.
mudane *n* sir
muddada *prep* during
muddeec *adj* subservient
muddeec ah *adj* obedience
muddo *n* duration
muddo *n* period
muddo *n* span
muddo *n* term
muddo badan *adj* long-standing

muddo karantiil *n* isolation period
mudid *v* pierce
mudnaan *n* merit
mudnaan *n* priority
mufti *n* sheikh
mugdi *n* blackout
mugdi *n* gloom
mugdi ah *adj* gloomy
mugdi ah *adj* unlit
muhiim ah *adj* important
muhiimad *n* importance
muhiim-ah *adj* great
mujrim *n* culprit
mujtamac *n* society
mukhlis *n* devotee
mulkiile *n* possessor
mulukiyuul *n* molecule
munaafaq *n* hypocrite
munaafaq-nimo *n* hypocrisy
munaaqasho *n* discussion
munaasab *adj* opportune
munaasabad *n* occasion
munaasib *adj* proper
muq-shabeel *n* hybrid
muraajaco *n* revision
muraara-dillaac *n* dismay
muraayad *n* looking glass
muraayad *n* mirror
muraayad gelin *v* glaze
muran *n* dispute
muran *n* falling-out
muran *n* quarrel
muran badni *adj* quarrelsome
muran iyo qaylo *n* hassle
muran ka taagan yahay *adj* arguable
muran ka taagan yahay *n* argument
murgacasho *v* distort
murgacasho *v* sprain
murgin *v* complicate
murgin *v* tangle
murmid *v* quibble
murmid ama doodid *v* argue
murqo weyn *adj* beefy
murugaysan *adj* dejected
murugaysan *adj* despondent
murugaysan *adj* disconsolate
murugaysan *adj* dismal
murugaysan *adj* doleful
murugaysan *adj* heavy-hearted
murugaysan *adj* miserable
murugaysan *adj* sad
murugaysan *adj* somber
murugeysan *adj* upset
murugo *n* dejection
murugo *n* dumps
murugo *n* misery
murugo *n* sadness
murugo *n* sorrow
murugo gelin *v* sadden
murugo leh *adj* cheerless
murugo naxdin leh *adj* aghast
murugo-leh *adj* sorrowful
murugo-leh *adj* tragic
murugsato *n* forefinger
murugsato *n* index finger
muruq *n* muscle
murwo *n* madam
murwo *n* matron
murwo *n* Mrs.
musalifid *v* bankrupt
musallif *adj* insolvent
mushaar *n* paycheque
mushaar *n* salary
mushaar leh *adj* salaried
mushaar-qaad *n* payday
mushaaxid *v (infl)* gallivant
musharrax *n* candidate
musharrax *n* nominee

musharraxnimo *n* candidature
musiibo *adj* calamitous
musiibo *n* tragedy
Muslin *n* Muslim
musmaar *n* nail
musmaar yar *n* pin
musqul *n* bathroom
musqul *n* toilet
musqul *n* washroom
mustaqbal *n* future
mustaqbal *n* futurity
musuq samayn *v* corrupt
musuq-maasuq *n* corruption
muujin *v* obtrude
muujinaya *adj* demonstrative
muujinaya *adj* revealing
muujiye *n* scanner
muunad *n* sample
muunad *n* specimen
muunadayn *v* glorify
muunadaysan *adj* glorious
muuqaal *n* appearance
muuqaal ahaan ku habboon *adj* picturesque
muuqaal debiici ah *adj* seenic
muuqaal dhinac ah *n* profile
muuqaal foolxun leh *adj* bedraggled
muuqaal leh *adj* physical
muuqaal xajmi iyo xoog leh *adj* imposing
muuqaalka *n* perspective
muuqaalka guud *n* panorama
muuqaalka-hore *n* foreground
muuqasho *v* appear
muuqda *adj* conspicuous
muuqda *adj* marked
muusig *n* composer
muusik *n* music
muusikeyste *n* musician
muwaadin *n* citizen
muwaadinnimo *n* citizenship
muxaadaro *n* lecture
muxubo *n* fondness

N

naac-naac *n* mint
naadir *adj* rare
naadir *adv* seldom
naadir ah *adv* rarely
naadir ah *adj* scarce
naadirnimo *n* rareness
naadirnimo *n* rarity
naadirnimo *n* scarcity
naafayn *v* maim
naafayn *v* mutilate
naag *n* woman
naag-naag *n* sissy
naagta *n* abbess
naagta boqorka *n* consort
naagta filimada ama riwaayadaha jisha *n* actress
naasaha dumarka *infl* boob
naasleey *n* mammal
naaso-saar *n* mastectomy
nabaad-guur *n* erosion
nabad *n* peace
nabad iyo degenaansho *adj* peaceful
nabad-ku-mar *n* safe conduct
nabadsugid *adj* peacekeeping
nacalad-qabid *n* damnation
nacas *n* chump
nacas *n* fool
nacas *n* nincompoop
nacas ah *adj* stupid

nacas-nimo *adj* foolish
nacas-nimo *n* stupidity
nacayb *n* hate
nacayb *n* hatredn
nac-nacleyn *v* bumble
nadaafad guud *n* sanitation
nadaafadeed *adj* sanitary
nadiif *n* clean
nadiif ah *adj* immaculate
nadiif ah *adj* spotless
nadiif ahaansho *n* cleanliness
nadiifin *v* cleanse
nadiifin *v* scrape
nadiifin *v* sterilize
nadiifiye *n* cleaner
naf *n* self
nafaqa leh *adj* nutrient
nafaqayn *v* nourish
nafaqaysan *adj* nutritious
nafaqo *n* nourishment
nafaqo *n* nutrition
nafisan *adj* relieved
nafta *n* soul
nafta *n* soul
nafta *n* spirit
nafti-hallig *adj* kamikaze
naf-u-hurid *n* self-sacrifice
nal if weyn *n* floodlight
nalka-hore ee baabuurka *n* headlight
nanac *n* caramel
naqshad *n* design
naqshad *n* pattern
naq-shad *n* engraving
naq-shadayn *v* engrave
naqsha-deeye *n* designer
naqshadeeye guri *n* interior decorator
naqshad-sameeye *n* draftsman
naqshad-yaqaan *n* draughtsman
nasakhan *adj* lapsed
nasashada shimbiraha *v* perch
nashaad *n* vitality
nasiib *n* fortune
nasiib *n* luck
nasiib *n* misfortune
nasiib ah *adj* random
nasiib badan *adj* lucky
nasiib daran *adj* hapless
nasiib-badan *adj* fortunate
nasiib-badni *n* fluke
nasiib-daran *adj* luckless
nasiib-wanaag *adj* fortunately
nasiib-wanaag *adj* luckily
nasiino *n* respite
nasiino *n* rest
natiijo *n* consequence
natiijo *n* effect
natiijo *n* outcome
natiijo *n* result
natiijo *adj* resultant
natiijo *n* sequel
nawaaxi *n* locality
nawaaxi *n* suburb
nawaaxigan *adv* locally
naxaas *n* bronze
naxariis *n* chivalry
naxariis *n* clemency
naxariis *n* compassion
naxariis *n* kindness
naxariis *n* mercy
naxariis badan *adj* merciful
naxariis daran *adj* cold-hearted
naxariis daran *adj* cruel
naxariis daran *adj* merciless
naxariis darro *n* cruelty
naxariis darro *adj* relentless
naxariis lahayn *adj* ruthless
naxariis-badan *adj* compassionate
naxariis-daran *adj* callous

naxariis-daran *adj* heartless
naxariis-darro *adj* uncharitable
naxash *n* coffin
naxdin leh *adj* pitiful
naxdin leh *adj* shocking
naxdin-leh *adj* horrible
naxuus *n* low beam
naxwe *n* grammar
naxwe ahaan *n* imperfect
naxwe ahaan *prep* in
naxwe-ahaan *adj* genitive
naxwe-ahaan *adv* grammatically
naynaas *n* nickname
nebcaan *n* distaste
nebcaansho *v* dislike
nebi *n* prophet
nebi Ciise *n* Christ
nebtuun *n* Neptune
necbaansho ama *n* aversion
neef ah *adj* gaseous
neef qaadasho *v* inhale
neefayn *v* inflate
neefsasho *v* exhale
neefsasho *n* respiration
neef-tuur *n* pant
neef-tuur *v* sigh
neef-tuurid *v* gasp
neg *adj* static
negatiin *n* tie
nibiri *n* whale
nidaam *n* method
nidaam *n* system
nidaam daran *adj* chaotic
nidaam darro *n* chaos
nidaam dawladeed *n* regime
nidaamka hanti-wadaaga *n* socialism
nidaamsan *adj* neat
nidar *n* vow
nigis *n* panties
nigis *n* underpants
nigis dumar *n* knickers
nigis-suun *n* garter belt
niiqlayn *v* croak
nijaar *n* carpenter
nijaarad *n* carpentry
nikal *n* nickel
nikatiin *n* nicotine
nimcaysan *adj* opulent
nimco *n* opulence
nimow-naag *adj* effeminate
nin *n* guy
nin *n* man
nin boolis ah *n* policeman
nin qori sita *n* gunman
ninimo *n* virility
ninka jilaaga ah *n* actor
ninnimo *n* manhood
ninnimo *n* masculinity
nitooxsi *adj* single-handed
niyad baddalan *adj* moody
niyad baddalan *n* motivation
niyad gelin *v* elate
niyad jab *phr* let down
niyad jabin *v* disappoint
niyad-jab *n* demoralization
niyad-jab *n* depression
niyad-jab *n* dishearten
niyad-jabin *v* depress
niyad-jabsan *adj* depressed
niyad-jebin *v* demoralize
niyad-jebin *v* discourage
niyeysi *n* intention
nolol *n* life
nolol heer sare ah *adj* affluent
nooc *n* kind
nooc *n* sort
nooc *n* sort
nooc *n* type
nooc alwaax ah *n* ebony

nooc khamri ah oo culus *n* cognac
nooc masaska ka mid *n* serpent
nooc sare *adj* de luxe
nooc walbaale *n* mosaic
nood *n* paper money
nool, nolol leh *adj* alive
noole *n* creature
noole-lamood *adj* lifelike
noole-lamood *adj* living
nooli *n* car fare
nootaayo *n* notary
noqdo *v* become
nukliyeer *adj* nuclear
nuqul *n* duplicate
nuqul ama koobbi ah *n* photocopy
nuqul asalkii oo kale ah *n* replica
nurduq *n* lychee
nus-dariq *adv* midway
nus-dhul *n* hemisphere
nuugid *v* suck
nuugitaan *n* absorbency
nuujin *v* suckle
nuujinta *n* nursing
nuur *n* halo
nuurad *n* lime
nuurad - dhagax didib ah *n* limestone
nuuriye *n* luminary
nuuxin *v* budge
nuxur *n* essence
nuxur *n* keynote
nuxurka *n* gist
nuxurka ama dhumucda *n* kernel
nuxuus ah *adj* dim

O

oddorosid *v* foresee
oddorosid *v* predict
oddorosid *n* prediction
odorosid *v* forecast
ogaal la'aan *n* unbeknown
ogaanshaha *n* diagnosis
ogaansho *v* dawn on
ogeysiin *v* apprise
ogeysiin *v* notify
ogeysiis *n* notice
ogeysiis la'aan *adj* unannounced
ogolaansho *n* admission
ogolaansho *n* approval
ogolaansho *n* okay
ogolaansho *n* permission
ogolaansho *n* sanction
ogolaansho ama rukhsad *n* permit
ogolaansho siin *v* consent
oktoobar *n* October
olol *n* flame
ololaya *adj* aflame
olyada *n* castor oil
olyo garaaso *n* lubricant
oo badanaa la solo *n* gammon
oo badanaa madoow *n* derby
oo dhamaystiran *n* mastery
oo fal tagay ah choose
oo fal tagay ah *v* fallen
oo fal tagay ah *v* gave
oo gacan lugu gaybiyo *n* handbill
oo kale *adj* like2
oo kale such
oo kaliya *adv* purely
oo la gali karo *adj* walk-in
oo waqaf ah *n* water fountain

oo Yurub dhab uga baxa *n* fennel
oohin-carruureed *n* cry baby
ookiyaalayaal *n* spectacles
ookiyaale *n* eyeglasses
oomane *n* aridity
oomman *adj* athirst
oomosoore *n* waterless
oon *n* thirst
ooyid *v* cry
oozoon *n* ozone
oraah *n* aphorism
oraah horey dad u yiri *n* adage
oraah qof yiri *n* quotation
oraah-xikmadeed *n* epigram
oranji *n* orange
ordaa *n* runner
ordaya *adj* running
ordid *v* run
ordid *v* sprint
orgi *n* billy goat

Q

qaab *n* form
qaab *n* frame
qaab *n* shape
qaab *n* structure
qaab hab-dhismeed *n* figuration
qaab ka baddalid *v* deface
qaab-darro ah *adj* tacky
qaab-dhismeed *adj* structural
qaab-dhismeedka *n* framework
qaabka jirka gofku ku sugan yahay *n* posture
qaabka ukunta leh *adj* oval
qaab-la'aan *adj* shapeless
qaab-qurxoon *adj* shapely
qaab-siddeedle *n* figure eight
qaab-xumo *n* deformity
qaaciido *n* formula
qaad *n* capacity
qaadacaad *v* boycott
qaadacaad *n* rejection
qaadasho *v* take
qaaddo *n* scoop
qaaddo-mugeed *n* spoonful
qaaddo-mugeed *n* tablespoonful
qaadicid *v* protest
qaadicid *v* quash
qaadicid *v* reject
qaadid *v* carry
qaado *n* spoon
qaafiyad *n* rhythm
qaafiyad leh *adj* rhythmic
qaali *adj* prized
qaali ah *adj* costly
qaali ah *adj* dear
qaalib ah *adj* dominant
qaalli *n* judge
qaalliga ama kursigiisa *n* bench
qaalli-yare *n* JP
qaalmarogad *n, v* somersault
qaamiis *n* robe
qaamo-qashiir *n* mumps
qaamuus *n* lexicon
qaan-gaar *adj* mature
qaansa-roobaad *n* rainbow
qaansheeg *n* bill
qaansheeq *n* invoice
qaan-siin *n* damages
qaanuun *n* rule
qaarad *n* continent
qaaradeed *adj* continental
qaate *n* recipient
qaatil *n* assassin
qaawan *adj* naked
qaawan *adj* nude

qaawan *adj* unclothed
qaawanaan *n* nudism
qaawanaan *n* nudity
qaawin *v* denude
qaawin *v* undress
qab *n* ego
qab *n* self-esteem
qabasho *v* catch
qabasho *v* hold
qabasho xirid *v* apprehend
qabatin leb *adj* addictive
qabiid ah *n* sadist
qabiidnimo *n* sadism
qabiid-nimo ah *adj* grim
qabiil *n* tribe
qaboojin *v* refrigerate
qaboojis *n* refrigeration
qaboojiye *n* air-condition
qaboojiye *n* cooler
qaboojiye *n* fridge
qaboojiye *n* icebox
qaboow *v* chill
qaboow oo engegan *adj* dank
qaboow-yar *adj* cool
qabow *n* cold
qabri *n* grave
qabsasho *v* capture
qabsasho *v* conquer
qabsin *n* appendix
qabsin-xannuun *n* appendicitis
qabuuro *n* cemetery
qabuuro *n* graveyard
qab-weyn *n* arrogance
qabyo *adj* incomplete
qadaf *adj* libelous
qadar *n* destiny
qadarin *n* homage
qaddar *n* doom
qaddar *n* kismet
qaddar *n* providence
qaddarin *n* deference
qaddarin *n* rating
qaddarin *v* revere
qaddarin *n* reverence
qaddarin *v* venerate
qaddarin leh *adj* deferential
qaddarnaa *adj* fated
qaddiman *adj* prepaid
qaddiyad u-halgame *n* crusader
qadiim ah *adj* ancient
qadiimibaar *n* palaeontology
qado *n* lunch
qado-qaad *n* lunchbox
qafaal askareed *n* conscription
qafis biyo ku jiraan *n* aquarium
qafiska marshada *n* gearbox
qajaar *n* cucumber
qajaar la dhanaaniyay *n* pickle
qajaar-yar *n* gherkin
qajilsan *adj* self-conscious
qalaad *adj* exotic
qalaad *adj* odd
qalab *n* printer
qalab *n* tool
qalab ama aalad *n* instrument
qalab lugu cabbiro cimilada *n* barometer
qalab muusiko *n* cornet
qalab muustiko *n* accordion
qalab muustiko *n* dulcimer
qalab muustiko *n* xylophone
qalab muustiko *n* xylophone
qalab nuusig *n* clarinet
qalab qof oo kale ah *n* automatic
qalabayn *v* equip
qalabayn *n* equipment
qalabka lagu sawiro raajada *n* radiography
qalab-muusiko *n* fife
qalajis *n* lizard

qalajiso *n* drier
qalajiso *n* dryer
qalalowda *n* ding-dong
qalbac *n* flake
qalbi-jab *n* heartbreak
qalcad *n* castle
qalcad *n* fort
qalcad *n* fortress
qalcad-dhisid *v* fortify
qalfoof *n* skeleton
qalin *n* silver
qalin ah *adj* silvery
qalin khad leh *n* pen
qalin midab leh *n* crayon
qalin rasaas *n* pencil
qalin-jabin *v* graduate
qalin-jabin *n* graduation
qalinka khadda lagu shubo *n* fountain pen
qalinka ku duugid *v* ratify
qalin-qor *n* sharpener
qalin-shube *n* silversmith
qalka ama isha sida digirta iwm *n* pod
qallaafo *adj* knock-kneed
qallafsan *adj* horny
qallajin *v* dry
qallajis *n* gecko
qallal *adj* spastic
qallalin *v* paralyze
qalleyf ah *adj* rough
qalliin *n* surgery
qallooc *n* curve
qallooca *adj* devious
qalloocin *v* bend
qalloocin *v* warp
qalloocsan *adj* twisted
qalqaalin *phr* jolly along
qal-qaalin *v* entice
qal-qaalo *n* persuasion
qalqaalo badan *adj* influential
qalyayax *adj* lanky
qamadi *n* wheat
qamiir *n* leaven
qamiir *n* yeast
qamiirid *v* ferment
qanac la'aan *n* dissatisfaction
qanac-la'aan *n* discontent
qanacsan *adj* content
qanacsanaan *n* contention
qanacsanaan *n* satisfaction
qanacsanaan *adj* satisfied
qancin *v* convince
qancin *v* meet
qancin *v* satisfy
qancin badan *adj* persuasive
qancin-laan *v* dissatisfy
qandaraasle *n* contractor
qandhaysan *adj* febrile
qandhaysan *adj* feverish
qandicin *v* warm up
qaniinid *v* bite
qanjaaful *n* hoof
qanjaruufo *n* pinch
qanjir *n* gland
qan-qaniinid *v* gnaw
qar *n* ledge
qar *n* rim
qaraabasho *v* forage
qaraabo *n* kin
qaraabo *n* kindred
qaraabo *n* relative
qaraabo ah *adj* related
qaraar *n* resolution
qaracan leh *adj* shattering
qaracansan *adj* shattered
qaran *n* nation
qarannimo *n* sovereighty
qarannimo *n* sovereignty
qaraq *n* abundance

qaraq *n* wreck
qarax *n* detonation
qarax *n* eruption
qarax *n* explosion
qarax-weyn leh *n* gelignite
qare *n* watermelon
qareen *n* attorney
qarin *v* conceal
qarin *v* disguise
qarin *v* hide
qarin *v* secrete
qaris *n* concealment
qaris *n* secretion
qarka *n* curb
qarka webiga *n* riverside
qaroofan *adj* hooked
qarow *n* nightmare
qarqid *v* drown
qarraafsi *n* panhandle
qarsoodi *adj* hush-hush
qarsoodi *n* secrecy
qarsoodi *n* stealth
qarsoodi ah *adj* confidential
qarsoodi ah *adj* secret
qarsoodi ah *adj* underhand
qarsoodi ulashaqayn *v* connive
qarsoodi-ah *adj* furtive
qarsoon *adj* covert
qarsoon *v* hidden
qarsoon *adj* insidious
qarxaya *adj* explosive
qarxid *v* burst
qarxid *v* erupt
qarxin *v* blow up
qarxin *v* detonate
qarxin *v* explode
qarxisada ka saarid *v* defuse
qas iyo lab *phr* kick ass
qasaalad *n* washer
qasacadaysan *adj* canned
qasharka-rasaasta *n* cartridge
qashin *n* bilge
qashin *n* garbage
qashin *n* rubbish
qashin *n* trash
qashin-qub *n* dump
qashin-qub *n* scrap heap
qashin-saarka jirka *n* excretion
qashin-xamaal *n* garbage truck
qasid ama dhabqin *v* intrude
qasiido *n* carol
qasri *n* palace
qawad *n* impetigo
qawl *n* proposition
qawmiyad *n* nationality
qawsaar *n* herdsman
qaxaab *n* grotto
qaxin *v* evacuate
qaxooti *n* refugee
qayaxan *adj* blatant
qayb *v* allot
qayb *n* department
qayb *n* part
qayb *n* portion
qayb *n* section
qayb ahaan *n* partially
qayb ahaan *adv* partly
qayb ahaan *adj* part-time
qayb kaliya *adj* partial
qayb u helid *n* allotment
qaybaha mashiinka ee socda *n* machinery
qaybin *n* distribution
qaybin *v* divide
qaybin *n* division
qayb-isbitaal *n* ward
qaybiyaha *n* denominator
qaybiye *n* distributor
qaybsami-kara *adj* divisible
qaybta shactirada *n* comics

qayirid *v* discolor
qayla-dhaan dab *n* fire alarm
qaylin *v* bawl
qaylin *v* ejaculate
qaylo *n* squeak
qaylo *v* yell
qaylo aad u darn *adj* shrill
qaylo-dheer *n* screech
Qeesar *n* Kaiser
qeexan *adj* clear-cut
qeexan *adj* concise
qeexan *adj* definite
qeexan *adj* lucid
qeexid *v* clarify
qeexid *v* define
qeexid *v* demonstrate
qeexid *v* formulate
qeexitaan *n* definition
qiimaha shay joogo *n* face value
qiima-jabid *v* depreciate
qiimayn *v* evaluate
qiimayn *v* rate
qiimayn *n* valuation
qiimayn ama fikrad ka bixin *v* appraise
qiime *n* value
qiime lagu tartamo *v* bid
qiime sare leh *adj* preciosu
qiime sare leh *n* price
qiimeeye *n* valuer
qiimeyn *v* assess
qiimeyn qof *n* assessment
qiimo dhimid *v* mark-down
qiimo sheeg *n* bar code
qiimo-dhac *n* depreciation
qiimo-dhimid *n* devaluate
qiimo-dhimis *n* devaluation
qiiq ama neef sii deyn *v* puff
qiiq, sigaar cabbid *n* smoke
qiira leh *adj* emotional
qiiro *n* emotion
qiiro *n* outburst
qindhicil *n* nit
qirasho *n* confession
qirid *v* concede
qirid ama caddayn *v* acknowledge
qirid ama caddayn *v* admit
qish *n* plagiarism
qishid *v* cheat
qishid *v* peep
qiso-jacayl *n* romance
qiyaas *n* estimation
qiyaas *n* measurement
qiyaas *n* projection
qiyaasid *v* estimate
qiyaasid malayn *v* speculate
qiyaastii *adv* approximately
qiyaastii *adj* roughly
qodax *n* prickle
qodax leh *adj* prickly
qodid *v* dig
qodid *v* drill
qodob *n* spike
qof *n* person
qof *pron* somebody
qof aad u kacsi badan *adj* lascivious
qof abtirsiinyihiis *n* ancestry
qof ahaan *adv* personally
qof ama wax jacayl *n* adoration
qof awood badan *n* magnate
qof awood yaridiis ka faa'iidaysi *n* advantage
qof bar-barad ah *n* novice
qof caan ah *adj* illustrious
qof caan ah saxiixiis *n* autograph
qof daciif ah *n* fall guy
qof dadka ka qosliya *n* buffoon
qof dalba leh *adj* bandy-legged
qof danbiile gacan siiya *n*

accomplice
qof dilid *n* murder
qof dimoqraadi ah *n* democrat
qof fur-furan ama bulshay *adj* approachable
qof hadal qeexan *adj* articulate
qof hawl gaar ah lugu qaybiyo *v* assign
qof hawl-kar ah *adj* industrious
qof in la suuxiyo *n* anaesthesia
qof indha-yar ah *adj* oriental
qof iwm *n* pacesetter
qof kasta *pron* anyone
qof la *n* scarecrow
qof madoow *n* Negro
qof neef qaba *adj* asthmatic
qof qalaad *n* stranger
qof qalbi-daciif ah *n* imbecile
qof qallal qaba *adj* paralytic
qof shaqadiisu tahay inuu dadka *n* attndant
qof shirkad ama dowlad wakiil u ah *n* agent
qof sir-qarin badan *adj* discreet
qof taariikh nololeedkiis uu asagu qoro *n* autobiography
qof waalan *adj* insane
qof waalan *n* lunatic
qof waalan *n* mad man
qof waalan *n* maniac
qof walba *pron* anybody
qof warkiis taageerid *v* bear out
qof weyn *adj* adult
qof xirfad leh *adj* professional
qof xog-ogaal ah *n* insider
qof yaab leh *adj* kinky
qof yara waalan *adj* batty
qof yara waalan *n* nut
qofee *v* personify
qofka *n* commuter
qofka *n* match-maker
qofka aan siyaasadda jeclayn *adj* apolitical
qofka baarka ka adeega *n* bartender
qofka buuraha fuula *n* mountaineer
qofka dacwoonaya *n* claimant
qofka dadka qurxiya *n* beautician
qofka dadka qurxiya *n* blockhead
qofka dantisa ka hormariya midda dadka *adj* selfless
qofka dheriyada sameeya *n* potter
qofka faaliya *n* palmist
qofka gada shumaca la shito *n* chandler
qofka kaa soo hor-jeeda *n* opponent
qofka khasaaray *n* loser
qofka mashiin ka shaqaysiiya *n* operator
qofka muxaadarada jeediya *n* lecturer
qofka naftigiisa *pron* oneself
qofka shirqool ku dila qof kale *n* assailant
qofka taageera ama diffaca qadiyad *n* advocate
qofka wax baara ama u kuur gala *n* analyst
qofka wax dhaca *n* robber
qofka wax xaraashaya *n* auctioneer
qofka xanaaqa dhow *adj* irascible
qofka xogta lagu qarsado *n* confidant
qof-kasta *pron* everybody
qofkee *adj* whole
qofkii *adj* per capita

qofna *pron* nobody
qofna *pron* no-one
qol *n* room
qol gaar ah *n* den
qol jaakadaha looga tagto *n* cloakroom
qol jiif *n* bedroom
qol-ciyaareed *n* playroom
qolka cunto cunidda *n* dining room
qolka dharka lagu beddesho *n* dressing room
qolka fadhiga *n* drawing room
qolka fadhiga *n* living room
qolka fadhiga *n* sitting room
qolka meeydka *n* mortuary
qolka qalliinka *n* operating room
qolka qalliinka *n* operating theatre
qolka sanduuqyada *n* locker room
qolka shirarka *n* boardroom
qolka-qiraalka *n* confessional
qolka-sugidda *n* waiting room
qolof *n* shell
qolof adag leh *n* crusty
qol-quraaradeed *n* conservatory
qol-yar oo ciqaabeed *n* cell
qol-yar oo ciqaabeed *n* chamber
qoob-ka-ciyaar *n* tap dancing
qool *n* leashn
qoolad-yar *n* cubicle
qoolad-yar *n* garret
qoolleey *n* dove
qoolleey *n* pigeon
qoomamo *n* remorse
qooq *n* lusts
qooqan *adj* lustful
qoorgooye *n* meningitis
qoor-gooye *n* guillotine
qooro *n* scrotum
qooyn *v* drench
qooys *n* bracket
qoraa *n* biographer
qoraa *n* author
qoraal *n* burlesque
qoraal *n* script
qoraal *n* statement
qoraal *n* writing
qoraal diiwaansan, darajo *n* record
qoraal taxane-taariikheed *n* chronicle
qoraal-gacmeed *n* autography
qoraal-sheeko *n* screenplay
qoraha riwaayaddaha *n* dramatist
qoran *adj* prescribed
qorfe *n* cinnamon
qori *n* firearm
qori kuqabasho *n* gunpoint
qori-cuud *n* joss stick
qorid *v* carve
qorid *v* write
qorid alwaax iwm *v* etch
qori-qore *n* carver
qori-sloy *n* kebab
qori-solay *n* kabob
qoritaan *n* enrolment
qorshaha koowaad *n* blueprint
qorshe *n* plan
qorshe *n* proposal
qorshe ama talo soo jeedin *v* propose
qorshe dejin *v* map out
qorshe samayn *n* arrangement
qorsheeye *n* planner
qoslid *v* giggle
qosol leh *adj* droll
qosol-leh *adj* humorous
qoto dheer *adj* profound
qoto dheeri *n* profundity
qoto-dheer *n* depth

qotomis *n* erection
qoyaan *n* humidity
qoyaan *n* moisture
qoyan *adj* humid
qoyan *adj* sloppy
qoyid *v* soak
qoys *n* household
qub *n* husk
qubasho *v* spill
qubays siiba mayrasho biyo la dhex galo *n* bath
qubbad *n* dome
qubbad *n* steeple
qubeys *n* shower
qubo *n* turtle
qudhgooyo *v* behead
qudhigeyga *pron* myself
qufac *n* cough
qufid faagid *v* excavate
qufis *v* excavation
quful *n* lock
quful *n* padlock
quful-yaqaan *n* locksmith
qulaan turub *n* knave
qulqul *n* influx
qul-qulid *v* flow
qul-qulid *v* gurgle
quman *n* tensils
qumbe *n* coconut
qumbula-durriyo *n* A-bomb
qunsul *n* consul
qunsuliyad *n* consulate
quraac *n* breakfast
quraafaad *n* myth
quraafaad ah *adj* mythical
quraafaad ku saabsan *n* mythology
Quraan *n* Koran
Quraan *n* Qur'an
quraarad *n* glass
qurbaan *n* oblation
qurbe *adv* abroad
qurmay *adj* rotten
qurmid *v* rot
qurmuun *adj* fetid
qurmuun *v* stink
qur-qurin *v* quaff
qurun ah *adj* foul
quruurux *n* grit
quruurux *n* rubble
qurux *n* beauty
qurux badan *adj* lovely
qurux-badan *adj* gorgeous
qurxin *v* garnish
qurxoon *adj* beautiful
qurxoon *adj* cute
qurxoon *adj* elegant
qurxoon *adj* splendid
qurxoon *adj* stunning
qushuuc *n* admiration
qushuuc leh *adj* rapt
quud *n* sustaenance
quudiyey *v* fed
quursasho *v* underestimate
quus *n* dive
quus ah *adj* desperate
quusasho *v* give up
quusay *v* sank
quuse *n* diver
quuse *n* frogman
quusid *v* sink
quusid *v* submerge
quwad *adj* lusty
quwad-koronto *n* hydro

R

raaciye *n* adherent
raaciye *n* follower
raacsan *adj* subsidiary
raad *n* footprint
raad *n* holdover
raad baabuur *n* rut
raad ku reebid *n* impact
raad ku reebid *n* impression
raadaar *n* radar
raadin *v* search
raadiye iwm *n* scrambler
raad-reeb *n* repercussion
raadye *n* radio
Raage *n* Saturn
raajo *n* X-ray
raakit *n* racket
raalli *adj* pleased
raalli gelin samayn *n* apology
raalli-gelin leh *adj* satisfactory
raando *n* handplane
raasammaali *n* capitalist
raashin *n* provisions
raashin *n* ration
raashinka xoolaha *n* fodder
raasumaal *n* asset
raaxa leh *adj* luxurious
raaxa leh *adj* pleasant
raaxa-leh *adj* enjoyable
raaxa-sare *n* gusto
raaxaysi *v* enjoy
raaxo *n* comfort
raaxo *n* enjoyment
raaxo *n* luxury
raaxo leh *adj* comfortable
raaxo u leh jirka *adj* sensuous
raaxo u-noole *adj* epicurean
raaxo-la'aan *n* discomfort
raayatoore *n* radiator
raba *adv* fain
rabbaani *n* divinity
rabbaayadayn *v* domesticate
rabbi qaddaray *v* predestine
rabid *v* want
rabidda-galmada *n* sexuality
rabitaan *n* eagerness
rabitaan *n* inclination
rabitaan *n* readiness
rabitaan deg-deg ah *n* impulse
rabitaanka cunada *n* appetite
rabitin *n* volition
rablayn *v* skip
rabsho *n* violence
rabsho la'aan *n* non-violence
rabshoole *n* tearaway
rafasho *v* flounder
rafcaan *n* appeal
rafiiq dugsi *n* schoolmate
rafiiq-nimo *n* companionship
raganimo *adj* macho
raganimo leh *adj* manly
rah *n* frog
rahaamad *n* pawn
rajabeeto *n* bra
rajabeeto *n* brassiere
raja-xun *adj* hopeless
rajayn *v* anticipate
rajayn *v* expect
rajayn *v* may
rajaynaya *adj* expectant
rajo *n* expectation
rajo *n* hope
rajo fiican leh *adj* promising
rajo fiican leh *n* prospect
rajo-dhigid *v* despair
rajo-go' *n* desperation
rakaab *n* passenger

rakibaad *n* installation
raq *n* carcass
raqay *n* tamarind
raqiis (jaban) *adj* cheap
raqiis ah *adj* inexpensive
rar *n* cargo
rar *n* load
rar *n* shipping
raritaan *n* removal
rasaas *n* bullet
rasaas ama saanad *n* ammunition
rasaas iswad *n* mechanical pencil
rash *n* firecracker
rash *n* firework
rasiid *n* receipt
rasmi ah *adj* formal
rasmi ahaan *adv* officially
rasmi ahaan *n* originality
rasmi-ahaan *n* formality
raso *n* heap
raso *n* pile
raso *n* stack
rasuul *n* messenger
raxan *n* flock
raxan *n* herd
raxan *n* swarm
ra'yi *n* opinion
ray-rayn *n* elation
ray-rayn *n* euphoria
ray-rayn *v* exult
ray-rayn *n* exultation
ray-rayn *n* gaiety
ray-rayn *n* glee
ray-rayn *n* rapture
rayrayn leh *adj* delightful
raysasho *n* recovery
raysasho *n* relief
raysul-wasaare *n* premier
raysul-wassare *n* Prime Minister
reebban *adj* prohibitive
reer miyi *n* nomad
reer miyi ah *adj* nomadic
reer-aakhiraad *n* ghost
reer-aakhiraad degey *adj* haunted
reer-baaddiye *n* bumpkin
reer-baaddiye *n* countryman
reexaan *n* basil
renji *n* dye
reyfal *n* rifle
ribix leh *n* gainful
ridid *v* fell
ridid *v* topple
ridqe *n* grinder
ridqid *v* grind
rifid *v* pluck
rigeyn *v* parade
riixid *v* press
riixid *v* push
rijeeto *n* prescription
rikoor *n* recorder
rikoor *n* stereo
rikoor-jabin *adj* record breaking
rikoor-jabin *n* record player
rimay-gacmeed *n* insemination
rimin *v* fecundate
rinji *n* paint
rinjiile *n* painter
risiq *n* livelihood
risqi *n* subsistence
riwaayad *n* concert
riwaayad *n* drama
riwaayad la xiriira *adj* dramatic
riyaaqsan *adj* gleeful
riyaax *n* scurvy
riyo *n* dream
riyo-ah *adj* dreamy
riyo-maalmeed *n* day dream
riyoode *n* dreamer
robot *n* robot
rodol *n* pound

rog-rogid *v* flip through
rog-rogid *v* leaf through
roob *n* rain
roob badan *adj* rainy
roob baraf wata *n* sleet
roob karar ah *n* cloud-burst
roob-da'id *n* rainfall
roog (sajaayad) *n* carpet
roon *n* clement
roonaansho *v* relieve
rooseeto *n* lipstick
rooti *n* bread
rooti *n* bun
rooti *n* loaf
rooti hilib iyo farmaajo la dhex-geliyo *n* cheeseburger
rubuc *n* quarter
ruclayn *v* trot
rug-dagaal *adj* war-torn
rugta baasiinka *n* gas station
rugta bandhiga farshaxanka *n* gallery
rugta ganacsiga *n* chamber of commerce
rugta meydka lugu gubo *n* crematorium
rugta qurxinta *n* salon
rugta quwadda korontada *n* power station
rujin *v* uproot
rukuub *n* rider
rumayn *v* believe
rumayn-la'aan *n* disbelief
rumaysasho *n* realization
rumaysnaan *n* belief
rummaan *n* pomegranate
run *n* truth
run ahaantii, xaqiiqdii *adv* actually
run ka soo qaadid *v* presuppose
run u hanac *n* candor
run u qaadasho *n* presumption
run-ahaantii *adv* frankly
runtii *adv* indeed
runtii *adv* truly
ruqsayn *n* dismissal
ruqsayn *v* sack
rushayn *v* sprinkle
ruugid *v* crunch
ruum *n* rum
Ruush *n* Russia
ruux *n* psyche
ruuxi *adj* spiritual
ruxasho *n* vibration
rux-ruxid *v* shake

S

saaaddiiba *adv* hourly
saabaan *n* furniture
saabbuun *n* soap
saableyda feeraha *n* rib cage
saacad *n* hour
saacad weyn *n* clock
saacadda dadka hurdada ka toosisa *n* alarm clock
saadaalin *v* foretell
saafi *n* clear
saafi *n* purity
saafi ah *adj* pure
saajin *n* sergeant
saalo *n* saloon
saaltayn *v* bob
saamax *n* forgiveness
saamaxaad - ka-deyn *n* quittance
saamaxid *v* pardon
saamaynaya *adj* effective

saami *n* proportion
saami *n* share
saami ahaan *adv* relatively
saami qumman isu ah *adj* proportional
saami-faa'iido *n* dividend
saamile *n* stockholder
saamixid *v* condone
saan *n* pace
saandal *n* sandal
saar *n* vine
saarasho *n* mating
saardiin *n* sardine
saari *n* sari
saawaysan *adj* medicated
saaxiib *n* buddy
saaxiib *n* chum
saaxiib *n* comrade
saaxiib *n* friend
saaxiibo iyo qaraabo *n* kith and kin
saaxiibtinimo *n* friendship
saaxiibtinimo leh *adj* friendly
saaxir *n* wizard
sab *n* outcast
sabab *n* cause
sabab *n* reason
sabab la'aan *adj* unreasoning
sabab sheegid *v* justify
sabab u raadin *v* rationalize
sababid *v* effectuate
sabarad - luudi *ame* jemmy
sabarka *n* waist
sabbayn *v* float
sabbaynaya *adv* afloat
sabbaynaya *adj* buoyant
sabbaynaya *adj* floating
sabiib *n* raisin
sabool *adj* impoverished
saboolnimo *n* poverty
Sabti *n* Saturday
sabuurad *n* blackboard
sabuurad *n* chalkboard
sac *n* cow
sacab *n* palm
sacab-faalis *n* palmistry
sacabin *v* clap
sacabis *n* clapping
sacfaraan *n* crocus
sacfaraan *n* saffron
sadaqa ah *adj* sacrificial
sadaqo *n* charity
sadaqo-bixin *v* dole out
saddex xiddigle *n* captain
saf *n* queue
saf dhinac-dhinac ah *v* row
saf gelid *v* queue up
safaarad *n* embassy
safar *n* trip
safar tamashle ah u bixid *n* cruise
safito *n* ceiling
safka-hore *n* forefront
safmar *n* pandemic
saf-mar *n* epidemic
safmar ah *adj* epidemical
sagaal iyo toban *(deter)n* nineteen
sagaashan *(deter)n* ninety
sagootineed *adj* valedictory
sagootis *n* valediction
sag-saag *n* zigzag
sagxadda dhulka *n* floor
sahal *n* ease
sahal *adj* easily
sahal *adj* effortless
sahal ah *adj* elementary
sahamin *v* explore
sahamin *v* reconnoiter
sahamiye *n* explorer
sahan *n* exploration
sahan-ah *adj* exploratory

sahlade *n* naïve
sahlan *adj* easy
sahyuuniyad *n* Zionism
sajaayad yar *n* rug
sakhaalad *n* scaffold
saksoofanka codka sifeeya *n* saxophone
sal ama aasaas *n* base
salaad *n* prayer mat
salaamid *v* greet
salaan *n* greeting
salaan bixin *v* salute
salaan mudnaaneed *n* salutation
salaaxid *v* fondle
salaaxid *v* pat
salaaxid *v* stroke
salaaxidda dhismaha *n* plaster
saladh *n* salad
salfudud *adj* hyperactive
sal-fudud *n* hothead
sal-fudud *adj* impulsive
sal-guuray *adj* extinct
sal-guuris *n* extinction
salid *n* oil
salideyn *v* lubricate
saligaa *adv* never
saliib *n* crucifix
saliid u eg *adj* oily
saliidda ceeriin *n* petroleum
saliid-naar *n* iodine
salka ama dabada *n* haunch
sallaan *n* rung
salli *n* mat
sallin *v* solve
salool *n* popcorn
samaacad *n* loud speaker
samada *n* firmament
sama-doon *n* goodwill
samayn *v* commit
samayn *n* formation
samayn *v* make
samayn *n* making
sambab *n* lung
sameeye *n* maker
samir la'aan *n* impatience
sammi ah *n* namesake
samrid *v* relinquish
san *n* nose
sanadkiiba ama sannad walba *adv* annum
sanadle ama wax sannad kasta mar dhaca *adj* annual
sanam *n* fetish
sanam *n* idol
sanam caabude *n* idolator
sanboor *n* catarrh
sanbuus *n* samosa
sanco *n* handiwork
sanduuq *n* box
sanduuq boosto *n* letter box
sanduuq boosto *n* mail box
sanduuq boosto *n* postbox
sanduuq-boosto *n* mail drop
san-jabiil *n* ginger
sanka neef ku soo jiidid *v* sniff
sannad *n* year
sannad-guuro *n* anniversary
sannad-guuro *n* birthday
sannad-guuro *n* jubilee
sannad-guuro boqlaad *n* centenary
sannadkiiba *adv* per annum
sannad-xisaabeed *n* fiscal year
sanqada la xiriira *adj* adenoidal
saqaf *n* roof
saqda-dhexe *n* midnight
sarbeeb *n* idiom
sarca-qaba *adj* epileptic
sarco *n* epilepsy
sare *adj* high

sare *adj* lofty
sare *adj* secondary
sare *adj* sublime
sare *adj* upper
sare ama sarreeya marka badda laga cabbiro *n* altitude
sare u qaadid *v* raise
sare u-qaadid *v* elevate
sare u-qaadis *n* elevation
sare-u qaadid *v* enhance
sariir *n* bed
sariir dhuuban *n* couchette
sariir saarnaam *v* lay up
sariirta carruurta *n* cot
sariirta carruurta *n* cradle
saris - jeexniin *n* incision
sarkaal *n* officer
sarkaal boolis ah *n* police officer
sarkaal maamul ka tirsan *n* bureaucrat
sarkhaan *n* drunk
sarkhaan *adj* legless
sarkhaan *adj* smashed
sarrayn *n* supremacy
sarrayn-dumar *n* matriarchy
sarreen *n* rye
sarreeye *n* numerator
sarreeye gaas *n* major general
sar-weyn *n* edifice
sawaxan *n* commotion
sawaxan *n* hullabaloo
sawir *n* fresco
sawir ahaan u muujin *v* portray
sawir badanaa aad ugu eg qofkii la sawiray *n* portrait
sawirasho *v* envisage
sawirasho *v* envision
sawirasho *v* imagine
sawirid *v* depict
sawirid *v* draw
sawirid *n* drawing
sawirloox *n* poster
sawirnaan *n* depiction
sawirqaad *n* photography
sawirqaad *n* picture
sax *adj* correct
sax ah *adv* aright
sax ah *adj* unarguable
sax ah *adj* precise
saxaafadeed *adj* journalistic
saxaax *n* genitals
sax-ah *adj* exactly
saxan *n* disc
saxan *n* plate
saxan-gacmeed *n* satellite dish
saxanka muusikada *n* phonograph
saxar *n* particle
saxariir *n* distress
saxariir *n* suffering
saxariir leh *adj* distressing
saxar-lamood *adj* lank
saxiix *n* signature
saxiixa-yaasha *n* signatory
saxis *n* correction
saxnaan *n* accuracy
saxnaan *n* precision
saxuunta duusha *n* flying saucer
sayid *n* master
sayn *n* tail
sayn-fardood u eg *n* ponytail
sayrin *v* dabble
sayrin *v* splash
sayruuq *n* rocket
sebi *adj* newborn
seddi *n* brother-in-law
see hoose *adj* primary
see knife *naayvis* knives
seeb *n* paddle
seed *n* ligament

seed *n* tendon
seef *n* cutlass
seef *n* sword
seef la bood *adj* belligerent
seef la-boodnimo *n* impetuosity
seegid *v* miss
seeleri *n* celery
seenyaale *n* signal
seere *n* arena
seere ilaaliye *n* ranger
seereyn *n* zoninig
seeri *n* siren
seesar *n* coaster
seesar *n* saucer
sentigreydh *n* Celsius
sentimitir *n* centimeter
Seteembar *n* September
sey *n* husband
seytuun *n* guava
seytuun *n* olive
shaac ah *adj* prevalent
shaac ah *adj* vulgar
shaaca laga qaaday *adj* declared
shaac-baxay *adj* emergent
shaactiro *n* skit
shaag *n* tyre
shaag *n* wheel
shaah *n* iced tea
shaah *n* tea
shaambo *n* shampoo
shaarbo *n* moustache
shaash *n* gauze
shaati *n* shirt
shaati fitaax ah oo haweenku xirtaan *n* blouse
shabaq *n* net
shabeel *n* tiger
shacab ah *adj* civilian
shacabayn *v* privatize
shactiro ah *adj* comic
shactiroole *n* comedian
shadaaf *n* paraphernalia
shaf cas *n* robin
shafeec *n* intercession
shahaado *n* certificate
shahaado qaadasho *n* certification
shahaadooyin *n* credentials
shahiidnimo *n* martyrdomn
shahwo *n* semen
shahwo *n* sperm
shakaal *n* hypotenuse
shakhsi ahaaneed *adj* personal
shakhsi gaar ah *n* individual
shakhsiahaan ah *adj.* subjective
shaki *n* qualm
shaki *n* skepticism
shaki *n* uneertainty
shaki ka saarid *v* reassure
shaki ku jiro *adj* dubious
shaki-la'aan *adv* doubtless
shaki-la'aan *adv* inevitably
shakiloow *n* sceptic
shakiloow *n* skeptic
shakisan *adj* doubtful
shakisan *adj* sceptical
shakisan *adj* skeptical
shallaay *n* penitence
shallayto *v* regret
shamiito *n* cement
shan *n* five
shanaad *adj* fifth
shanbal *n* cymbal
shandad *n* suitcase
shandad-yar *n* casket
shaneemo *n* cinema
shan-geesle *n* pentagon
shan-iyo-toban *n* fifteen
shanlo *n* comb
shanqar *n* rap

shanqar badan *adj* rackety
shanqar yar samayn *v* rattle
shanqar yeerin *v* pop
shanqarid *v* jangle
shansho *n* shin
shaqa socodsiin *n* operation
shaqaalayn *v* hire
shaqaalay-siin *v* employ
shaqaale *n* employee
shaqaale *n* staff
shaqaale *n* worker
shaqaale *n* workman
shaqada xisaabiye-nimada *n* accountancy
shaqada-guriga *n* housework
shaqal *n* vowel
shaqaynaya *adj* operational
shaqo *n* employment
shaqo *n* occupation
shaqo *n* work
shaqo ahaan loo qabtay *adj* practical
shaqo dhabar-bah leh *adj* back-breaking
shaqo ka eryid *v* dismiss
shaqo ka fanishid *v* layoff
shaqo la'aan *n* inactivity
shaqo-guri *n* homesick
shaqo-ka fariisi *n* strike
shaqo-mashquulis *n* make-work
shaqo-siin *v* engage
shar leh *adj* sinister
sharad-haye *n* stakeholder
sharaf *n* dignity
sharaf *n* honor
sharaf *n* pride
sharaf darro *n* indignity
sharaf leh *adj* dignified
sharaf leh *n* integrity
sharaf ridis *v* demean
sharaf-dhac *n* dishonour
sharaf-dhac ah *adj* dishonorable
sharaf-mudan *adj* honorable
sharaf-ridid *v* degrade
shararaqlayn *v* sizzle
sharci *n* legislation
sharci ah *adj* legal
sharci ah *adj* legitimate
sharci darro *adj* illegal
sharci darro *n* illegality
sharci darro ab *adj* nafarious
sharci dejin *v* legislate
sharci ka dhigid *v* enact
sharci soo rogid *v* lay down
sharci-ahaan *adv* legally
sharci-darro *n* contravention
sharci-dejiye *n* lawmaker
sharciga maxkamadda *adj* judicial
sharcinimo *n* legality
sharciyayn *n* enactment
sharciyayn *v* legalize
sharciyaysan *adj* lawful
shardi *n* precondition
shardi u ah *n* prerequisite
shardiile *adj* conditional
shardiyid *v* stipulate
shardiyid *n* stipulation
shareero *n* lyre
sharmuutanimo *adj* promiscuous
sharmuuto *n* hooker
sharoobbo *n* potion
sharoobbo *n* syrup
sharqamid *v* rustle
sharrax *n* ornament
sharraxaad *n* elaboration
sharraxan *adj* descriptive
sharraxid *v* deck out
sharraxid *v* elaborate
sharraxid *v* fastoon
sharxaya *adj* explanatory

sharxid *v* explain
sharxid *n* exposition
shati *n* license
shatiile *n* licensee
shawl *n* pap
shaxan ama sawir shan gees ama ka badan leh *n* polygon
shaxan lix-geesle ah *n* hexagon
shax-miiseed *n* chess
shay *n* item
shay *n* material
shay *n* object
shay ama qoraal asal ah *adj* authentic
shay caarad yar leh *n* pick
shay dhalaalaya *n* gilt
shay kankoonsan *n* pellet
shayddaan *n* devil
shayddaan *n* satan
shayddaan ah *adj* devilish
shayddaan ah *adj* satanic
sheegid *v* mention
sheegid *v* recount
sheegid *v* tell
sheegid *v* reveal
sheegid (xusid) *v* cite
sheegid (xusid) *v* communicate
sheekayn *v (infl)* gab
sheekaysasho *v* chat
sheekaysi *n* chit-chat
sheekaysi *n* conversation
sheekeeye *n* storyteller
sheeko *n* narration
sheeko *n* story
sheeko hore *n* legend
sheeko samayn *v* make up
sheeko taxane ah *n* saga
sheelarayn *v* accelerate
sheelare *n* accelerator
sheelo *n* hernia
shibbane *n* consonant
shidaal *n* fuel
shidid *v* ignite
shidni *n* chutney
shifo *inter.* cheers
shig-shigid *v* stammer
shig-shigid *v* stutter
shihiid *n* martyr
shiidid *v* pulverize
shiilid *v* fry
Shiinays *n* Chinese
shiir-dhawr *n* deodorant
shiirka qofka *n* body odor
shil *n* accident
shil u nugul *adj* accident prone
shil-markab *n* shipwreck
shimber badeed *n* curlew
shimbir *n* bird
shimbir *n* flamingo
shimbir *n* fowl
shimbir bahda digiiranka ah *n* partridge
shimbir la ugaarto *n* grouse
shimbir yar *n* hummingbird
shimbiro *n* geese
shimbiro *n* goose
shini-malab *n* honeybee
shinni *n* bee
shir *n* conference
shiraac *n* tarpaulin
shiraac *n* sail
shirguddoomiso *n* chairwoman
shirguddoomiyenimo *n* chairmanship
shirimbi *n* shrimp
shirka *n* cockpit
shirkad *n* company
shirkad *n* cooperation
shirkad *n* corporation
shirkad *n* enterprise

shirkad iska leh diyaaradaha dadka qaada *n* airline
shirko *n* partnership
shirqool *n* conspiracy
shirqool *n* plot
shirqool u dhigid *n* assassination
shirqool-dhige *n* conspirator
shir-weyne *n* convention
shoolad *n* stove
shoolad *n* chimney
shuban *n* diarrhoea
shubid *v* pour
shubmid *v* spout
shub-mid *v* drain
shucaac *n* radiation
shucaac ama hirar bixin ama sii deyn *v* radiate
shucaac bixin *n* radiance
shucaaca halista ah *n* fall-out
shucaacaya *adj* radiant
shucuur *n* feelings
shucuur *n* sensibility
shucuur *n* sentiment
shufta ah *adj* marauding
shufto *n* marauder
shukaan *n* steering wheel
shukaansasho *v* seduce
shukaansi *n* seduction
shukulaato *n* chocolate
shukumaan *n* towel
shul-shul *n* fringe
shumac *n* candle
shumac-haye *n* candelabrum
shumis *n* kiss
shummin *v* caress
shuruud *n* qualification
shuuci *n* communist
shuuciyad *n* communism
shuudis-dhow *n* lay-up
shuux *n* drizzle
si aayar ah *adv* slowly
si adag *adv* strongly
si buuxda *adv* quite
si cad *adj* aboveboard
si cad *n* clearly
si cad u hadlid *adv* straightforward
si caga-jiid ah *adv* reluctantly
si cajiman *adj* specific
si cufan *adv* densely
si dahsoon hadal u sheegid *v* imply
si dhakhso ah *adv* soon
si dhiirran u hadlid *adj* outspoken
si dul leh *adv* patiently
si farxad-leh *adv* gaily
si farxad-leh *adv* gladly
si fiican *adv* nicely
si fiican loo ammaanay; loo faaniyey *v* acclaim
si fudud *adv* simply
si fur-furan *adv* openly
si gaar ahaaneed *adv* specifically
si gooni ah *adv* privately
si habboon *adv* properly
si is-le'eg *adv* equally
si joogto ah *adv* permanently
si joogto ah oo nidaamsan *adv* regularly
si kal iyo laab ah *adv* cordially
si kas ah *adv* purposely
si kasta *adv* anyhow
si kasta *adv* anyway
si kulul u hadlid *v* rant
si macquul ah *adv* reasonably
si murugo leh *adv* sadly
si nasiib ah *adv* randomly
si naxariis leh *adj* kindly
si noole loogu dilo *n* gas chamber

si qoto dheer *adv* radically
si qoto dheeri *adv* profoundly
si quman isu sallixid *v* pose
si saaxiibtinimo leh *adj* amicable
si sax ah *adv* perfectly
si sax ah *adv* precisely
si tartiib ah *adj* leisurely
si toos ah ugu cararid *n* beeline
si toos-ah *adv* directly
si u qaadasho *v* presume
si ula kac ah *adv* knowingly
si weyn *adj* significantly
si xamaasad leh *adv* fervently
si xasillooni ah *adv* quietly
si xun *adv* poorly
si yaab leh *adv* oddly
si-badan *adv* enormously
sibiibaxasho *v* glide
sibiibaxasho *v* skid
sibiibixasho *v* slide
siburin *v* contradict
si-buuxda *adj* fully
sicir *n* rate
sicir barar *n* inflation
sicir dulsaarka *n* interest rate
sicir-buug *n* list price
sicir-dhimis *n* discount
sicir-go'an *n* flat rate
sicirka-sarrifka *n* exchange rate
sicir-suuq *n* market price
sida 30811 *n* zip code
sida burada *n* callus
sida caadiga ah *n* norm
sida faraqa daaha *n* valance
sida isbuunyada *adj* absorbent
sida iska-cad *adv* obviously
sida la rumaysan yahay *adj* reputed
sida la sheegay *adv* reportedly
sida mukhaadaraadka *n* addiction
sida qaanuunku qabo *adj* statutory
sida sigaarka oo kale *n* addict
sida xammaali *n* walk of life
sida xooggan *adj* burly
sidaas *adv* thus
sidaas-awgeed *adv* hence
sida-guud *adv* generally
siday isugu xigxigaan *adv* respectively
sid-basho *v* slip
siddeed *n* eight
siddeed iyo toban *n* eighteen
siddeed xagale *n* octagon
siddeed-iyo-tobnaad *n* eighteenth
siddeetan *n* eighty
sidoo kale *adv* likewise
si-faahfaahsan *adv* graphically
sifayn *v* describe
sifayn *n* purification
sifayn *v* purify
sifayn *v* refine
sifaysan *adj* refined
sifo *n* adjective
sifo *n* characteristic
sifo *n* description
sifo *n* epithet
sifo *n* trait
si-furfuran *adv* familiarly
sigaar *n* cigarette
sigaar-yacab *n* smoker
sigis *n* sock
sii - dhamaada *v* taper off
sii deyn *v* release
sii dheerayn *n* prolong
sii xumaansho *v* deteriorate
siiba *v* enunciate
siiba kolka la heesayo *n* falsetto
siiba rarka berriga *n* haulage
siibid *v* take off

siideyn *v* emit
siideyn *v* exude
sii-deyn *v* give off
siigeysi *phr* jack off
siigeysi *phr* jerk off
siigeysi *v* masturbate
Siikh *n* Sikh
siin *v* give
siin *v* provide
siin *v* supply
siin ama u gudbin *v* impart
siin-baar *n* flute
sii-wadid *v* follow up
silic ku nool *adj* deprived
silig xayir *n* barb
silinge *n* syringe
silito ah *adj* slippery
silito ah lugu *adj* slithery
silloon *n* abnormality
silloon *adj* peculiar
silloon *adj* raffish
silloon *adj* strange
silsilad *n* chain
sil-silad *n* necklace
siman *adj* flat
simid *v* equalize
siminaar *n* seminar
simistar *n* semester
sineysi *n* fornication
sinnaan *adj* egalitarian
sinnaan *n* equality
sinnaan la'aan *n* inequality
sino *n* adultery
sino *n* liaison
sin-sin *n* sesame
sir bixiye *n* babbler
sir ku qarsasho *v* confide
sirgaxan *adj* awkward
sirgaxan *adj* clumsy
sirgaxan *adj* gauche
siriq *n* noose
sisaab fallo *n* arithmetic
si-taxadar leh *adv* gingerly
si-uun *adv* somehow
si-waadax *adj* explicitly
sixid *v* rectify
sixid ama hagaajin *n* amendment
sixir *n* magic
sixir *n* sorcery
sixir *n* voodoo
sixir ah *adj* magical
sixir samayn *v* conjure
sixiroole *n* magician
sixiroole *n* sorcerer
sixni yar *n* salver
sixrid *v* bewitch
siyaabaha qof u dhaqmo ama wax u arko *n* attitude
siyaadin ama xoojin *v* amplify
siyaado ah *adj* redundant
siyaaro *n* commemoration
siyaasad *n* policy
siyaasad *n* politics
siyaasad ahaan *adv* politically
siyaasadayn *v* politicize
siyaasadaysan *adj* politicized
siyaasi *n* politician
siyaasi weyn *n* stalesman
socda *adj* continual
socda *v* continue
socda *v* get on
socda *adj* moving
socda *adj* ongoing
socda *adj* unbroken
socdaal baaddiye *n* safari
socdaale *n* traveller
socod *v* walk
socodsiin *n* continuance
socodsiin *n* continuation
socodsiin *v* operate

socoto *n* walker
soddoh *n* mother-in-law
sogob *n* eunuch
solay *n* grill
sonkor *n* sugar
sonkor leh *adj* sugary
sonkorow *adj* diabetic
soo baxay *v* arise
soo bixid *v* come up
soo bixid *v* fledge
soo bixid *v* rise
soo bixid joornaal *n* issue
soo dabcid *v* relent
soo da-dajin *v* precipitate
soo degid *v* climb down
soo degid *v* move in
soo dejin *v* import
soo dejiye *n* importer
soo dhawayn leh *adj* cordial
soo dhaweeye *n* receptionist
soo dhifasho *v* tug
soo foocsan *n* beetle
soo gaabi *v* abbreviate
soo gaabin *v* curtail
soo gaabsan *n* precis
soo hindisid *v* devise
soo jiidasha leh *adj* charming
soo jiidasho *n* charm
soo jiidasho leh *n* lure
soo jiidasho leh *adj* pretty
soo jiidid *v* pull
soo noq-noqda *adj* recurrent
soo noq-noqda *adv* repetitive
soo noq-noqod *n* repetition
soo noqosho *v* return
soo qaadid *v* pick up
soo saare *n* producer
soo saarid *v* produce
soo saaris *n* issuance
soo sheegasho *v* reclaim
soo weerarid *v* descend on
soo xusuusin *v* rake up
soo yarayn *v* narrow
soo-bandhige *n* exhibitor
soo-bandhigid *v* display
soo-bandhigid *v* exhibit
soo-bandhigid *n* presentation
soo-baxsan *adj* stick out
soocan *adj* sheer
soo-celin *v* restore
soo-cusboonaaday *adj* renewed
soo-dhawayn *n* reception
soo-dhawayn *v* welcome
soofayn *n* filings
soofayn *v* hone
soofe *n* file1
soo-gelid *v* get in
soohdin *n* boundary
soo-jeed *n* waking
soo-jeeda *adj* wakeful
soo-jeedka *n* façade
soo-jiidad *n* gravitation
soo-jiidad galmo *n* sex appeal
soo-jiidad leh *adj* flamboyant
soo-jiidanaya *adj* engaging
soo-jiidasha-leh *adj* glamorous
soo-jiidasho *v* captivate
soo-jiidasho *n* enticement
soo-jiidasho leh *adj* fetching
soo-jiidasho leh *adj* seductive
soo-jiidid *v* haul
soo-koobid *v* abridge
soo-laabasho *v* come back
soo-laabasho *v* get back
soo-laabid *n* flex
soone *n* zone
soon-gur *n* mongoose
soo-noolaansho *n* resurrection
soo-noolaansho *n* revival
soo-noqnoqda *adj* repeated

soo-noqnoqod *n* recurrence
soo-noqod *v* resurface
soo-ogaansho *v* discover
soo-qulqul *n* inflow
soor *n* bayonet
soo-saar *n* read -out
soosaare *n* publisher
soo-saarid *n* extraction
soo-saarid *v* ferret out
soo-saarid *v* figure out
soo-socda *adj* upcoming
soo-socota *adj* forthcoming
soo-tuurid *v* eject
still *n* vagina
su'aal la'aan *adv* unquestionably
su'all *n* query
su'all *n* question
subax *n* morning
subaxeed *adj* antemeridian
sug *v* wait
sugitaan (hubin) *n* confirmation
suldaan *n* sultan
suldaan ama boqor *n* sovereign
suldaan ama boqor *n* sovereign
sulub ah *adj* smooth
sumcad *n* publicity
sumcad leh *adj* renowned
sumcad leh *n* reputation
sumcad leh *n* repute
summad *n* symbol
summad-boosto *n* postmark
sun *n* poison
sun ah *adj* toxic
sun leh *adj* poisonous
suniyo *n* eyebrows
sunniyaha *n* brow
sunta cayayaanka *n* pesticide
suntid *v* earmark
surin *n* alley
surweel *n* pantaloon
surweel *n* trousers
surweel daba-gaab ah *n* shorts
surweel luga dheere ah *n* pants
surweel suud *n* pantsuit
surweel-laas tiig *n* leggings
suud *n* suit
suuf *n* cotton
suuf duf-badan *n* flannel
suuf-ah *adj* fleecy
suufi *adj* mystical
suug *n* plaza
suugaan *adj* literature
suugo *n* ragout
suugo *n* sauce
suulid *v* wear off
suulin *v* eliminate
suulitaan *n* elimination
suun *n* belt
suun *n* strap
suun kursi *n* seat belt
suunka amniga *n* safety belt
suuq weyn *n* mall
suuq weyn *n* market
suuq-abbaar *n* niche marketing
suuqan *adj* gangling
suuq-gal *adj* marketable
suuq-madoow *n* black market
suurad *n* image
suuroobi kara *adj* possible
suurto gal noqon kara *adv* possibly
suurto-gal ah *adj* earthly
suurto-gal ahaansho *n* feasibility
suuxdimo iwm *v* lapse into
suuxid *v* pass out
suxul *n* elbow
suyuc-badan *adj* fusty

T

taabid *v* grasp
taag *n* hillock
taag *n* plateau
taagan *adj* erect
taagan *adj* standing
taagan *adj* stationary
taagan *adj* upright
taageere ah *n* proponent
taageere ah *n* protagonist
taageere talis *n* loyalist
taah *n* moan
taaj *n* coronet
taaj *n* crown
taajir *adj* rich
taallo *n* memorial
taallo *n* monument
taallo *n* statue
taallo *n* tower
taangi *n* tank
taango *n* tango
taariikda oo dib loo dhigo *v* backdate
taariikh *n* history
taariikhda ka hor *adj* prehistoric
taariikhi ah *adj* historic
taariikh-yahan *n* historian
taarikh-nololeed *n* life story
tab iyo xeel badan *adj* resourceful
taba-bar qaadasho *n* practice
taba-bar qaba *adj* practiced
tababarasho *n* rehearsal
tababar-qaadasho *v* rehearse
tababarte *n* intern
tabar-darraysiin *v* incapacitate
tabarruc *n* benefaction
tabarruc *n* contribution
tabarruc *n* donation
tabarruce *n* benefactor
taboo *v* fuck
tacabur *n* adventure
tacliin ahaan *adv* academically
tacliiq *n* remark
tacshiirad *n* crossfire
tacsi *n* condolence
taddawur *n* evolution
tafaariiq *n* retail
tafid *v* scramble
tafsiir *n* explanation
tagid *v* go
tagid *v* leave1
tagid *v* check out
tagoogo *n* fibula
tagsi *n* taxi
tagsi-faras *n* hansom
tahniyad *n* congratulation
takhasus *n* specialization
takhasus gaar ah *n* specialty
takhdad *n* crate
takhtar *n* doctor
takhtar cilmi nafsi *n* psychiatrist
takhtarka cilmi-nafsiga *n* psychologist
takhtarka ilkaha *n* dentist
ta'kiidsan *adj* emphatic
takis *n* Fax
takooran *n* pariah
takoorid *n* isolation
talaado *n* Tuesday
talaf ah *adj* defunct
talansan *adj* Irresolute
talantaali *adj* alternate
taleefonka gacanta *n* cell phone
taleefoon *n* phone
taleefoon ku helid *v* get through
taliyaha sare ee ciidamada badda *n* admiral

tallaabo *n* footstep
tallaabo *n* step
tallaabsi *v* stride
tallaajad *n* refrigerator
tallaal *n* graft
tallaal *adj* immune
tallaal *n* immunization
tallaalid *v* immunize
tallaalid *v* vaccinate
tallaalid *n* vaccine
tallan *n* dilemma
talo *n* advice
talo *n* counsel
talo *n* recommendation
tamar *n* energy
tamar-badan *adj* energetic
tamar-siiye *n* tonic
tamashlayn *v* ramble
tamashlayn *v* saunter
tamashlayn *v* stroll
tambooni *n* tampon
tan *n* ton
tan labaad *adv* secondly
tanaasul *n* renunciation
taqi ah *adj* pious
taqi ah *adj* righteous
taqwo *n* piety
taramis *n* reproduction
taran *adj* reproductive
tarbuush *n* fez
tareen *n* train
tareen-mareen *n* railway
tarmid *v* propagate
tarmuus *n* flask
tarmuus *n* thermos
tarmuus *n* vacuum flask
tarrar *n* fracture
tarsaas *n* slur
tartamaya *n* racing
tartame *n* competitor
tartame *n* contender
tartame *n* rival
tartan *n* competition
tartan ciyaareed *n* match
tartiib-ah *adj* gradual
tashiilid *v* eke out
taxadar *phr* watch it
taxadar la'aan *adj* careless
taxadar la'aan *n* caution
taxadar lahayn *adj* reckless
taxadar leh *adj* rigorous
taxadarid *v* beware
taxaddar *n* prudence
taxan *n* series
taxan, tiiro *n* range
taxane ah *adj* serial
taxane qoraal *n* listing
tayo *n* quality
tayo ahaan *adj* qualitative
tayo-daran *adj* gimcrack
teeb *n* typewriter
teed *n* hurdle
teed *n* palisade
tegay *adj* departed
teleefoon *n* telephone
teleefoonin *v* call up
telefisyoon *n* TV
telefoonka gacanta *n* mobile phone
telegaraam *n* telegram
The plane crashed *adv* aboard
tidic *n* plait
tifgid *v* trickle
tifmid *v* fray
tifqid *v* dribble
tifqid *v* drip
tigidh *n* stamp
tiimbare *n* seal
tiin *n* fig
tiir *n* pillar

tiir *n* post
tiir dhexaad *n* beam
tiiraanya-leh *adj* harrowing
tiiraanyo *n* grief
tijaabin *v* try
tijaabo *n* experiment
tijaabo gelin *n* probation
tijaabo jilaa *n* screen test
tijaabo-ah *adj* experimental
tilmaame *n* cursor
tilmaame *n* guide
tilmaamid *v* direct
tilmaamid *v* pinpoint
tilmaamo *n* specification
tilmaan-siiye *n* guidebook
tilmaan-yar *n* clue
timo-jare *n* barber
tira badan *n* scads
tirada caadiga ah *n* cardinal numbers
tirada dhimashada *n* death rate
tira-koob *n* census
tirin *v* count
tiro *n* quantity
tiro ahaan *adj* quantitative
tiro ama caddad *n* amount
tiro mutuxan *n* prime number
tiro-koob *n* statistics
tiro-koobe *n* abacus
tir-tir ama wasakh *n* smudge
tirtire *n* dish towel
tir-tire *n* eraser
tirtirid *v* cancel
tir-tirid *v* delete
tir-tirid *v* efface
tir-tirid *v* erase
tir-tirid *n* omission
tirtiris *n* cancellation
tir-tirre *n* ragamuffin
tix-gelin *adj* flippant
tix-gelin *n* regard
tixgelin weyn *n* advisement
tixraacid *v* refer
tixraacid *n* reference
toban *n* ten
toddoba *n* seven
toddoba iyo tobnaad *n* seventeenth
toddobaad *n* seventh
toddobaatan *n* seventy
toddoba-iyo-toban *n* seventeen
tog-dhuuban *n* glen
tolid *v* knit
tolid *v* sew
tolmo *n* knitting
tolmo *n* needle work
tolmo *n* stitch
toob cambuur *n* gown
toobad *n* repentance
toobad-keen *adj* repentant
toobiye *n* short cut
toogasho *adj* point-blank
toogasho *v* shoot
toogte *n* sniper
toorayeyn *v* stab
toos u-hadla *adj* frank
toosan *adj* straight
toosan *adj* vertical
toosid *v* wake
toosin *v* straighten
toosin *v* unbend
tortor *adj* tatty
tubaako *n* tobacco
tub-dheer *n* hike
tub-haye *n* wayfarer
tuf *n* rheumatism
tufaax *n* apple
tuhmid *v* suspect
tukasho *v* pray
tuke *n* crow

tumaal *n* blacksmith
tumaal *n* smith
tumid *v* rapped
tunjilic *n* scapegoat
tun-jilicda *n* underbelly
tunka *n* nape
turaaxad *n* bedspread
turjume (turjumaan) *n* interpreter
turjumid *v* translate
turki *n* turkey
turub *n* playing card
turumbo *n* trumpet
turumbo cod gaaban *n* bassoon
tusaale ahaan *n* instance
tusaale fiican *n* quintessence
tusaale u noqosho *v* epitomize
tusaale u noqosho *n* example
tusbax *n* rosary
tuse *n* paradigm
tusid *v* point out
tusin *v* denote
tusin *v* signify
tusinaya *v* connote
tusiye *n* directory
tusiye *n* indicator
tusmayn tilmaamid *v* indicate
tuubbiiste *n* plumber
tuubbo *n* duct
tuubbo *n* hose
tuubbo *n* tube
tuug *n* larcenist
tuug guryaha jabsada *n* burglar
tuugid *v* cadge
tuugid *v* entreat
tuugid *v* plead
tuugid - baryid *v* importune
tuugmo *n* entreaty
tuugmo *n* plea
tuugsade *n* beggar
tuujin *v* squeeze
tuunji *n* bedpan
tuuno *n* tuna
tuur leh *n* humpback
tuurid *v* cast
tuurid *v* chuck
tuurid *v* lob
tuurid *v* sling
tuurid *v* throw
tuurid *v* toss
tuuritaan *n* ejection
tuurre *n* hunchback
TV-ga iwm *n* LCD

U

u adeegid *v* serve
u adkaysasho *v* persevere
u baahan *v* require
u bannayn *v* warrant
u bishaarayn *v* beatify
u boge *n* admirer
u bogid *v* admire
u bogid *v* appreciate
u calaacalid *v* nag
u dhalasho *n* indigen
u dhashay *adj* native
u dhawaaqid *v* page
u dhicid *v* burgle
u dhigma *v* correspond
u dhigma *adj* corresponding
u dhoow *adj* neighbouring
u dhow *adj* near
u dhow *n* proximity
u digid *v* admonish
u digid *v* warn
u diidid *v* disallow
u dirid *v* pack off

u eg *v* seem
u eg *adj* take after
u ekaan *v* resemble
u fiirsasho *v* observe
u gee *n* plus
u gefid diinta ama ilaah *adj* profane
u geyn *v* deliver
u go doomay *n* espousal
u go'doomid *v* devote
u go'doomis *n* devotion
u gooyn *v* duck out
u haajirid *v* immigrate
u hoggaansamid *n* observance
u huray *adj* dedicated
u jan jeera *n* incline
u jan-jeera *n* leaning
u jeelid *v* pant for
u madaxayn *v* officiate
u mag-dhabid *v* reimburse
u mahad celin *adj* indebted
u nisbayn *v* ascribe
u nixid *v* pity
u ogolaansho ama u fasixid *v* allow
u ololayn *v* canvass
u qaabaysan *adj* shaped
u qaadasho ama u fakarid *v* assume
u qalma jago *adj* qualified
u qalmi waayid *v* disqualify
u qalmid *v* deserve
u qalmid *v* qualify
u qaybin *v* distribute
u qoondayn *v* allocate
u qoondayn *v* set aside
u roonaan *n* affection
u sacabin *v* applaud
u samayn *v* render
u shafeece *n* interceder
u shafeecid *v* intercede
u sheegid *v* relate
u socda *adj* bound
u soo taagid *v* proffer
u taagan *v* represent
u taagan *v* stand for
u tacsiyayn *v* console
u tahniyadayn *v* congratulate
u turjumid *v* interpret
u wehel yeelid ama raacid *v* accompany
u yeelid *v* let
u yeerasho *v* call out
u yeerid *v* summon
u yeerin *v* dictate
u-adeege bulsho *n* social worker
u-adkaysi *v* endure
u-akhrin *v* read out
u-baahasho *v* entail
ubax *n* bloom
ubax *n* flower
ubax *n* rose
ubax leh *adj* florescent
ubaxa geedka miraha dhala *n* blossom
ubaxa qaybta sare ee midabka qurxoon *n* petal
ubax-gade *n* florist
ubax-leh *adj* floral
ubax-leh *adj* flowery
ubaxley *n* pansy
ubxin *n* florescence
u-celin *v* give back
udgoon badan *adj* aromatic
udhigma *adj* comparable
u-dhigma *adj* equivalent
udug *n* fragrance
ufo *n* tornado
u-furfurmid *v* unburden
ugaar-sasho *v* hunt

ugaarte *n* hunter
uga-tagid *v* hand down
u-geyn *n* delivery
ugu badan *adv* most
ugu badnaan *adv* chiefly
ugu badnaan *adv* mainly
ugu dambayn *adj* ultimate
ugu dambayntii *adv* lastly
ugu dhawaan *adv* nearly
ugu dhawaan *adv* practically
ugu dhawaan *adv* rather
ugu dhawaan *adv* somewhat
ugu garaadda sarreeya *adj* ranking
ugu horayn *adv* primarily
ugu horreeya *adj* prime
ugu muhiimad yar *adj* peripheral
ugu muhiimsan *adj* crucial
ugu muhiimsan *adj* main
ugu tala gelid *v* intend
ugu xun *adj* worst
ugu yar *n* least
ugu yaraan *adj* minimum
ugu-dambeeya *adj* final
ugu-fog *adv* farthest
ugu-fog *adj* furthest
u-hibeyn *v* endow
u-iftimin *v* enlighten
u-janjeera *v* lean towards
ujeeddo *v* aim
ujeeddo *n* purpose
ujeeddo cad leh *adj* purposeful
ujeeddo la'aan *adj* aimless
ujro *n* dues
ujro *n* emolument
ujro *n* remuneration
ujro-siin *v* remunerate
ukun *n* egg
ukun *n* nest egg
ukun isku- qasan *n* scrambled egg
ukun shiilan *n* omelet
ul *n* bat
ul *n* rod
ul *n* stick
ulajeeddo *n* intent
ulakac *adj* intentional
ul-solay *n* skewer
umal *n* fury
ummuliso *n* midwife
unug *n* organ
unugyada cas ee dhiigga *n* hemoglobin
unugyo *adj* cellular
unugyo cad oo ku jira xabka ukunta *n* albumen
unuun gooyn *v* decapitate
ur *n* odor
ur *n* smell
ur qurmuun *n* stench
urur *n* club
urur *n* consortium
urur *n* league
urur *n* organization
urur *n* rite
urur *n* union
urur ciidamo ah *n* battalion
urur hal ujeeddo wada leh *n* association
ururin *v* collect
ururis *n* collection
urursan *n* cluster
urursan *adj* collective
uruurin *v* agglomerate
uruuriye *n* accumulator
uruuriye *n* collector
usha lugu kexeeyo doonta *n* oar
usha xaaqinka *n* broomstick
uskag ah oo bololay *n* dingy

usoo ban-dhigid *v* offer
uu asiibay *adj* stricken
uubato yar *n* coyote
uuman *n* poltergeist
uumi *n* steam
uumi *n* vapor
uumi-bax *n* evaporation
uumi-bixid *v* evaporate
uumi-biyood *n* condensation
uur ku har *adj* posthumous
uur ku jir *n* innards
uur-jiif *n* embryo
uur-jiif ah *adj* embryonic
uurkubbaale *n* soothsayer
uur-kujir *n* fetus
uur-kujir ah *adj* fetal
uuro *n* fume
uuro *n* smog
uur-weynaad *n* dropsy
u-xiran *adj* reserved

W

waa *n* epoch
waa *n* era
waa *adj* one-time
waa cunay *v* ate
waadax *n* express
waadax ah *adj* manifest
waadax ah *v* stand out
waadax-ah *adj* explicit
waadi *n* canyon
waadi *n* gorge
waadi *n* gulch
waadi *n* vale
waafaqsan *adj* concurrent
waafaqsanaan *n* conformity
waafiqid *v* concur
waafiqid *v* conform
waajib *n* duty
waajib *n* obligation
waajib ah *adj* mandatory
waajib ah *adj* obligatory
waajibaad *n* onus
waalan *adj* craze
waalan *adj* crazy
waalan *adj* demented
waalan *adj* loco
waalan *adj* mad
waalasho *v* derange
waalid *n* parent
waalideed *adj* parental
waalidnimo *n* parenthood
waalli *n* derangement
waalli *n* folly
waalli *n* insanity
waalli *n* lunacy
waalli *n* madness
waalli *n* mania
waalli *adj* rabid
waan-waan *n* negotiation
waaqici *adj* concrete
waaqici *adj* pragmatic
waaqici *n* rationalist
waaqici ah *adj* empirical
waaqici ah *adj* realistic
waar *n* yard
waardiye *n* bodyguard
waardiye *n* caretaker
waardiye *n* sentinel
waasac ah *adj* capacious
waasicin *v* widen
waax *n* sector
waayadii hore *adj* olden
waayadii hore *adj* primitive
waayahan *adv* latterly
waayahay *adj* okay

wacdi *n* parable
wacdiyid *v* preach
wada xaajood *v* negotiate
wadaad kaniisad *n* pastor
wadaad kiristaan *n* clergy
wadaad kiristaan *n* clergyman
wadaad Masiixi ah *n* priest
wadaagis *adj* mutual
wada-hadal *n* dialogue
wada-hadal *n* talks
wadajir *adv* altogether
wadajir *n* synergy
wadajir *n* unison
wada-jirid *v* coexist
wadar *n* lum-sum
wadar *n* total
wadar ah *adj* plural
wada-shaqayn *v* collaborate
wada-shaqayn *n* collaboration
wada-shaqayn *v* cooperate
wada-tashi *v* confer
waddada geeskeeda *n* roadside
waddada qarkeeda is-taajin *v* pull over
waddada tareenka *n* railroad
waddan *n* homeland
waddani *n* nationalist
waddani *adj* nationalistic
waddani *n* patriot
waddani *adj* patriotic
waddani ah *adj* national
waddaninimo *n* nationalism
waddaninimo *n* patriotism
waddaniyad *n* chauvinism
waddanka aabbe *n* fatherland
waddanka Jabaan *n* Japanese
waddo *n* road
waddo *n* street
waddo weyn *n* boulevard
waddo weyn *n* main road
waddo-weyn *n* highway
wadid *v* drive
wadid *v* steer
wadidda doon shiraac leh *n* sailing
wadiiqo *n* corridor
wadne istaag *n* heart attack
wadne, qalbi *n* heart
wafdi *n* delegation
wahsasho *v* procrastinate
wahsi *n* lassitude
wahsi *n* procrastination
waji *n* visage
waji-fiiq *adj* shamefaced
wajiga oo guduuta *v* blush
waji-gabax *n* embarrassment
wajihid *v* confront
waji-kaduud *n* frown
waji-kuduudid *v* grimace
wakaalad ama wakiil *n* agency
wakhti shiddo *n* crisis
wakhti yar ku siman *adv* awhile
wakhtigiisi laga baxay *adj* old-fashioned
wakhti-hore *adj* early
wakiil *n* deputy
wakiil *n* proxy
wakiil *adj* representative
wakiil hay'adeed *n* commissioner
wakiil rasmi ah *n* legate
wakiil u noqosho *v* deputize
wakiil-dawlo *n* legation
walaac *n* unease
walaal *n* brothel
walaal *n* sibling
walaalnimo ah *adj* fraternal
walaaltinimo *n* brotherhood
walaaltinimo *n* fraternity
walaaqid *v* stir
walaasha *n* sister

walalac-siin *v* flash
walax *n* stuff
walax burqo ah *n* curd
walax sida neefta oo kala ah *n* gas
walba *pron* any
walhade *n* pendulum
walhiye *n* modem
waligeed-cagaar ah *adj* evergreen
walwalsan *adj* unease
wal-walsan *adj* frantic
wal-walsan *adj* nervous
walxaha aan noolayn *n* inorganic
wan, ku dhicid *n, v* ram
wanaag *n* goodness
wanaagraac *n* perfectionist
wanaaq-badan *adj* edgy
waqaf *adj* public
waqiiqdii *adv* really
waqooyi *n* north
waqooyi galbeed *n* northwest
waqooyi u socda *n* northbound
waqooyi-bari *adj* northeast
waqooyiga fog *n* northernmost
waqti *n* time
waqti aan dheerayn *adj* recent
waqti dheeraad ah *n* overtime
waqti firaaqo *n* leisure
waqti ka waqti *adj* occasional
waqti ku-dhumin *v* hang out
waqti la dhaafo *v* elapse
waqti qado *n* lunch time
waqti tagey *adv* ago
waqti yar *n* moment
waqti-dhumin *phr* kill time
waqti-fiican *n* fun
waqtiga-dhicista *n* expiry
waqti-uun *adv* sometime
war *n* news
war *n* pond
war badan haya *adj* informative
war tabiye *n* commentator
waraabe *n* hyaena
waraaq feegaar *n* scratch paper
waraaq-fur *n* paper knife
waraf *n* catapult
warafiid *n* blinders
waran *n* spear
waraso *n* descendant
war-baahinta *n* media
war-bixin *n* report
warbixinta koontada bangiga *n* bank statement
wareeg *n* circuit
wareeg *n* circulation
wareeg *n* cycle
wareeg *n* rotation
wareeg ah *adj* circular
wareegay sanaya *adj* circuitous
wareegga dhulka *n* globe
wareegga goobada *n* circumference
wareegid *v* revolve
wareegid *v* whirl
wareegsan *adv* around
wareejin *v* circulate
wareejin *v* spin
wareejiye *n* crank
wareer *n* quandary
wareersan *adj* perplexed
wareersan *adj* puzzled
wareersan *n* puzzling
war-gelin *v* inform
wargeys *n* newspaper
wargeys-yada iwm *n* journalese
wariif *n* prodigy
wariye *n* gazetteer
wariye *n* newscaster
wariye *n* reporter
warjeef *n* carnage

warqad *n* paper
warqad - sulbis *n* sandpaper
warqad laysu diro *n* letter
warqad-jacayl *n* love letter
warqad-qabad *n* paper fastener
war-rasmi ah *n* communique
warsasho *v* inquire
warshad *n* industry
warshad *n* workshop
warshad laxiriira *adj* industrial
warshadayn *n* industrialization
warsheeg *n* informant
war-sheegid *v* bruit
warside *n* newsletter
warwareeg *n* carousel
war-wareeg *n* loitering
war-wareegid *v* hang around
war-wareegid *v* move around
war-wareegid *v* roam
warzad daabacan *n* leaflet
wasaarad *n* ministry
wasakh *n* filth
wasakh *n* grime
wasakh (qurun) *n* muck
wasakh ah *adj* dirty
wasakh-ah *adj* filthy
wasakhayn *v* befoul
wasakhayn *v* defile
wasakhayn *n* dirt
wasakhayn *v* pollute
wasakhayn *v* stain
wasakh-leh *adj* grungy
wasakh-qaad *n* hoover
wasiir *n* minister
waslad *n* cutlet
waslad *n* chunk
wasmo *n* intercourse
wasmo *adj* sexual
wasmo afeed *n* fellatio
wax aad hanatid ama wax aad gacanta ku dhigtid *n* acquisition
wax aad heshid ama lugu siiyo *v* acquire
wax aad ku wareersan tahay *v* agonize
wax aad u xun, aad u liita *adj* awful
wax aan caadi ahayn *adj.* abnormal
wax aan dhammaanayn *adj* perennial
wax aan dhici karin *adj* inconceivable
wax aan habboonayn *adj* improper
wax aan jirin *adj* non-existent
wax aan la dhaafi karin *n* obstacle
wax aan la taaban karin *adj.* abstract
wax aan midab lahayn *adj* achromatic
wax aan qiimo lahayn *adj* invaluable
wax ama qof aad ka heshid ama ku soo jita *n* affinity
wax barasho *n* instruction
wax cusub soo saarid *n* innovation
wax daadinaya *adj* leaky
wax dhammaaday *n* junk
wax fiican *adj* agreeable
wax fure *n* opener
wax hayn kara *adj* retentive
wax is-dhaafsi *adj* reciprocal
wax isku qasan *adj* mixed
wax ka sheegid *v* decry
wax kadis kuugu dhaca, lama filaaan *adj.* abrupt

wax kasta *pron* anything
wax kharibid *n* mischief
wax ku soo-jiidanaya *adj* attractive
wax kugu dhaca *v* befall
wax kugu filan iyo waliba dheeraad *adj* ample
wax la gaari karo *adj* accessible
wax la gaari karo *n* attainable
wax la harid *v* keep back
wax la kulmid *v* meet with
wax laga naxo *adj* ghastly
wax laysku hagaajin karo ama laysku toosin karo *adj* adjustable
wax loo baahan yahay *n* requirement
wax lugu qoslo ah *adj* ridiculous
wax qabad ama dhaqaaq *n* action
wax qabasho ama wax falid *v* act
wax sheeg *adj* psychic
wax si qarsoodi ah loola baxsado *v* abscond
wax siyaada ama dheeraad ab *adj* additional
wax socodsiiya *n* motive
wax soo jiidasho leh *v* attract
wax soo saar *v* manufacture
wax soo saar *n* output
wax soo saar *n* production
wax soo saar leh *adj* productive
wax soo saare *n* manufacturer
wax tagey *adj* past
wax taraya *adj* conductive
wax walba kare ama awoode *adj* omnipotent
wax weydiisasho la dhibsado *v* pester
wax yaab leh *adj* bizarre
wax yar *adj* subtle
waxashnimo *n* atrocity
waxashnimo *n* ferocity
waxash-nimo *n* enormity
waxayga *pron* mine
waxba *pron* none
waxba *pron* nothing
wax-badan *n* bulk
waxbarad *n* learner
waxbarasheed *adj* scholarly
waxbarasho *n* schooling
wax-barasho *n* education
wax-barasho *n* study
waxbarid *v* educate
wax-barid *v* instruct
wax-bixin *n* provision
waxeeda *pron* her
wax-iskuma fale *n* scoundrel
wax-kasta *pron* everything
waxma-tare *adj* ineffectual
wax-qabad *n* activist
wax-qabad *n* efficiency
wax-qabad fiican leh *adj* efficient
wax-qabad la'aan *n* inaction
wax-qabanaya *adj* functional
wax-qarin badan *adj* secretive
wax-sheeg badan *adj* fastidious
waxshi ah *adj* savage
waxshinimo *n* brutality
waxshinimo *n* savagery
waxtar leh *adj* constructive
wax-taraya *adj* efficacious
wax-tax leh *adj* effectual
wax-walbayaqaan *n* jack-off-all-trades
waxyaabaha la qabanayo *n* agenda
waxyaabaha qof leeyahay (hanti) *n* belongings
waxyaabo *n* fuzz
wax-yaqaan *adj* erudite

wax-yar ku sheegid *v* understate
wax-yeella leh *adj* hurtful
waxyeellayn *v* inflict
wax-yeello dambe *n* aftereffect
waydiin ama su'aalid *v* ask
wayn *adj* big
webi *n* river
weecasho *v* yaw
weecin *v* deviate
weecin *v* veer
weecsanaan *n* deviation
weel *n* container
weel *n* vessel
weelka qashin-qubka *n* garbage can
weelka-qashinka *n* dust-bin
weelka-ubaxa *n* flower pot
weerar kadis ah *n* sally
weerar kadis ah oo xoog leh *n* assault
weerar kulul *n* onslaught
weerar-celin *n* counter-attack
weerarid *v* attack
weerar-kadis ah *n* foray
weeyneyn *v* magnify
wehel (rafiiq) *n* companion
weheliyaal madax sare *n* retinue
weheli-yayaal *n* entourage
weheli-yayaal *n* escort
weli *n* saint
weli *adv* still
welinimo *n* sainthood
well *adv* yet
welwel lahayn *adj* care-free
werin *n* version
weyddiin *n* inquiry
weyn *adj* bulky
weyn *adj* grand
weyn *adj* major
weyn oo xoog badan *adj* hefty
weynaan *n* magnitude
weynaan iyo qurxoonaan *n* grandeur
wey-nayn *v* enlarge
wey-neysan *n* enlargement
weyneyso *n* magnifying-glass
weyrax *n* frenzy
wiika labo is qabta midkood gaar u dhalo *n* stepson
wiil *n* boy
wiil lawfar ah *n* playboy
wiilka soddoh ama soddoga loo yahay *n* son-in-law
wiilnimo *n* boyhood
wiilo *n* gamine
wiish *n* crane
wiish *n* elevator
wirix *n* purr
wir-wir *n* mirage
wir-wirqaya *v* shimmer
wiski *n* scotch
wixiisa aad ugu dhegan *adj* possessive
wiyil *n* rhinoceros
wiziyad *n* ounce

X

xaab *n* guts
xaabo *n* firewood
xaafad *n* village
xaafiis madaxeed *n* headquarters
xaage *n* sweeper
xaagid *v* sweep
xaaji *n* pilgrim
xaakim *n* ruler
xaako *n* phlegm

xaalad *n* condition
xaalad *n* situation
xaalad *n* state
xaalad (duruuf) *n* circumstance
xaalad adag *n* predicament
xaalad iwm *n* dead end
xaalad xumayd uga sii darid *v* aggravate
xaalad xun oo niyad jab leh *adj.* abject
xaalado ama dhacdooyin xiriira *n* conjucture
xaalufin *v* overgraze
xaammilnimo *n* pregnancy
xaammilo ah *adj* pregnant
xaaqin *n* broom
xaaraan *n* taboo
xaar-xaarin *v* chide
xaar-xaarin *v* scold
xaashi *n* doily
xaashi *n* sheet
xaasid *adj* mean
xaasid ah *adj* inhuman
xaasid ah *adj* niggardly
xaasidid *v* begrudge
xaasidnimo-leh *adj* enviable
xaasle *n* benedict
xabaal *n* quarry
xabaal *n* tomb
xabaal *n* trench
xabaala-qode *n* undertaker
xabaalid *v* entomb
xabaal-qode *n* gravedigger
xabadka *n* chest
xabagta *adj* adhesive
xabbad joojin *n* cease fire
xabbad ridid *n* shot
xabbadayn *n* fusillade
xabbadayn *v* gun down
xabbadayn *n* gunfire
xabeebsan *adj* hoarse
xabeebsan *adj* husky
xabsi *n* calaboose
xabsi *n* imprisonment
xabsi *n* lockup
xabsi *n* prison
xabsi dhigid *v* incarcerate
xabsi gelin *v* imprison
xabsi-daa'in *n* life sentence
xabsiyid *v* immure
xad *n* limit
xad *n* limitation
xadayn *n* damarcation
xadayn *v* restrict
xad-dhaaf *adj* countless
xad-dhaaf *n* excess
xad-dhaaf *adj* exorbitant
xad-dhaaf u weyn *adj* gigantic
xad-dhaafid *v* overflow
xaddi badan *n* raft of
xaddidid *v* confine
xadeysan *adj* restricted
xadgudub *n* infringement
xadid *v* make away
xadid *v* steal
xadid *v* walk off with
xadiid *adj* ferrous
xadiid *n* iron
xadka *n* scope
xadka la ogol yahay *n* quota
xafaayad *n* diaper
xafiis *n* office
xafiis boosto *n* post office
xafiis shirkadeed *n* bureau
xaflad *n* ceremony
xaflad *n* kegger
xaflad *n* party
xaga hore *adj* onward
xagaa *n* summer
xaga-hore *adj* forward

xagal *n* angle
xagal daacsan *adj* obtuse
xagal daris *n* adjacent angle
xagal toosan ah *adj* perpendicular
xagatin *n* scratch
xagga aabe *adj* paternal
xagga samada ka timid *adj* heavenly
xag-jira *n* extremist
xaglo leh *adj* angular
xaj *n* pilgrimage
xajin *v* clench
xajin *v* clutch
xajin *v* grip
xajin *v* support
xajin *v* sustain
xajiye *n* clamp
xajmi weyn *adj* colossal
xakabad *n* jamb
xakabadda waddada *n* kerb
xakame *n* rein
xal *n* solution
xal dhex-dhexaad *n* compromise
xalleefin *v* flatten
xalleefsan *adj* wafer-thin
xallin *v* resolve
xamaarato *n* reptile
xamaasad *n* enthusiasm
xamaasad *n* zeal
xamaasad u haya *adj* fervent
xamaasad u-haye *n* enthusiast
xamaasadle *n* zealot
xamaasaysan *adj* frenetic
xamasho *v* gossip
xammaali *n* porter
xammeeti *n* gall
xammeeti *n* pith
xammuul *n* freight
xammuul *n* shipment
xammuul ka badin *v* overload
xammuul-qaade *n* freighter
xanaaq *n* resentment
xanaaq ama cadho *n* annoyance
xanaaq badan *adj* morose
xanaaq badni *n* asperity
xanaaq dhow *adj* quick-tempered
xanaaq ka bi'in *v* appease
xanaaq-dhow *adj* grumpy
xanaaqsan *adj* irate
xanaaqsan *adj* livid
xanaaqsan *n* mood
xanaaqsan *adj* teed off
xanaaqsan - carooday *adj* irritated
xanaf ka jaris *n* reamer
xanfar *n* gust
xangulle *adj* spinal cord
xanibnaan *n* repression
xanjeer *n* papoose
xanjo *n* chewing gum
xanjo buufsanta *n* bublegum
xannaanayn *v* cherish
xannaanayn *v* look after
xannaano *n* husbandry
xannibaad *n* restriction
xanniban *adj* stuck
xanuun *adj* chronic
xanuun *n* pain
xanuun aad u daran *n* anguish
xanuun badan *adj* painful
xanuun badan *n* rack
xanuun joojiye *n* painkiller
xanuun leh *adv* painfully
xanuunaya *adj* sore
xanuunka kala-goysyada *adj* arthritic
xanuunsan *adj* queasy
xanuunsan *adj* unwell
xaq *n* entitlement
xaq ka-qaadid *v* encroach
xaq u-leh *adj* eligible

xaqal miftaax *n* key money
xaqiijin *v* affirm
xaqiijin *v* confirm
xaqiijin *v* ensure
xaqiijin *v* materialize
xaqiijin ama hubin *v* ascertain
xaqiiq ah *adj* actual
xaqiiqa ahaan *adv* absolutely
xaqiiqdii *adv* certainly
xaqiiqo *n* reality
xaqiiqsasho *n* verification
xaqiraad *n* contempt
xaqiraad *n* disparagement
xaqiraad dumar ama dumar-xaqire *adj* sexist
xaqirid *v* despise
xaqirid *n* scorn
xaqirid badan *adj* scornful
xaqul-jeeb *n* pocket-money
xaq-u-yeelasho *n* eligibility
xaraashid *v* auction
xaraf wayn ku qorid *v* capitalize
xarafka koowaad ee alifbeetada Ingiriisiga *ey* A, a
xarafka magac ka bilowdo *n* initial
xarbiyid *v* fight on
xardhid *v* embellish
xareed - biyaha roobka *n* rainwater
xarig *n* cord
xarig *n* rope
xarig *n* string
xarig ciyaar ahaan *n* jump rope
xarig ku dhuujin *v* lace up
xarig-booddo *n* skipping rope
xariif *adj* clever
xariif ah *adj* ingenious
xariiftinimo *n* cleverness
xariir *n* silk
xariir ah *adj* silky
xariir gacmeed *n* rayon
xarrago *n* elegance
xarriijin-yar *n* hyphen
xarriiq dhexda marta *n* axis
xarriiq goo-go'an *n* dotted line
xarriiqda tolmada *n* seam
xarriq *n* line
xarun-shidaal *n* filling station
xarunta dab-damiska *n* fire station
xarunta tareennada *n* railway station
xasaasi *n* delicacy
xasaasiyad *n* allergy
xasaasiyad *n* hay fever
xasad *n* envy
xash *n* sawdust
xashiish *n* ganja
xashiish *n* hashish
xashiish *n* marijuana
xashiishad *n* cannabis
xasillan *adj* quiet
xasillan *adj* stable
xasillooni *n* stability
xasillooni la'aan *n* instabiltiy
xasuuq *n* genocide
xasuuqid *v* exterminate
xasuuqid *n* extermination
xasuusasho *v* recall
xataa *adv* even
xawaare *adj* speed
xawaare *n* velocity
xawaare-sheeg *n* tachograph
xawl-marid *n* jugular vein
xayawaan *n* animal
xayawaan *adj* brute
xayawaan badeed *n* scailop
xayawaan qiro-weyn *n* dinosaur
xayawaanka guriga lugu rabaayadaysto *n* pet

xayaysiin *v* advert
xayaysiin *v* advertise
xayirid *v* preempt
xayr *n* tallow
xayr-dhur *n* liposuction
xeeb *n* beach
xeeb *n* coast
xeebta *adj* ashore
xeebta badda *n* seashore
xeebta badda *n* shore
xeego *n* hockey
xeego-baraf *n* ice hockey
xeelad badan *adj* crafty
xeelad badan *adj* designing
xeeladayn *v* wangle
xeelad-badni *n* cunning
xeel-dagaal *n* martial art
xeel-dagaal *n* strategy
xeel-dheer *adj* penetrating
xeel-dheeri prowess
xeer *n* regulation
xeer-beeg *n* jurist
xeerdegan *n* guidelines
xeerka madaniga *n* civil code
xeero *n* dish
xeero *n* platter
xer *n* disciple
xerada booliska *n* police station
xerada doofaarka *n* pigsty
xerada-beerta *n* farmyard
xero *n* encampment
xero *n* enclosure
xero askareed *n* barrack
xero askareed *n* billet
xero ciidan *n* garrison
xero xooleed *n* stall
xidan *n* gut
xiddig *n* star
xiddiga badan *adj* starry
xiddig-dhul *n* hedge
xiddig-dhul *n* pigmy
xiddig-filin *n* film star
xidid *n* root
xididada jirka *n* vein
xididka *n* in-law
xigaalo *n* consanguinity
xigaalo *n* kinfolk
xigaalo *n* kinsfolk
xigasho *n* citation
xigto *n* kinswoman
xiirid *v* shave
xiisa abuuraya *adj* sensational
xiisa gelin *v* animate
xiisa leh *adj* interesting
xiisa-badan *adj* fascinating
xiisad *n* tension
xiisa-daran *adj* lackluster
xiisa-daran *adj* luckluster
xiisa-gelin *v* enthrall
xiisa-gelin *n* stunt
xiisaloow *n* faddy
xiiso leh *adj* striking
xiiso-badan *adj* electric
xijaab *n* veil
xil-dhibaan *n* senator
xilli *n* season
xilli ku aaddama *adj* seasonal
xilli xukun boqortooyo *n* reign
xilliga ama fasalka dayrta *n* autumn
xilliga dayrta *adj* deciduous
xilliga la joogo *adj* current1
xilliga u dhaxeeya 13-16 sano *n* adolescent
xilli-xeerbeeg *n* jury duty
xinjir *n* clot
xinjiroowdey *adj* scabby
xinni *n* henna
xiqdi *n* malevolence
xiqdi *n* spite

xiqdi leh *n* malevolent
xiqdi leh *adj* malignant
xiran *adj* closed
xiran *adj* sealed
xirasho *v* have on
xirfad *n* career
xirfad *n* craft
xirfad *n* profession
xirfad *n* skill
xirfad *n* vocation
xirfad badan *adj* deft
xirfad gaar ah *n* accomplishment
xirfad leh *adj* skilled
xirfad shaqo barasho *n* apprenticeship
xirfad shaqo barte *n* apprentice
xirfad u leh *n* knack
xirfadda dheri samaynta *n* pottery
xirfadda farshaxanka *n* artistry
xirfadeed *adj* vocational
xirfadle *n* craftsman
xirid *v* bind
xirid *v* close
xirid *v* close up
xirid *n* internment
xirid (xir) *v* shut
xirid ama xabsi dhigid *v* arrest
xiriir *n* relation
xiriir ah *adj* continuous
xiriir ama saaxiibtinimo *n* intimacy
xiriira *n* continuity
xiriiriye *n* conjuction
xiriiriye *n* linkman
xiriirsanayn *adj* offline
xirir *n* lifeline
xirir ama saaxiibtinimo weyn *n* attachment
xiririso *n* linkwoman
xirirsan *adj* online
xiritaan *n* closure
xirmo *n* pack
xirmo *n* sheaf
xirmo *n* wad
xirmo (guntin) *n* bunch
xirmo baraf ah *n* ice pack
xirmo ubax ah, oo si qurxoon la isugu xirxiro *n* bouquet
xirmo wareegsan oo ubax ah *n* garland
xirmo-ubax *n* potpourri
xirnaansho *n* captivity
xirxirasho *n* packing
xisaab *n* mathematics
xisaab hayn *n* bookkeeping
xisaab hubin *v* audit
xisaab isku darid ama isugeyn *v* add
xisaab lacageed *n* sum
xisaabaad-hayn *n* accounting
xisaabin *v* compute
xisaabin *v* reckon
xisaabin *n* reckoning
xisaabinta lacagta *n* account
xisaabiye *n* accountant
xisaab-kayd *n* savings account
xisaab-yahan *n* mathematician
xisa-gelin *v* intrigue
xisa-leh *adj* gripping
xisa-leh *adj* scintillating
xisbiga shaqaalaha *n* Labour Party
xishood badan *n* prude
xishood darro *adj* immodest
xishood-badan *adj* demure
xishoonaya *adj* shy
xod-xodasho *v* flirt
xog *n* information
xog daabacan *n* hard copy
xog-hayn *n* secretary

xoog *n* force
xoog bir-labeed (bir-lab ah) *adj* magnetic
xoog kula wereegid *v* subdue
xoog leh *adj* strong
xoog milatari waddan ku qabsasho *n* invasion
xoog u gaylin *v* yap
xoog u shaqayn *v* slog
xoog u xirid *v* slam
xoogaa *adj* fex
xoogaa *deter* some
xoogaa aan badnayn *adj* scanty
xoogan *adj* sturdy
xoogid *v* ravish
xoog-leh *adj* forceful
xoog-saarid *v* concentrate
xoog-saarid *v* emphasize
xoog-saaris *n* concentration
xoog-saaris *n* emphasis
xoojin *v* intensify
xoojin *v* reinforce
xoojin *n* reinforcement
xoojin *v* strengthen
xoojin *v* underpin
xoolka carruurta *n* crib
xoon-sanaan *n* huddle
xoor *n* foam
xoorin *v* effecrvesce
xooris *n* disposal
xoqad *n* binocular
xoqad *n* field glasses
xoqad *n* telescope
xoqid ku nadiifin *v* scrub
xoqmaya *adj* scratchy
xoqnaan *n* abrasion
xor ah *adj* free
xor ah *n* free man
xorayn *v* emancipate
xorayn *v* enfranchise
xorayn *v* liberate
xornimo *n* liberation
xorreeye *n* liberator
xorriyad *n* freedom
xorriyad *n* independence
xorriyad *n* liberty
xorshosho *adj* crisp
xorshosho ah *adj* crispy
xubin *n* member
xubin *n* tissue
xubin guddi *n* panellist
xubinimo *n* membership
xubin-xubin u jar-jarid *v* dismember
xuddun *n* navel
xuddun *n* umbilicus
xudduud *n* frontier
xudduud *n* parameter
xudduud *n* border
xudduuda geesaheeda *n* perimeter
xuf u marid *v* zing
xujo *n* enigma
xujo *n* puzzle
xujo *n* teaser
xukuma *n* commanding
xukumid *v* control
xukumid *v* dominate
xukumid *v* domineer
xukumid *v* govern
xukumid *v* manipulate
xukumid *v* regulate
xukumida *v* adjudicate
xukumis *n* domination
xukun *n* commandament
xukun *n* dominance
xukun *n* dominion
xukun ballaarsi *n* hegemony
xukun dil fuliye *n* executioner
xukun ka ridid *v* depose

xukun milateri *n* martial-law
xukuumad *n* government
xukuumi *n* governmental
xul *adj* eclectic
xulasho *n* selection
xulufo *n* cahoots
xumaaday *adj* stale
xumaan rajayn *n* pessimism
xumayn *v* off end
xumayn *v* snub
xumbaynaya *adj* effervescent
xumbo *n* bubble
xummad *n* fever
xun *adj* evil
xun *adj* malicious
xun *adj* unpleasant
xuquuqda aadanaha *n* human rights
xuquuqda dadweynaha *n* civil rights
xurmo *n* esteem
xurmo-darro *n* disrespect
xurmo-ridid *v* discredit
xushmad darro *n* indecency
xushmayn *v* respect
xushmo badan *adj* respectful
xushmo-daran *adj* irreverent
xusid *v* commemorate
xusid mudan *adj* notable
xusulada *n* arthritis
xusuus *n* memory
xusuus *n* remembrance
xusuus qorid *v* note
xusuus qorid *n* notebook
xusuusasho *v* recollect
xusuusasho *n* relic
xusuus-dhawr *n* archive
xusuusin *v* evoke
xusuusin *v* remind
xusuusiye *n* reminder
xusuuso *v* remember
xusuus-qor *n* diary
xusuusta wakhti hore *n* souvenir
xusuusta wakhti hore *n* souvenir
xuub-caaro *n* cobweb
xuubka bikrada *n* hymen

Y

yaab *n* astonishment
yaab *n* surprise
yaab leh *n* oddity
yaabid *v* wonder
yaambo *v* adze
yaanbo *n* hoe
yaanyuur *n* cat
yabooh *n* pledge
yacay *n* packaging
yalaalugo *v* retch
yar *adj* slight
yar *adj* small
yaraan *n* deficiency
yaraan *n* junior
yaraan *n* smallness
yaraansho *v* dwindle
yaraansho *n* shortage
yaraansho *adv* tail off
yarayn *v* belittle
yarayn *v* deplete
yarayn *v* diminish
yarayn *v* lessen
yarayn *adj* little
yarayn *v* minimize
yarayn *v* palliate
yarayn *n* reduction
yarayn *v* shorten
yarayn *v* underplay

yarayn (gaabin) *v* condense
yarayn (gaabin) *v* constrict
yaraysi *v* underrate
yaraysi; yasid *n* belittlement
yariis *adj* teeny
yaxaas *n* caiman
yaxaas *n* crocodile
yax-yaxid *v* abash
yax-yaxid *v* embarrass
yeeke *n* ace
yeeris *n* beck
yeeris *n* dictation
yiri *v* said
yookaysnaan *n* protrusion
yuhuud *adj* Jewish
yuhuud nacayb *n* anti-Semitism
yuunifoom *n* uniform

guide dog n [illegible]
guidebook n [illegible]
guideline n xeerdegan
guile n [illegible]
guillotine n [illegible]
guilt n [illegible]
guilty adj [illegible]
guinea fowl n [illegible]
guinea hen n [illegible]
guinea pig n [illegible]
guitar n [illegible]
guitarist n [illegible]
gulch n [illegible]
gulf n [illegible]
gullet n [illegible]
gullible adj [illegible]
gulp v [illegible]
gum n [illegible]
gum n [illegible]
gun down v [illegible]
gunfire n [illegible]
gunman n [illegible]
gunpoint n [illegible]
gunpowder n [illegible]
gurgle v [illegible]
gush v [illegible]
gust n [illegible]
gusto n [illegible]
gut n [illegible]
guts n [illegible]
gutter n [illegible]
guvnor n [illegible]
guy n nin
gym n jiim
gymnasium n jiim
gymnastics n [illegible]

H

hacked-off adj [illegible]
hacking cough n [illegible]
hag n duq ah
hairbreadth n [illegible]
halo n [illegible]
hand down v [illegible]
hand in v [illegible]
hand off v [illegible]
hand out v [illegible]
handbill n [illegible]
handbrake n [illegible]
handcuffs n [illegible]
handiwork n [illegible]
handplane n [illegible]
hands off adj [illegible]
hang around v [illegible]
hang out v [illegible]
hang up v [illegible]
hanker for v [illegible]
hansom n [illegible]
hanukkah n [illegible]
hapless adj [illegible]
hard copy n [illegible]
hard line n [illegible]
hard of hearing adj [illegible]
hard-and-fast adj [illegible]
hardcover n [illegible]
harelip n [illegible]
hark back v [illegible]
harrowing adj [illegible]
hase n [illegible]
hash n [illegible]
hashish n [illegible]
hassle n [illegible]
haste n [illegible]
hasten v [illegible]